Anne Nina Simoens, Anja Pallasch

BABYPEDIA

GOLDMANN

Buch

Endlich: Das erste Service-Buch mit den wichtigsten Informationen rund um Schwangerschaft und das erste Jahr mit dem Baby. Hier finden werdende und frischgebackene Eltern alles, was sie wissen müssen. Seien es Checklisten für die To-dos vor und nach der Geburt, Infos zum passenden Kinderwagen, Behördengänge aller Art (von Mutterschutz über Elternzeit bis ElterngeldPlus) oder die besten Apps, Webseiten und Bücher – die beiden Mütter Anne Nina Simoens und Anja Pallasch versammeln in diesem einzigartigen Nachschlagewerk alles, was sie selbst gern früher gewusst hätten.
Mit diesem Buch sparen Sie sich lange, mühsame Recherchen und erhalten auf einen Blick die Informationen und wertvollen Tipps, die Sie sich sonst mühsam zusammensuchen müssten. Der unverzichtbare Helfer im Babyhaushalt!

Autorinnen

Anne Nina Simoens ist Juristin und lebt mit ihrem Mann und ihren beiden Söhnen momentan in Amsterdam. Nach der Geburt ihres ersten Sohnes schaffte sie es noch, ihn – wie von der Krankenkasse verlangt – seine Versichertenkarte selbst unterschreiben zu lassen, wurde dann aber fast von Behördendschungel und biometrischen Baby-Passfotos zur Verzweiflung getrieben.

Anja Pallasch studierte in Canterbury und Boston Filmwissenschaften, Politologie und TV-Management. Heute arbeitet sie als Lizenzeinkäuferin und sorgt unter anderem für Nachschub an Kinderhörspielen. Sie lebt mit ihrem Mann in München und bewahrt auch dann noch stoische Ruhe, wenn ihre Zwillingsmädchen Jagd auf Mops Otto machen oder dessen Trockenfutter testen wollen.

ANNE NINA SIMOENS
ANJA PALLASCH

BABYPEDIA

- ELTERNGELD
- ELTERNZEIT
- ANTRÄGE
- FINANZEN
- RECHTSFRAGEN
- AUSSTATTUNG

Mit Checklisten für alle wichtigen To-dos

AUSGABE
2024 | 2025

GOLDMANN

Dieses Buch ist unter der Titelnummer 17564 bereits im Goldmann Verlag erschienen.

MIX
Papier | Fördert gute Waldnutzung
FSC® C014496

Penguin Random House Verlagsgruppe FSC® N001967

3. Auflage
Überarbeitete und aktualisierte Originalausgabe 2025

in der Penguin Random House Verlagsgruppe GmbH
Neumarkter Straße 28, 81673 München
produktsicherheit@penguinrandomhouse.de
(Vorstehende Angaben sind zugleich Pflichtinformationen nach GPSR.)

Umschlaggestaltung: Uno Werbeagentur, München
Umschlagmotiv: © FinePic®, München
Redaktion: Antonia Meisner
Icons/Innenteil: Ingrid Schobel, München
Satz: Buch-Werkstatt GmbH, Bad Aibling
Druck und Bindung: GGP Media GmbH, Pößneck
KW • Herstellung: IH
Printed in Germany
ISBN: 978-3-442-18034-9

www.goldmann-verlag.de

Inhalt

Vorwort

Liebe Mütter und Väter und alle, die es bald werden,

mit diesem Buch wollen wir euch helfen, Zeit zu sparen!

Die Idee dazu kam uns, als wir mal wieder mit üblen Augenringen im Internet hingen, um rauszufinden, mit welchem Dokument ein Baby in die USA einreisen darf, wo man eigentlich biometrische Passfotos für Säuglinge machen lässt oder wer das leichteste Reisebett herstellt. Und was eigentlich die Folge einer Vaterschaftsanerkennung ist. Die Idee tauchte wieder auf, als nach 15 Minuten Warteschleife endlich der Herr vom Arbeitsamt in der Leitung war, den wir fragen wollten, was man bei einem verspäteten Antrag auf Kindergeld macht – und dann das Baby auf dem Arm so laut rülpste, dass man seine Antwort leider nicht verstand ...

Wir wollten also ein Buch, das mal kein Erziehungsratgeber ist, sondern einfach die nützlichsten Tipps und Infos bündelt, die man zu allen Organisations-, Rechts- und praktischen Fragen in der Schwangerschaft und dem ersten Jahr mit dem Baby braucht. Also haben wir alles gesammelt und geprüft, was man sonst nur mit langen Recherchen findet oder eher zufällig von befreundeten Eltern erfährt. An vielen Stellen kommen deshalb auch persönliche Empfehlungen vor, weil die sich in der Praxis bewährt haben, Zeit sparen oder einfach Tipps sind, die wir selbst gern von jemandem bekommen hätten.

Wir finden nämlich, dass freie Zeit (zum Beispiel, wenn das Baby endlich eingeschlafen ist) zu schade ist, um sie mit der Suche nach Informationen zu vergeuden. Und hoffen in diesem Sinne, euch mit unserer Vor-Recherche im Babyalltag ein bisschen mehr Zeit für euch selbst zu ermöglichen – zum Schlafen, Lesen, Durchatmen, Baden, Sonnen oder Mal-wieder-mit-zwei-Händen-Essen ...

Ganz herzlich, Eure
Anja & Nina

PS: Über eure Anregungen, Tipps und Hinweise freuen wir uns! Schreibt uns einfach an babypedia@gmx.de.

Checkliste:
Alle To-dos auf einen Blick

In der Schwangerschaft

Was	Wann/weshalb	Wo	Notwendige Unterlagen/ Formulare	Erledigt am
Mutterpass ausstellen lassen	Wird nach Feststellung der Schwangerschaft ausgestellt. Dort werden im Laufe der Schwangerschaft die wichtigsten medizinischen Daten eingetragen.	Vom Gynäkologen oder der Hebamme		
Mitteilung der Schwangerschaft an den Arbeitgeber	Möglichst bald, eine bestimmte Frist gibt es nicht. Jedoch greifen fast alle Schutzbestimmungen des Mutterschutzgesetzes erst mit Bekanntgabe der Schwangerschaft.	Mündliche oder schriftliche Mitteilung an der Arbeitgeber	Falls die Information dem Arbeitgeber nicht reicht: Kopie aus dem Mutterpass bzw. eine Bescheinigung des Arztes / der Hebamme.	
Gehaltsnachweise (bei Angestelltentätigkeit)	Zur Beantragung des Elterngelds müssen Arbeitnehmerinnen die Gehaltsnachweise der letzten zwölf Monate vor der Geburt/Beginn des Mutterschutzes vorlegen (wer nebenbei noch selbstständig ist, eventuell sogar für den Zeitraum des Kalenderjahres vor der Geburt). Wer die Gehaltsnachweise nur elektronisch erhält: bereits daran denken, alle für später verfügbar zu halten.			

Was	Wann/weshalb	Wo	Notwendige Unterlagen/ Formulare	Erledigt am
Rücksprache mit der Krankenkasse	Zur Klärung, wie die Krankenversicherungs-Situation nach Ende der Mutterschutzfrist aussieht. (➛ »Krankenversicherung für Eltern und Kind«, S. 200)			
Krankenversicherungs-Check	Um zu klären, welche Leistungen die Krankenversicherung rund um die Schwangerschaft, Geburt und Nachsorge übernimmt. Eventuell private Zusatzversicherung, zum Beispiel für Krankenhausaufenthalt oder (für Selbstständige) Krankentagegeldversicherung abschließen, um auch während der Mutterschutzfristen Geld zu bekommen. Achtung, Wartefristen beachten!			
Mutterschaftsgeld beantragen (➛ »Mutterschaftsgeld«, S. 104)	Es gibt keine gesetzliche Frist, aber möglichst frühzeitig, um das Mutterschaftsgeld pünktlich zum Beginn der Mutterschutzfrist zu erhalten.	Bei der Krankenkasse bzw. für Privat- oder Familienversicherte beim Bundesamt für Soziale Sicherung bzw. für Selbstständige mit Krankentagegeldanspruch beim Krankenversicherer	Für den Bezugszeitraum vor der Geburt: »Zeugnis über den mutmaßlichen Tag der Entbindung«, ausgestellt vom Arzt oder der Hebamme (der Arbeitgeber ist in der Regel dankbar für die Zusendung einer Kopie). Für den Bezugszeitraum nach der Geburt ist die Geburtsurkunde des Kindes nachzureichen.	

Was	Wann/weshalb	Wo	Notwendige Unterlagen/ Formulare	Erledigt am
Elternzeit anmelden* (➛ »Elternzeit«, S. 55)	Spätestens sieben Wochen vor dem geplanten Geburtstermin	Schriftlich/in Textform beim Arbeitgeber		
*betrifft zu diesem Zeitpunkt in der Regel nur Väter, die direkt nach der Geburt Elternzeit nehmen wollen – siehe ansonsten Checkliste »Nach der Geburt«, S. 16				

Was sonst noch hilfreich sein könnte

Was	Wann, weshalb und wo	Erledigt am
Wie wird das Kind krankenversichert? (➛ »Krankenversicherung für Eltern und Kind«, S. 200)	Informationen beim infrage kommenden Krankenversicherer einholen und gegebenenfalls bereits ein Anmeldeformular für das Kind zuschicken lassen.	
Rentenversicherung (➛ »Elternzeit«, S. 55)	Wer nicht in die gesetzliche Rentenversicherung zahlt Überlegen, wie Rentenbeiträge während des Mutterschutzes / der Elternzeit geleistet werden.	
Vaterschaftsanerkennung beurkunden lassen (betrifft nur nicht miteinander verheiratete Eltern) (➛ »Vaterschaftsanerkennung«, S. 86)	Will man noch vor der Geburt eine Vaterschaftsanerkennung abgeben, kann der Vater gleich von Anfang an in der Geburtsurkunde eingetragen werden. Auch das gemeinsame Sorgerecht könnte dann bereits vor der Geburt erklärt werden.	
Erklärung über das gemeinsame Sorgerecht abgeben (betrifft nur nicht miteinander verheiratete Eltern) (➛ »Erklärung über das gemeinsame Sorgerecht«, S. 92)	Die Sorgeerklärung kann jederzeit abgegeben werden, auch schon vor der Geburt. Sie muss öffentlich beurkundet werden, was beim Jugendamt oder Notar (kostenpflichtig) erfolgen kann.	

Was	**Wann, weshalb und wo**	**Erledigt am**
Einkünfte neben dem Elterngeld	Erwartet man während des Elterngeldbezugs weitere Einkünfte (wie anteilige Tantiemen, Weihnachts-/Urlaubsgelder oder sonstige Einnahmen), reduzieren diese unter Umständen das Elterngeld. Tipp: Rechtzeitig bei der zuständigen Elterngeldstelle erkundigen, ob diese Gelder bei der Elterngeldberechnung berücksichtigt werden oder es etwas ändern würde, falls man sie zum Beispiel erst im Anschluss an das Elterngeld ausgezahlt bekäme.	
Geburtsklinik suchen und sich dort zur Entbindung anmelden (➛ »Die Geburt: Klinik, Geburtshaus oder zu Hause?«, S. 228)		
Hebamme suchen (➛ »Die Hebamme«, S. 222)		
Geburtsvorbereitungskurs suchen (➛ »Geburtsvorbereitungskurse, Yoga & Co.«, S. 21)		
Kita-/Krippenplatz suchen (➛ »Baby wird betreut«, S. 355)		
Zwischenzeugnis vom Arbeitgeber ausstellen lassen (bei Angestellten)		
Mit dem Arbeitgeber über den Wiedereinstieg sprechen		

Was	Wann, weshalb und wo	Erledigt am
Entscheiden, ob man das Nabelschnurblut eventuell spenden oder einfrieren lassen will (→ »Nabelschnurblut: Spenden oder einfrieren?«, S. 238)		

Nach der Geburt

Was	Wann	Wo	Notwendige Unterlagen/Formulare	Erledigt am
Anmeldung des Kindes und Beantragung der Geburtsurkunde	Die Anmeldung muss innerhalb von sieben Tagen nach der Geburt erfolgen. Das Standesamt stellt die Geburtsurkunde aus sowie automatisch die (eventuell) benötigten Durchschriften für: • Antrag auf Kindergeld (wobei diese Durchschrift nur noch selten verlangt wird) • Antrag auf Elterngeld • Antrag auf Mutterschaftsgeld für die Zeit des Mutterschutzes nach der Geburt	Bei dem Standesamt, in dessen Zuständigkeitsbereich das Kind geboren wurde. Teilweise übermitteln die Geburtskliniken die Geburtsdaten direkt an das Standesamt (in diesem Fall benötigt die Klinik meist nur Kopien der Unterlagen). Die Geburtsurkunde bekommt man per Post oder muss sie persönlich beim Standesamt abholen.	In der Regel: • Geburtsbescheinigung der Klinik, bei Hausgeburten von der Hebamme ausgestellt • Heiratsurkunde bzw. bei Ledigen deren eigene Geburtsurkunden • Personalausweis der Mutter und des Vaters • Unverheiratete Väter müssen eine Vollmacht der Mutter mitbringen und zusätzlich die Vaterschaftsanerkennung vorlegen. (Ansonsten werden sie nicht in der Geburtsurkunde eingetragen.) • Zum Teil werden auch bei Verheirateten die Geburtsurkunden von Vater, Mutter und Geschwistern verlangt • Formular »Erklärung zur Namensgebung«	

Was	Wann	Wo	Notwendige Unterlagen/Formulare	Erledigt am
Mutterschaftsgeld für die Zeit des Mutterschutzes nach der Geburt (acht beziehungsweise zwölf Wochen) beantragen	Nach der Geburt	Bei der Krankenkasse beziehungsweise für Privat-/Familienversicherte beim Bundesamt für soziale Sicherung bzw. für Selbstständige mit Krankentagegeldversicherung bei der Krankenversicherung	Die speziell dafür mit dem Vermerk »Mutterschaftshilfe« ausgestellte Geburtsurkunde	
Krankenversicherung für das Baby abschließen (→ »Krankenversicherung für Eltern und Kind«, S. 200)	So bald wie möglich nach der Geburt beantragen	Bei der gewünschten Krankenversicherung	Meist genügt ein Anruf bei der Krankenversicherung. Sie schickt dann ein Formular/Antrag, das man mit einer Kopie der Geburtsurkunde des Kindes einreicht (oft wird zum Beispiel die Geburtsurkunde verlangt, teilweise auch schon die Steuer-ID-Nummer des Kindes).	

Was	Wann	Wo	Notwendige Unterlagen/Formulare	Erledigt am
Krankenversicherungssituation des betreuenden Elternteils für die Elternzeit klären	Möglichst frühzeitig, da die Krankenversicherung je nach Situation eventuell selbst bezahlt werden muss (➛ »Elternzeit«, S. 55)	Bei der Krankenversicherung	In der Regel verlangen die Krankenkassen eine Mitteilung über die Dauer der geplanten Elternzeit sowie eine entsprechende Bescheinigung des Arbeitgebers.	
Arbeitgeber über die Geburt des Kindes informieren	Möglichst bald, damit der Arbeitgeber die Mutterschutzfrist nach der Geburt berechnen kann. Das ist zum Beispiel wichtig für die Zahlung des Arbeitgeberzuschusses zum Mutterschaftsgeld für diesen Zeitraum.		In der Regel genügt eine Kopie der Geburtsurkunde, manche Arbeitgeber verlangen die Vorlage des Originals.	
Kindergeld beantragen (➛ »Elterngeld, Kindergeld und alle anderen Gelder«, S. 104)	Nach der Geburt. Rückwirkend nur maximal sechs Monate lang möglich.	Bei der jeweils zuständigen Familienkasse der Bundesagentur für Arbeit	Antragsformular samt Anlage. Zwingend anzugeben sind die Steuer-ID-Nummern des Kindes und des Antragstellers. Eine Kopie der Geburtsurkunde oder der Geburtsbescheinigung mit dem Verwendungszweck »Kindergeld« ist nur noch auf Anfrage der Familienkasse vorzulegen.	

Was	Wann	Wo	Notwendige Unterlagen/Formulare	Erledigt am
Elternzeit anmelden (➛ »Elternzeit«, S. 55)	Für eine Elternzeit vor dem dritten Geburtstag des Kindes muss die Anmeldung spätestens sieben Wochen vor dem geplanten Beginn der Elternzeit erfolgen, eine Elternzeit nach dem dritten Geburtstag des Kindes muss 13 Wochen vorher angemeldet werden.	Schriftlich/in Textform beim Arbeitgeber		
Elterngeld beantragen (➛ »Elterngeld, Kindergeld und alle anderen Gelder«, S. 104)	Nach der Geburt, da die Geburtsurkunde benötigt wird. Und möglichst bald, da rückwirkend nur für die letzten drei Monate vor Beginn des Antragsmonats gezahlt wird.	Bei der zuständigen Elterngeldstelle		
Ggf. Landeserziehungsgeld beantragen (nur in Sachsen möglich) (➛ »Landeserziehungsgeld«, S. 187)	Frühestens drei Monate vor Beginn des gewünschten Leistungszeitraums. (➛ »Elterngeld, Kindergeld und alle anderen Gelder« S. 104)	Bei der zuständigen Erziehungs- und Elterngeldstelle	Von der individuellen Situation abhängig, dem Antragsformular zu entnehmen.	

Was	Wann	Wo	Notwendige Unterlagen/Formulare	Erledigt am
Eventuell Steuerklasse wechseln	Für verheiratete Eltern, die während der Schwangerschaft die Steuerklasse gewechselt haben, ist es nun eventuell günstiger, wieder zurückzuwechseln. Dann nimmt derjenige, der als Erster wieder arbeitet, die günstigere Klasse.	Beim zuständigen Finanzamt		
Eventuell Versicherungen prüfen (➛ »Versicherungen: Genug oder mehr?«, S. 206)				
Eventuell Riester Kinderzulage beantragen	Rückwirkend bis zu 2 Jahre möglich	Beim Riester-Anbieter		
Zum Rückbildungskurs anmelden				

Bevor das Baby kommt

Geburtsvorbereitungskurse, Yoga & Co.

Die Zeiten der »Hechelkurse« sind lange vorbei. Heute gibt es eine Vielzahl von Angeboten: von Geburtsvorbereitung über Säuglingspflege bis hin zu Sportangeboten. Jetzt muss man nur das Richtige für sich finden.

Kurse mit informativem Inhalt

Neben den klassischen Geburtsvorbereitungskursen gibt es noch andere Angebote, die für die werdende Mutter von Interesse sein könnten. Hier ein kurzer Überblick:

Geburtsvorbereitungskurse
In diesen Kursen geht es um das Basiswissen rund um den Schwangerschaftsverlauf, die Geburt und die Babypflege. Die meisten richten sich an die werdende Mutter, es gibt inzwischen eine Vielzahl an Kursen für das Elternpaar. Geburtsvorbereitungskurse werden als wöchentliche Gruppenkurse oder als Crashkurs am Wochenende angeboten. Leitet den Kurs eine Hebamme, bekommen gesetzlich Versicherte die Kosten von der Krankenkasse erstattet. Einige Krankenkassen übernehmen die Kosten für den Partner.

Säuglingspflegekurse

Hier lernt man den Umgang mit dem Neugeborenen mittels Theorie und praktischer Übungen. Neben Themen wie Wickeln, Erstausstattung und Baden gibt es auch zahlreiche Tipps zum Stillen und den ersten Wehwehchen.

Stillkurse

Hier wird über alle wichtigen Themen rund um das Stillen informiert: Warum Stillen gut für das Baby ist, welche Haltungen es gibt und was man bei Problemen tun kann. Auch die richtige Ernährung der Mutter wird thematisiert.

Tragekurse

Da es unterschiedliche Arten gibt, wie man das Baby am Körper tragen kann, sollen diese Kurse helfen, die richtige Wahl zu Tragehilfe beziehungsweise Tragetuch zu treffen. Man erhält Informationen zu den verschiedenen Tragehilfen und beschäftigt sich mit den zahlreichen Bindeweisen eines Tragetuches. Am sinnvollsten ist ein Kurs bei ausgebildeten Trageberaterinnen und auch erst nach der Geburt, wenn man das Baby »zum Üben« mitnehmen kann.

Weitere Informationen zum Thema im Kapitel »Mit dem Baby unterwegs«, ab Seite 311.

Erste-Hilfe-Kurse für Kinder

Diese Kurse liefern wichtige Informationen zu Erste-Hilfe-Maßnahmen bei Vergiftungen, Verbrennungen und Stichen.

Außerdem erfährt man, wie man sich bei Pseudokrupp-Anfällen oder beim Fieberkrampf verhält. Ein empfehlenswerter Kurs für alle werdenden Eltern. Es gibt auch Kursangebote, bei denen man das Baby oder Kind mitbringen kann.

Wo werden diese Kurse angeboten?
Unter anderem in Hebammenpraxen, Kliniken, Zentren für Geburtsvorbereitung, Elternschulen und Familienbildungsstätten.

Kurse für Körper und Seele

Es gibt eine Vielzahl an Sport- und Wellnessangeboten für die werdende Mama. Die beiden gängigsten sind Yoga und Aqua-Gymnastik.

Yoga
Yoga ist eine Mischung aus Dehn-, Atem- und Meditationsübungen – nicht nur gut für den Körper, sondern sorgt auch für Ruhe und Ausgeglichenheit. Man sollte dem Lehrer auf jeden Fall vorher sagen, dass man schwanger ist, oder nur Kurse speziell für Schwangere besuchen. Yogakurse für Schwangere werden unter anderem von Yogastudios, Hebammenpraxen, Volkshochschulen oder Geburtskliniken angeboten.

Aqua-Gymnastik
Die Übungen für Schwangere im Wasser sind auf die Bedürfnisse der werdenden Mutter abgestimmt und trainieren wunderbar das Herzkreislaufsystem. Durch die Auftriebskraft des Wassers schont die Gymnastik die Gelenke, und das Gefühl der Leichtigkeit empfinden viele als sehr angenehm. Neben Fitnessclubs und Kliniken bieten auch öffentliche Badeanstalten Kurse an.

Es gibt zahlreiche weitere Angebote für Schwangere, wie zum Beispiel Pilates, Qigong oder Bauchtanz für Schwangere.

BÜCHER

Hypnobirthing. Der natürliche Weg zu einer sicheren, sanften und leichten Geburt (mit Audio-CD). Marie F. Mongan, Mankau Verlag, 2021.

Das Geheimnis einer schönen Geburt: Geburtsvorbereitung zwischen Hypnobirthing, Kaiserschnitt und Hausgeburt. Jana Friedrich, CreateSpace Independent Publishing Platform, 2017.

Yoga in der Schwangerschaft (mit DVD). Patricia Thielemann-Kapell, GU, 2017.

Yoga für eine entspannte Schwangerschaft. Ursula Mäder, Hildegard Pätzold, Nietsch, 2011.

Fit durch die Schwangerschaft. Anna Kraft, Dr. Nina Sander, Knaur, 2019.

INTERNET

www.sportundschwangerschaft.de Informations- und Serviceportal der deutschen Sporthochschule Köln rund um das Thema Schwangerschaft und Sport. Informationen zu den wichtigsten Fragen sowie ein kostenloses Onlinecoaching!

www.mamaworkout-online.de Kostenpflichtige und kostenfreie Onlinekurse für Schwangere und Mütter, Schwerpunkt Rückbildung.

> Unser Tipp Es gibt zahlreiche kurze, aber auch einige längere kostenlose Fitnessvideos für Schwangere im Internet (zum Beispiel bei **www.youtube.de**).

Im Urlaub und auf Reisen

Urlaub und Geschäftsreisen sind auch in der Schwangerschaft grundsätzlich ohne Weiteres möglich. Vorausgesetzt natürlich, der Gesundheitszustand erlaubt es. Auf jeden Fall sollte man vor der Reiseplanung mit dem Arzt über eventuelle Risiken im Hinblick auf die Schwangerschaft sprechen, zum Beispiel zum Thema »Höhenstrahlung bei Langstreckenflügen« etc.

Tipps für das Unterwegssein

- **Mutterpass** immer mitnehmen.
- Reist man allein, dann **nur mit leichtem Gepäck**, da schweres Heben tabu ist.
- **Im Auto:** Der normale Dreipunktgurt bietet auch schwangeren Frauen (und dem Baby im Bauch) einen guten Schutz. Der Beckengurt sollte dabei so tief wie möglich unterhalb des Bauches liegen und keinesfalls über den Bauch geführt werden. Der ADAC empfiehlt, den ganzen Fahrersitz möglichst weit zurückzuschieben (das Lenkrad soll noch voll umfasst und die Pedale noch voll durchgetreten werden können, eh klar), um möglichst

viel Abstand zwischen Bauch und Lenkrad zu haben. Auch im Hinblick auf einen eventuell aufgehenden Airbag ist das sicherer. Spezielle Gurtführungssysteme für Schwangere hält der ADAC hingegen nicht für notwendig. Bei Tests ergab sich sogar, dass diese eher schaden als nützen.

- Generell sind werdende Mütter auf dem **Beifahrersitz** besser geschützt, da die Gefahr des Aufpralls auf das Lenkrad wegfällt. Wenn es geht, in den letzten Monaten wegen der eingeschränkten Bewegungsfreiheit und der schnelleren Ermüdung lieber chauffieren lassen, vor allem bei längeren Strecken. Aber auch hier gilt: Wegen des Airbags den Sitz so weit wie möglich nach hinten schieben.
- **Mit der Bahn:** Vorteil am Zugfahren ist es, dass man jederzeit aufstehen und sich bewegen kann (und ein WC ist auch immer in der Nähe). Tipp: Rechtzeitig einen Sitzplatz reservieren.
- **Flugreisen**: Bei der Airline erkundigen, wie lange Schwangere mitfliegen dürfen. Manche Fluggesellschaften verlangen schon ab der 28. Schwangerschaftswoche eine ärztliche Bestätigung (zum Beispiel zur Flugtauglichkeit der Schwangeren oder dass die Geburt noch nicht direkt bevorsteht), und spätestens ab der 36. Schwangerschaftswoche lehnen die meisten eine Mitnahme ab, bei Zwillings-/Mehrlingsschwangerschaften meist sogar noch früher.
- Für mehr **Beinfreiheit** einen Sitzplatz am Gang oder in der ersten Reihe reservieren. Und zur Venenentlastung Stützstrümpfe tragen und öfter herumlaufen.

- Bei **Reisen in ferne Länder** rechtzeitig mit dem Arzt oder einem Tropeninstitut klären, ob dafür Impfungen erforderlich und diese in der Schwangerschaft möglich sind. Prüfen, ob vor Ort eine gute medizinische Versorgung gewährleistet ist. Und natürlich Länder mit hohem Krankheitsrisiko meiden.
- **Reiserücktrittversicherung** darauf prüfen, ob sie auch die Schwangerschaft abdeckt.

Babymoon

Immer mehr Frauen bzw. Eltern wollen vor der Geburt des Babys gern noch einmal verreisen und sich verwöhnen lassen. Viele Hotels haben sich diesem Wunsch nach einem »Babymoon« (in Anlehnung an den Honeymoon) angepasst und bieten Massagen, Yogakurse, Ayurveda, schwereloses Floaten im Salzwasserbad oder Kosmetikbehandlungen an, die speziell auf die Bedürfnisse von Schwangeren zugeschnitten sind. Denn nicht alle Anwendungen können bei Schwangeren wie gewohnt durchgeführt werden, so wird zum Beispiel eine Massage in Rückenlage gegen Ende der Schwangerschaft eher unentspannend, bestimmte Reflexzonenmassagen oder einige ätherische Öle sind zu meiden, um zum Beispiel keine vorzeitigen Wehen auszulösen.

Falls man also vor der Geburt noch einen Verwöhnurlaub planen will, kann man sich bei den Hotels oder Spas seiner Wahl nach entsprechenden Angeboten erkundigen. Beste Reisezeit ist das zweite Schwangerschaftsdrittel – dann sind anfängliche Beschwerden vorbei, der Bauch noch relativ klein und die Schwangerschaft idealerweise stabil.

INTERNET

www.baby-moon.eu Bietet weltweit Luxushotels an, die spezielle Arrangements für Schwangere zusammenstellen, darunter mehrere in Europa. Teuer – aber vielleicht auch einfach für eine kurze Gedankenreise gut ... Englischsprachige Webseite.

www.adac.de Der ADAC gibt einige Tipps für die Sicherheit von Schwangeren bei Autofahrten, siehe zum Beispiel »Schwanger Auto fahren: Tipps, was wichtig ist« (im Suchfeld »Schwanger Auto fahren« eingeben) oder »Schwangerschaftsgurte im Test: Keiner hält, was er verspricht« (im Suchfeld »Schwangerschaftsgurte« eingeben).

Recht und Behörden

Mutterschutz

Der Mutterschutz – Was es ist und wen es betrifft

Gesetzliche Mutterschutzvorschriften sorgen dafür, dass

- schwangere und stillende Frauen und ihre Kinder vor Gefährdungen, Gesundheitsschäden oder Überforderung am Arbeitsplatz geschützt werden (»**Gesundheitsschutz**«),
- sie während der Schwangerschaft sowie einige Zeit nach der Geburt (unter gewissen Voraussetzungen auch nach Fehlgeburten) nicht befürchten müssen, ihren Arbeitsplatz durch eine Kündigung zu verlieren (»**Kündigungsschutz**«),
- ihr Einkommen im Falle eines mutterschutzrechtlichen Beschäftigungsverbotes weiterhin gesichert bleibt (»**Finanzielle Leistungen**«).

Die meisten Regelungen hierzu enthält das Mutterschutzgesetz (MuSchG). Daneben gibt es zahlreiche weitere Bestimmungen, um gebärfähige Frauen, werdende und stillende Mütter vor Gefahren oder der Einwirkung von gefährlichen Stoffen am Arbeitsplatz zu schützen, wie zum Beispiel die Arbeitsstättenverordnung (ArbStättV) oder die Gefahrstoffverordnung (GefStoffV). Im Fünften Sozialgesetzbuch (SGB V) finden sich Vorschriften zum Mutterschaftsgeld oder zum Anspruch auf ärztliche Betreuung und Hebammenhilfe, im Versicherungsvertragsgesetz (VVG) die neue Regelung zum Krankentagegeld für privat krankenversicherte Frauen.

Das Mutterschutzgesetz gilt für alle (werdenden) Mütter, die in einem Arbeitsverhältnis stehen und ihren Arbeitsplatz in Deutschland haben (oder auf deren Arbeitsverhältnis deutsches Recht anzuwenden ist). Der Gedanke dahinter ist, dass diese Frauen einen Arbeitgeber haben, demgegenüber sie weisungsgebunden sind und der seinerseits eine Pflicht zur Fürsorge gegenüber der schwangeren/stillenden Frau hat und deswegen die gesetzlichen Mutterschutzvorschriften beachten muss.

Somit werden auch teilzeitbeschäftigte und geringfügig beschäftigte Frauen (»Minijob«) sowie Frauen in einer beruflichen Ausbildung vom Mutterschutzgesetz erfasst.

Ebenso werden Frauen mit einem befristeten Arbeitsverhältnis geschützt – doch nur genau so lange, wie das befristete Arbeitsverhältnis besteht. Allerdings: Verlängert ein Arbeitgeber alle befristeten Arbeitsverträge mit Kollegen und Kolleginnen, die ähnlich gelagert sind, und beruft sich nur der werdenden Mutter gegenüber auf den Ablauf der Befristung, so lohnt sich eine rechtliche Prüfung, ob eine unzulässige Diskriminierung aufgrund der Schwangerschaft vorliegt.

Auf Heimarbeiterinnen findet das Mutterschutzgesetz nur eingeschränkt Anwendung.

Vor einigen Jahren wurde der Kreis der geschützten Personen noch erweitert. So gilt das Gesetz seitdem zum Beispiel auch für **Prakti-**

kantinnen im Sinne von Paragraf 26 des Berufsbildungsgesetzes. Ebenso können sich auch **Schülerinnen** und **Studentinnen** (denen die Ausbildungsstelle Ort, Zeit und Ablauf der Ausbildungsveranstaltungen verpflichtend vorgibt oder die ein verpflichtend vorgegebenes Praktikum ableisten) auf zahlreiche Mutterschutzregeln berufen. Auch **Entwicklungshelferinnen** können nun vom Mutterschutzgesetz profitieren ebenso wie jene selbstständig tätigen Frauen, die wegen ihrer wirtschaftlichen Unselbstständigkeit als **arbeitnehmerähnliche Personen** anzusehen sind.

Aber Achtung: Bei diesem erweiterten Personenkreis muss das Gesetz sehr genau gelesen werden – denn gerade Regelungen wie der Kündigungsschutz oder jene zu wichtigen finanziellen Leistungen (Mutterschutzlohn, Mutterschaftsgeld oder der Zuschuss zum Mutterschaftsgeld) sind in einigen Fällen leider ausdrücklich ausgeschlossen!

Das Mutterschutzgesetz gilt hingegen nicht für Selbstständige oder Hausfrauen und in der Regel auch nicht für Organmitglieder und Geschäftsführerinnen von juristischen Personen (sofern sie nicht überwiegend auch als Beschäftigte tätig sind), da sie in keinem Beschäftigungsverhältnis stehen und also nicht in die Arbeitsorganisation eines weisungsgebenden Arbeitgebers eingebunden sind.

Auch für Beamtinnen, Richterinnen und Soldatinnen gilt das Gesetz nicht – trotzdem steht ihnen aber dasselbe Mutterschutzniveau zu, die Regelungen dazu finden sich nur in anderen Gesetzen (im Beamtenrecht beziehungsweise der Mutterschutzverordnung für Soldatinnen).

Auf Adoptivmütter ist das Mutterschutzgesetz ebenfalls nicht anwendbar, da bei ihnen die typischerweise durch Schwangerschaft, Geburt oder Stillzeit entstehenden Schutzbedürfnisse nicht gegeben sind.

Wer Zweifel an seinem Beschäftigtenstatus hat (vorrangig interessant für Geschäftsführerinnen oder arbeitnehmerähnliche Frauen), kann sich zur Klärung an die Clearingstelle der Deutschen Rentenversicherung Bund wenden (www.clearingstelle.de).

Ab wann greifen die Schutzbestimmungen?

Die Mutterschutzbestimmungen gelten während der Schwangerschaft, nach der Geburt und während eines Teils der Stillzeit. Sie greifen erst ab dem Moment, ab dem der Arbeitgeber (bei Schülerinnen oder Studentinnen: die Schule oder Hochschule) über die Schwangerschaft unterrichtet wurde.

Ausnahme: Der besondere Schutz vor Kündigung gilt für werdende Mütter ab Beginn der Schwangerschaft, also komplett unabhängig von der Information an den Arbeitgeber.

Damit der Arbeitgeber die Mutterschutzbedingungen einhalten kann, sollte man ihm die Schwangerschaft und den voraussichtlichen Entbindungstermin also am besten mitteilen, sobald einem diese Tatsachen bekannt sind.

Eine bestimmte Frist dafür, bis wann die Mitteilung zu machen ist, gibt es jedoch nicht.

Verlangt der Arbeitgeber zusätzlich noch eine Bescheinigung von einem Arzt oder einer Hebamme, weil ihm die mündliche Mitteilung nicht ausreicht, dann ist er verpflichtet, die Kosten dafür zu übernehmen.

Der Arbeitgeber darf übrigens nicht verlangen, den Mutterpass zu sehen, denn der enthält private Daten über die Gesundheit von Mutter und Kind, die weit über den reinen Nachweis der Schwangerschaft hinausgehen.

Die Information bezüglich der Schwangerschaft darf der Arbeitgeber nicht unbefugt an Dritte weitergeben.

Und nur am Rande: Schwangere müssen in einem Bewerbungsgespräch/-verfahren die Schwangerschaft (auch auf gezielte Nachfrage hin) nicht offenbaren! Denn Fragen des Arbeitgebers nach einer Schwangerschaft oder nach der Familienplanung allgemein sind unzulässig.

Die wichtigsten Mutterschutzrechte

Der im Mutterschutzgesetz geregelte **Gesundheitsschutz** lässt sich grob in folgende drei Bereiche einteilen:

- Betrieblicher Gesundheitsschutz
- Arbeitszeitlicher Gesundheitsschutz
- Ärztlicher Gesundheitsschutz

Betrieblicher Gesundheitsschutz

Allgemein hat der Arbeitgeber dafür zu sorgen, dass die Arbeitsbedingungen so gestaltet werden, dass die werdende oder stillende Mutter oder ihr Kind vor Gefahren für die körperliche oder psychische Gesundheit geschützt werden.

Der Arbeitgeber muss zudem dafür sorgen, dass sich schwangere oder stillende Frauen während der Pausen und, soweit es für sie erforderlich ist, auch während der Arbeitszeit unter geeigneten Bedingungen hinsetzen oder hinlegen und sich ausruhen können.

Der Arbeitgeber darf eine schwangere Frau auch keine Tätigkeiten ausüben lassen und sie keinen Arbeitsbedingungen aussetzen, die für sie oder ihr Kind eine sogenannte unverantwortbare Gefährdung darstellen. Dies wäre zum Beispiel der Fall, wenn die Frau gewissen Gefahr- oder Biostoffen oder physikalischen Einwirkungen in einem Maße ausgesetzt würde, dass ihre Gesundheit oder die ihres ungeborenen Kindes gefährdet ist (etwa durch Blei, fruchtbarkeitsschädigende Stoffe, Rötelviren, Erschütterungen, Lärm, Vibrationen, Hitze, Kälte oder Nässe).

Eine solche unverantwortbare Gefährdung darf sich für die schwangere Frau auch nicht durch zu starke körperliche Belastungen oder mechanische Einwirkungen ergeben. Das trifft zum Beispiel auf Tätigkeiten zu, bei denen

- regelmäßig Lasten von mehr als fünf Kilogramm Gewicht oder gelegentlich Lasten von mehr als zehn Kilogramm Gewicht von Hand gehoben, gehalten, bewegt oder befördert werden müssen,
- Unfälle durch Ausgleiten, Fallen oder Stürzen zu befürchten sind,
- eine Erhöhung des Drucks im Bauchraum zu befürchten ist,
- sich die Frau häufig erheblich strecken, beugen, in die Hocke gehen oder gebückt halten muss, die Schwangere nach dem fünften Schwangerschaftsmonat überwiegend bewegungsarm ständig stehen muss, diese Tätigkeit täglich vier Stunden überschreitet und so weiter.

Schwangere und stillende Frauen dürfen zudem keine Akkordarbeit oder Fließarbeit ausüben, ebenso wenig getaktete Arbeit mit vorgeschriebenem Arbeitstempo (sofern diese Art der Arbeit oder das Arbeitstempo für die Schwangere oder ihr Kind eine unverantwortbare Gefährdung darstellt).

Wird eine solche unverantwortbare Gefährdung für die Frau oder ihr Kind festgestellt, muss der Arbeitgeber zunächst versuchen, die Arbeitsbedingungen so umzugestalten, dass die Gefährdung ausgeschlossen ist. Gelingt ihm dies nicht, muss er versuchen, die Frau an einem anderen geeigneten Arbeitsplatz einzusetzen. Gelingt ihm auch das nicht (weil es zum Beispiel keinen anderen geeigneten Arbeitsplatz gibt oder weil dieser für die schwangere/stillende Frau unzumutbar wäre), dann darf der Arbeitgeber die Frau nicht weiter beschäftigen, es kommt zu einem Beschäftigungsverbot. Ein solches Beschäftigungsverbot kann teilweise, vollständig oder auch nur vorläufig ausgesprochen werden. Finanzielle Einbußen hat die Frau dadurch nicht zu befürchten (siehe dazu mehr beim Thema »Mutterschutzlohn«, ab Seite 48).

Arbeitszeitlicher Gesundheitsschutz

Auch zur »zeitlichen Gestaltung« der Arbeit enthält das Mutterschutzgesetz zahlreiche Regelungen, um die schwangere oder stillende Frau vor körperlicher und psychischer Überforderung sowie vor Erschöpfungserscheinungen zu schützen:

- **Höchstarbeitszeit:** Die durchschnittliche Arbeitszeit pro Monat/Doppelwoche darf eine gewisse Stundenanzahl nicht überschreiten.

- **Ruhezeit:** Nach Beendigung der täglichen Arbeitszeit muss der schwangeren oder stillenden Frau eine ununterbrochene Ruhezeit von mindestens elf Stunden gewährt werden.
- **Nachtarbeit:** Zwischen 20 und 6 Uhr darf der Arbeitgeber eine schwangere oder stillende Frau nicht beschäftigen, da Nachtarbeit mit besonderen Anstrengungen verbunden ist. Ausnahmen sind nur unter gewissen Voraussetzungen möglich (siehe unten).
- **Sonn- und Feiertagsarbeit:** Auch an Sonn- und Feiertagen ist eine Beschäftigung vom Grundsatz her verboten. Beim Vorliegen gewisser Voraussetzungen können allerdings Ausnahmen gemacht werden (dazu mehr ab Seite 38).
- **Schutzfristen vor und nach der Entbindung:** Der Arbeitgeber darf eine Frau in einem gewissen Zeitraum vor und nach der Entbindung nicht beschäftigen, für Ausnahmen gibt es jedoch einen kleinen Spielraum (dazu mehr ab Seite 39).

Nachtarbeit

Es gilt wie gesagt der Grundsatz, dass schwangere/stillende Frauen zwischen 20 Uhr und 6 Uhr nicht beschäftigt werden dürfen. Aber: Seit 01.01.2018 gibt es unabhängig von der Berufsgruppe oder dem Arbeitgeber für alle schwangeren/stillenden Frauen die Möglichkeit, selbst mitzuentscheiden, ob sie zu gewissen Zeiten gern mehr oder länger arbeiten möchten.

So ist eine **Beschäftigung zwischen 20 und 22 Uhr** möglich, wenn folgende Voraussetzungen vorliegen:

- der Arbeitgeber stellt einen entsprechenden Antrag bei der Aufsichtsbehörde,
- die Frau erklärt sich ausdrücklich dazu bereit (wobei sie diese Erklärung jederzeit widerrufen darf),
- ein ärztliches Zeugnis bestätigt, dass auch aus ärztlicher Sicht nichts gegen die Beschäftigung der Frau bis 22 Uhr spricht und
- eine unverantwortbare Gefährdung der schwangeren Frau oder ihres Kindes durch »Alleinarbeit« ist ausgeschlossen. Unter Alleinarbeit versteht man dabei eine Tätigkeit, bei der der Arbeitsplatz der Frau so beschaffen ist, dass sie ihn nicht jederzeit verlassen oder Hilfe erreichen kann. So soll zum Beispiel verhindert werden, dass die Frau oder ihr Kind gefährdet werden könnten, weil keine Kollegen zur Unterstützung anwesend sind, falls dies nötig würde. Diese Anforderung muss im Übrigen nur bei schwangeren, nicht aber bei stillenden Frauen erfüllt sein.

Um die Beschäftigung bis 22 Uhr möglichst unbürokratisch zu ermöglichen, darf der Arbeitgeber die Frau bei Vorliegen all dieser Voraussetzungen schon entsprechend beschäftigen, während die Behörde den Antrag noch prüft. Und lehnt die Behörde den Antrag nicht innerhalb von sechs Wochen ab, gilt die Genehmigung sogar als erteilt.

Für schwangere/stillende **Schülerinnen** und **Studentinnen** gilt dies leicht abgewandelt: Ihre Ausbildungsstelle darf sie bis 22 Uhr an Ausbildungsveranstaltungen teilnehmen lassen, sofern

- sich die Schülerin/Studentin ausdrücklich zur Teilnahme bereit erklärt (auch hier kann die Erklärung jederzeit widerrufen werden),
- die Teilnahme zu dieser Tageszeit zu Ausbildungszwecken erforderlich ist und
- eine unverantwortbare Gefährdung der Schwangeren oder ihres Kindes durch Alleinarbeit ausgeschlossen ist (nicht anwendbar auf stillende Frauen).

Eine **Beschäftigung nach 22 Uhr** ist nur in besonders begründeten Einzelfällen zulässig und auch nur, wenn alle oben genannten Voraussetzungen vorliegen und die Aufsichtsbehörde vor der Aufnahme der Beschäftigung die Ausnahme bewilligt hat.

Sonn- und Feiertagsarbeit

Für schwangere oder stillende Frauen besteht das grundlegende Verbot der Sonn- und Feiertagsarbeit. Auch hier gibt es aber die Möglichkeit, unter folgenden Voraussetzungen Ausnahmen zu machen:

- die schwangere/stillende Frau erklärt sich ausdrücklich zu der Beschäftigung an einem Sonntag oder Feiertag bereit (wobei sie das Recht hat, ihre Erklärung jederzeit widerrufen zu können),
- Paragraf 10 des Arbeitszeitgesetzes lässt eine Ausnahme vom Verbot der Sonn- und Feiertagsarbeit zu (hier findet die Begrenzung auf gewisse Berufsgruppen, Einsatzorte, Arbeitgeber etc. statt),

- der Frau wird in jeder Woche im Anschluss an eine ununterbrochene Nachtruhezeit von mindestens elf Stunden ein Ersatzruhetag gewährt und
- eine unverantwortbare Gefährdung der Schwangeren oder ihres Kindes durch Alleinarbeit ist ausgeschlossen (diese Anforderung muss nur bei schwangeren, nicht aber bei stillenden Frauen erfüllt sein).

Für schwangere/stillende **Schülerinnen und Studentinnen** gilt dies in ähnlicher Form: Ihre Ausbildungsstelle darf sie an Sonn- und Feiertagen nur an Ausbildungsveranstaltungen teilnehmen lassen, wenn

- sich die Frau ausdrücklich dazu bereit erklärt (auch hier kann die Erklärung jederzeit widerrufen werden),
- die Teilnahme an einem Sonn-/Feiertag zu Ausbildungszwecken erforderlich ist,
- der Frau in jeder Woche einmal ein Ersatzruhetag im Anschluss an eine ununterbrochene Nachtruhezeit von mindestens elf Stunden gewährt wird und
- eine unverantwortbare Gefährdung der Schwangeren oder ihres Kindes durch Alleinarbeit ausgeschlossen ist. (Letzteres ist bei stillenden Frauen nicht erforderlich.)

Schutzfristen vor und nach der Entbindung

Für die Zeiträume direkt vor und nach der Entbindung gelten für die (werdende) Mutter spezielle Schutzfristen, in welchen sie vom Arbeitgeber nicht beschäftigt werden darf:

Schutzfrist vor der Entbindung: *Die Schutzfrist beginnt sechs Wochen vor der Entbindung.* In dieser Zeit darf die werdende Mutter nicht beschäftigt werden – es sei denn, sie erklärt sich ausdrücklich bereit dazu. Diese Erklärung kann sie anschließend jederzeit widerrufen.

Maßgeblich für die Berechnung dieser Schutzfrist ist der mutmaßliche Tag der Entbindung, so wie er sich aus dem Zeugnis der Ärztin / des Arztes, der Hebamme oder des Entbindungspflegers ergibt. Wird das Baby nicht am errechneten Tag geboren, dann verkürzt oder verlängert sich die Schutzfrist vor der Entbindung entsprechend.

Schutzfrist nach der Entbindung: Für die Schutzfrist nach der Entbindung gilt ein sogenanntes absolutes Beschäftigungsverbot. Das heißt, dass der Arbeitgeber die Frau in dieser Phase selbst dann nicht beschäftigen darf, wenn die Frau dazu bereit wäre (einzig Schülerinnen und Studentinnen dürfen ihre Ausbildung fortsetzen, sofern sie dies ausdrücklich verlangen).

Die Schutzfrist endet im Normalfall acht Wochen nach der Entbindung. Es gibt jedoch drei Ausnahmefälle, in denen die Schutzfrist erst zwölf Wochen nach der Entbindung endet:

- Bei Mehrlingsgeburten.
- Bei »medizinischen Frühgeburten«. Um eine medizinische Frühgeburt handelt es sich, wenn das Kind bei der Geburt entweder weniger als 2500 Gramm wiegt oder wenn das Kind wegen noch nicht voll ausgebildeter Reifezeichen einer wesentlich erweiterten Pflege bedarf. Dies ist durch ein ärztliches Attest zu belegen.

- Wenn innerhalb von acht Wochen nach der Geburt bei dem Kind eine Behinderung festgestellt wird und die Mutter, unter Vorlage der ärztlichen Feststellung, eine Verlängerung der Schutzfrist beim Arbeitgeber oder, sofern sie gesetzlich krankenversichert ist, bei ihrer Krankenkasse beantragt (bei der Behinderung des Kindes muss es sich dabei um eine Behinderung im Sinne des Paragrafen 2 Absatz 1 Satz 1 des Neunten Sozialgesetzbuchs handeln, und sie muss innerhalb der acht Wochen nach der Geburt ärztlich festgestellt werden). Die Informierung des Arbeitgebers und der Krankenkasse ist auch wichtig, damit dort die verlängerte Mutterschutzfrist (auch bezüglich der Auszahlung des Mutterschaftsgelds) berücksichtigt werden kann.

Ganz generell gilt: Bei medizinischen Frühgeburten (festgestellt durch ein ärztliches Zeugnis), aber auch bei sonstigen vorzeitigen Geburten verlängert sich die Acht-/Zwölf-Wochen-Frist nach der Entbindung immer um jenen Zeitraum, den man von der »vorgeburtlichen Schutzfrist« nicht mehr in Anspruch nehmen konnte.

Wird der errechnete Geburtstermin hingegen überschritten, verkürzt sich die Schutzfrist nicht. Sie dauert ganz normal acht beziehungsweise zwölf Wochen ab der Geburt.

Im Anschluss an die Schutzfrist nach der Entbindung kann die Mutter dann entweder direkt in Elternzeit gehen oder ihre vorherige Beschäftigung wieder aufnehmen.

Schutzfristen nach einer Fehlgeburt

Neuregelung ab 01. Juni 2025: Durch eine Anpassung des Mutterschutzgesetzes wird es endlich auch Mutterschutzfristen für

Frauen geben, die ab der 13. Schwangerschaftswoche eine Fehlgeburt erleiden.

Bislang war die Ansicht vertreten worden, dass ein körperlicher Regenerationsbedarf, wie er bei einer Entbindung entsteht, nach einer Fehlgeburt typischerweise nicht gegeben sei. Nun hat der Gesetzgeber aber endlich der Tatsache Rechnung getragen, dass Frauen nach einer Fehlgeburt einer besonderen Belastungssituation ausgesetzt sind und einen entsprechenden Schutzraum für sie geschaffen. Die Betroffene soll sich erholen können, um die körperlichen und psychischen Belastungen zu verarbeiten und auch um mögliche gesundheitliche Komplikationen zu vermeiden.

Dies erfolgt dadurch, dass die meisten Regelungen zur Entbindung entsprechend auch im Falle einer Fehlgeburt ab der 13. Schwangerschaftswoche gelten und insbesondere gestaffelte Mutterschutzfristen eingeführt werden.

Je länger die Schwangerschaft dauerte, desto länger ist auch die Schutzfrist nach einer Fehlgeburt. Die Schutzfrist dauert:

- zwei Wochen nach einer Fehlgeburt ab der 13. Schwangerschaftswoche,
- sechs Wochen nach einer Fehlgeburt ab der 17. Schwangerschaftswoche,
- acht Wochen nach einer Fehlgeburt ab der 20. Schwangerschaftswoche.

In dieser Zeit darf der Arbeitgeber die Frau nicht beschäftigen – es sei denn, sie erklärt sich ausdrücklich bereit dazu. Diese Erklärung darf sie anschließend auch jederzeit widerrufen.

Zur Erinnerung nochmal: Diese Neuregelung tritt am 01. Juni 2025 in Kraft.

Finanzielle Einbußen hat die Frau durch die Schutzfristen vor und nach der Geburt, beziehungsweise nach einer Fehlgeburt ab der 13. Schwangerschaftswoche, nicht zu befürchten (siehe dazu unten mehr beim Thema »Mutterschaftsgeld«).

Freistellung für Untersuchungen

Für »erforderliche« Vorsorgeuntersuchungen hat der Arbeitgeber die werdende Mutter freizustellen, wenn dafür kein Termin außerhalb der Arbeitszeit vereinbart werden konnte.

Ein Entgeltausfall darf ihr dadurch nicht entstehen. Auch darf der Arbeitgeber nicht verlangen, dass diese Freistellungszeiten vor- oder nachgearbeitet werden.

Was als »erforderlich« gilt, wird nach dem Leistungskatalog der gesetzlichen Krankenkassen bemessen. Danach haben sich auch nicht gesetzlich krankenversicherte Frauen zu richten.

Ärztlicher Gesundheitsschutz

Beim ärztlichen Gesundheitsschutz geht es um die jeweilige Frau und ihre individuelle Situation. Geht ein Arzt davon aus, dass die Weiterbeschäftigung die Gesundheit der Mutter oder des Kindes gefährden würde, kann er ein ärztliches Beschäftigungsverbot aussprechen. Zum Beispiel wegen eines erhöhten Risikos einer Fehlgeburt, wegen Stress oder Mobbing am Arbeitsplatz. Der Arbeitgeber darf die Frau in diesem Fall nicht mehr beschäftigen.

Der Unterschied zu einer Krankschreibung der Schwangeren ist dabei, dass der Arzt hier das Beschäftigungsverbot nicht deshalb attestiert, weil den Beschwerden der Frau eine Krankheit zugrunde liegt, sondern die Schwangerschaft an sich und das Beschäftigungsverbot zum Schutz des Lebens der Frau oder des Kindes geboten ist. Die genaue Unterscheidung zwischen einem ärztlichen Beschäftigungsverbot und einer Arbeitsunfähigkeitsbescheinigung kann im Einzelfall also für den Arzt mitunter nicht ganz einfach sein, sie wirkt sich im Ergebnis aber auf Umfang und Dauer der Lohnfortzahlung aus (siehe dazu auch weiter unten die Ausführungen zum Mutterschutzlohn).

Das ärztliche Zeugnis kann dabei die Beschäftigung entweder teilweise oder ganz untersagen oder Vorgaben machen, inwiefern zum Beispiel leichtere Arbeiten oder verkürzte Arbeitszeiten zulässig sind. Zur Ausstellung des Zeugnisses ist jeder Arzt berechtigt – also nicht nur Gynäkologen, sondern zum Beispiel auch ein Neurologe. Und die medizinischen Gründe für das Zeugnis oder gar ärztliche Diagnosen müssen darin nicht genannt werden.

Zweifelt der Arbeitgeber an der Richtigkeit des ärztlich bescheinigten Beschäftigungsverbotes, so kann er (auf eigene Kosten) eine Nachuntersuchung verlangen. Allerdings nicht bei einem von ihm ausgewählten Arzt, denn die Arbeitnehmerin hat ein Recht auf freie Arztwahl.

Finanzielle Einbußen hat die Frau durch ein ärztliches Beschäftigungsverbot nicht zu befürchten (siehe dazu unten mehr beim Thema »Mutterschutzlohn«).

Kündigungsschutz

Kündigungen, die gegenüber einer Frau vom Beginn der Schwangerschaft an bis zum Ende der Schutzfrist nach der Entbindung, mindestens jedoch bis zum Ablauf von vier Monaten nach der Geburt, ausgesprochen werden, sind bis auf ganz wenige Ausnahmen unzulässig.

Und endlich werden auch Frauen geschützt, die eine Fehlgeburt erlitten haben: Kündigungen, die innerhalb von vier Monaten nach einer Fehlgeburt (nach der zwölften Schwangerschaftswoche) ausgesprochen werden, sind ebenfalls unzulässig.

Der Arbeitgeber darf dabei weder eine ordentliche noch eine außerordentliche Kündigung aussprechen. Ebenso unzulässig sind Änderungskündigungen, Kündigungen bei Insolvenz oder Kündigungen eines Probearbeitsverhältnisses. Sogar Vorbereitungsmaßnahmen des Arbeitgebers, die er im Hinblick auf die Kündigung der Frau trifft, sind unzulässig. Welche Vorbereitungsmaßnahmen damit konkret gemeint sind, sagt das Gesetz leider nicht. Es ist davon auszugehen, dass die Einstellung oder auch nur die Suche nach einer dauerhaften Ersatzkraft für die (werdende) Mutter bereits eine solche Vorbereitungsmaßnahme darstellt. Fielen darunter zum Beispiel auch Betriebsratsanhörungen, Personalgespräche oder interne Abstimmungen, kann man davon ausgehen, dass der gesamte Kündigungsprozess dadurch deutlich in die Länge gezogen werden kann.

Ausnahmen vom Kündigungsschutz sind nur in besonderen Konstellationen möglich, zum Beispiel bei einer ganzen oder teilweisen Betriebsstilllegung, bei der es keine Möglichkeit gibt, die Schwangere auf einen anderen Arbeitsplatz umzusetzen. Oder in Kleinbetrieben, deren Betrieb mangels einer qualifizierten Fachkraft sonst nicht fortgesetzt werden könnte. Im Einzelfall ausnahmsweise auch bei einer besonders schweren Pflichtverletzung der Frau. Voraussetzung für die Wirksamkeit der Kündigung in derartigen Fällen ist jedoch stets, dass der Arbeitgeber vor Ausspruch der Kündigung von der Aufsichtsbehörde eine Zustimmung dafür erhalten hat. Die Kündigung muss außerdem schriftlich erfolgen und den Kündigungsgrund enthalten.

Der Arbeitgeber darf grundsätzlich während der Kündigungsfrist auch keine Kündigung aussprechen, die so formuliert ist, dass das Arbeitsverhältnis erst zu einem Zeitpunkt enden soll, der nach dem Ende der Schutzfrist liegt.

Wusste der Arbeitgeber zum Zeitpunkt der Kündigung nichts von der Schwangerschaft, der Geburt oder einer Fehlgeburt nach der zwölften Schwangerschaftswoche, greift das Kündigungsverbot nur, wenn er innerhalb von zwei Wochen nach Kündigungszugang darüber informiert wird.

Unser Tipp Dieses Informationsschreiben unbedingt gut dokumentieren, zum Beispiel durch Einschreiben.

Verpasst man die Frist ohne eigenes Verschulden (zum Beispiel, weil man erst danach von der Schwangerschaft erfährt), sind Ausnahmen möglich.

Achtung: Kündigt ein Arbeitgeber einer Frau trotz des Kündigungsschutzes, muss sie grundsätzlich innerhalb von drei Wochen nach Zugang der schriftlichen Kündigung Klage beim zuständigen Arbeitsgericht erheben (selbst oder durch einen Rechtsanwalt), um die Unwirksamkeit der Kündigung feststellen zu lassen. Erhebt man keine Klage, gilt die Kündigung als rechtswirksam! Ausnahmen von der vorgenannten Drei-Wochen-Frist sind nur in einigen Spezialkonstellationen möglich.

Nimmt die Mutter nach der Entbindung Elternzeit, so verlängert sich der Kündigungsschutz sogar bis zum Ende der Elternzeit.

Und: Will die (werdende) Mutter ihrerseits das Arbeitsverhältnis kündigen, ist sie an kein Kündigungsverbot gebunden – es sind jedoch die üblichen gesetzlichen beziehungsweise vertraglichen Fristen zu beachten. In diesen Fällen, ebenso wie bei Aufhebungsverträgen, empfiehlt sich eine Beratung etwa durch einen Rechtsanwalt oder bei der Agentur für Arbeit hinsichtlich einer eventuell drohenden Sperre bei der Beantragung von Arbeitslosengeld.

Finanzielle Leistungen

Um zu vermeiden, dass der (werdenden) Mutter mutterschutzbedingte Einbußen beim Einkommen entstehen, sind diverse Ansprüche gesetzlich geregelt.

- So darf der Frau zum Beispiel während der Zeiten, in denen sie für Untersuchungen freigestellt wird oder in denen sie Stillpausen einlegt, nicht etwa das Entgelt gekürzt werden. Diese Zeiten muss sie auch nicht vor- oder nacharbeiten.
- Für Zeiten, in denen die Frau wegen mutterschutzrechtlicher Schutzmaßnahmen nicht arbeiten darf, erhält sie als Ausgleich Mutterschutzlohn (siehe dazu auch gleich weiter unten).
- Und für die Schutzfristen vor und nach der Entbindung sowie natürlich für den Tag der Entbindung selbst erhält sie ebenfalls einen Entgeltersatz, meist das Mutterschaftsgeld und den Zuschuss zum Mutterschaftsgeld (sogenannter Arbeitgeberzuschuss).

Mutterschutzlohn

Wenn eine Frau *wegen eines Beschäftigungsverbots außerhalb der Schutzfristen* vor oder nach der Entbindung ihre Tätigkeit ganz oder teilweise aussetzen muss, so erhält sie von ihrem Arbeitgeber Mutterschutzlohn. Der Mutterschutzlohn ist ein steuer- und sozialabgabenpflichtiges Arbeitsentgelt und entspricht in der Regel mindestens dem Durchschnittsverdienst der letzten drei abgerechneten Kalendermonate vor Beginn der Schwangerschaft. Bei dieser Durchschnittsermittlung bleiben Kürzungen des Arbeitsentgelts zum Beispiel durch Kurzarbeit unberücksichtigt.

Darin liegt der Unterschied zu einer Entgeltfortzahlung im Falle einer Krankschreibung: Der Mutterschutzlohn wird nicht nach sechs Wochen auf das reduzierte Krankengeld umgestellt.

Dem Arbeitgeber wiederum wird der Mutterschutzlohn zu 100 Prozent nach einem Umlageverfahren der Krankenkassen, dem sogenannten U2-Verfahren, erstattet.

Ausnahmen: Keinen Mutterschutzlohn gibt es für Frauen, die wegen ihrer wirtschaftlichen Unselbstständigkeit als arbeitnehmerähnliche Person anzusehen sind, für Entwicklungshelferinnen, Hausfrauen ohne Beschäftigungsverhältnis oder für Schülerinnen/Studentinnen (lediglich für Werksstudentinnen könnte sich eine Möglichkeit ergeben).

Mutterschaftsgeld und Zuschuss zum Mutterschaftsgeld

Für die Zeit der Arbeitsunterbrechung

- *während der Schutzfristen* vor und nach der Entbindung (sechs Wochen vor der Geburt und in der Regel acht Wochen nach der Geburt, beziehungsweise zwölf Wochen nach der Geburt im Falle einer Mehrlingsgeburt oder einer medizinischen Frühgeburt oder wenn innerhalb der ersten acht

Lebenswochen des Kindes eine gewisse Behinderung ärztlich festgestellt wird und die Mutter daraufhin eine Verlängerung der Schutzfrist beantragt)
- während der Schutzfrist nach einer Fehlgeburt ab der 13. Schwangerschaftswoche
- sowie am Tag der Entbindung selbst

sind die meisten berufstätigen Frauen durch das Mutterschaftsgeld (gezahlt von der Krankenkasse oder dem Bundesamt für Soziale Sicherung) sowie den Arbeitgeberzuschuss und eventuell durch Krankentagegeld finanziell abgesichert.

Ob und in welcher Höhe und von wem eine Frau diese Gelder bekommt, hängt unter anderem davon ab, wie sie krankenversichert ist und ob sie zum Beispiel selbstständig, angestellt oder verbeamtet berufstätig ist. Ausführlichere Informationen dazu im Kapitel »Elterngeld, Kindergeld und alle anderen Gelder« (➛ »Mutterschaftsgeld«, ab Seite 104).

Urlaubsansprüche

Darf eine Frau wegen des mutterschutzrechtlichen Beschäftigungsverbots (dazu zählen hier auch die Schutzfristen vor und nach der Entbindung) nicht arbeiten, so darf ihr der Arbeitgeber für diese Zeiten Urlaubsansprüche nicht etwa anteilig kürzen. In Hinblick auf die »Entstehung von Urlaubstagen« werden Fehlzeiten wegen eines Beschäftigungsverbotes so behandelt, als hätte die werdende Mutter weitergearbeitet. Es gehen ihr also keine Ansprüche auf bezahlten Urlaub verloren. Konnte sie den Resturlaub vor Beginn eines Beschäftigungsverbots nicht nehmen, so kann sie ihn nach Ende des Beschäftigungsverbots im laufenden oder im nächsten Urlaubsjahr beanspruchen. Der Resturlaub kann sogar bis nach der Elternzeit aufgehoben werden.

Schutz für stillende Mütter am Arbeitsplatz

Mütter, die noch stillen, aber bereits wieder zu arbeiten begonnen haben, werden ebenfalls besonders geschützt.

Stillenden Müttern ist auf Verlangen die zum Stillen erforderliche Zeit freizugeben. Das Mutterschutzgesetz legt dafür *mindestens* zweimal täglich eine halbe Stunde oder einmal täglich eine Stunde fest. Bei zusammenhängenden Arbeitszeiten von mehr als acht Stunden erhöht sich die Dauer der Stillpausen auf mindestens zweimal 45 Minuten (oder einmal 90 Minuten, sofern in der Nähe des Arbeitsplatzes keine Stillgelegenheit vorhanden ist). Wichtig ist hier, dass im Gesetz ausdrücklich das Wort »mindestens« steht – denn je nach individueller Situation kann der Stillbedarf höher liegen, sodass weitere Stillzeiten erforderlich werden.

Diese Stillzeiten müssen von den Müttern nicht vor- oder nachgearbeitet und dürfen nicht auf die festgesetzten Pausenzeiten angerechnet werden.

Auch darf der Frau dadurch kein Verdienstausfall entstehen.

Seit dem 01.01.2018 sind diese Möglichkeiten der Freistellung zum Stillen auf die ersten zwölf Monate nach der Geburt beschränkt. Der Gesetzgeber hielt die Einführung dieser zeitlichen Grenze für angebracht, um den Arbeitgeber über das erste Lebensjahr des Kindes hinaus nicht länger mit dem Kosten- und Organisationsaufwand für die Stillzeitgewährung zu belasten. Dabei ging er davon aus, dass Stillen ab dem zwölften Lebensmonat des Kindes zwar im Einzelfall noch empfehlenswert sein könne, in der Regel aber aus ernährungsphysiologischer oder immunologischer Sicht nicht mehr notwendig sei.

Zudem gelten für stillende Mütter viele der Schutzvorschriften für Schwangere, wie etwa die Pflicht, die stillende Mutter für erforderliche Untersuchungen freizustellen. Oder das prinzipielle Verbot, Nachtarbeit zu leisten oder an Sonn- und Feiertagen zu arbeiten (wobei unter gewissen Voraussetzungen Ausnahmen möglich sind). Oder das Verbot, die stillende Frau Tätigkeiten ausüben zu lassen oder sie Arbeitsbedingungen auszusetzen, in denen eine unverantwortbare Gefährdung ihrer körperlichen oder psychischen Gesundheit besteht (zum Beispiel durch Gefahr- oder Biostoffe, durch Strahleneinwirkung oder durch Akkordarbeit).

Leistungen der Krankenversicherungen

Spezielle Leistungen erhalten werdende Mütter auch von ihrer Krankenversicherung. Anders als bei den Rechten, die sich aus dem Mutterschutzgesetz ableiten und die nur für Frauen gelten, die in einem Arbeitsverhältnis stehen, haben auch selbstständige oder nicht erwerbstätige Frauen Ansprüche auf Krankenversicherungsleistungen. Für die Schwangerschaft, die Geburt und die Zeit danach bieten die gesetzlichen Krankenkassen medizinische Betreuung an, insbesondere Vorsorgeuntersuchungen, durch Ärzte oder Hebammen, aber auch die Kostenübernahme der stationären Entbindung und die Versorgung mit Arznei- und Heilmitteln. Und je nach Kasse gibt es zusätzliche Leistungen wie zum Beispiel Vorbereitungs- und Rückbildungskurse oder eine Haushaltshilfe. Privat krankenversicherte Frauen sollten sich bei ihrer Versicherung nach den Leistungen im Mutterschaftsfall erkundigen, denn die Angebote sind hier sehr unterschiedlich.

Anspruch auf Elternzeit

Nach der Geburt des Kindes gibt es für Arbeitnehmerinnen und Arbeitnehmer die Möglichkeit, bis zu drei Jahre Elternzeit zu nehmen (das gilt für Mütter und für Väter). Sie können sich in diesem Zeitraum ihrem Kind widmen, ohne dabei den Kontakt zum Beruf zu verlieren. Meist wird die Elternzeit direkt im Anschluss an die Schutzfrist nach der Entbindung genommen. Die Mutter kann ihre Arbeit nach Ende der Schutzfrist aber auch zunächst wiederaufnehmen und die Elternzeit erst später beanspruchen. Nähere Informationen dazu im Kapitel »Elternzeit«, ab Seite 55.

Einhaltung der Mutterschutzvorschriften

Verantwortlich für Beachtung und Umsetzung der Mutterschutzvorschriften ist der Arbeitgeber (bei Schülerinnen oder Studentinnen: die Schule oder Hochschule). Er ist also gesetzlich verpflichtet, die Schutzvorgaben einzuhalten und dafür eventuell erforderliche Maßnahmen umzusetzen. Auch muss er die zuständigen Aufsichtsbehörden benachrichtigen, wenn eine Arbeitnehmerin ihm mitgeteilt hat, dass sie schwanger ist. So können die Aufsichtsbehörden die Einhaltung der Mutterschutzbestimmungen kontrollieren. Verstößt ein Arbeitgeber gegen die Vorschriften des Mutterschutzgesetzes, so ist dies eine Ordnungswidrigkeit, die mit bis zu 30000 Euro geahndet werden kann, oder sogar eine Straftat, bei der eine Freiheitsstrafe bis zu einem Jahr droht.

Informationen dazu, welche Aufsichtsbehörde je nach Bundesland zuständig ist, erteilen die jeweiligen Landesministerien für Arbeit und Soziales oder das Familienministerium.

Auskunft und Rat

Folgende Stellen erteilen Auskunft und Rat zu Fragen des Mutterschutzgesetzes:

- bezüglich der **Anwendung des Mutterschutzgesetzes** je nach Bundesland die Arbeitsschutz- oder die Gewerbeaufsichtsämter. Die Zuständigkeit erfährt man zum Beispiel über die Webseite des Familienministeriums: www.bmfsfj.de. (im Suchfeld eingeben »Gewerbeaufsichtsamt«, dann sollte eine Meldung vom 02.10.2024 mit einer Liste der zuständigen Behörden auftauchen). Gibt es im Unternehmen einen Betriebsarzt, wäre auch dieser eine Anlaufstelle für Fragen zum Gesundheitsschutz im Betrieb.

- bezüglich des **Mutterschaftsgelds** die gesetzlichen Krankenkassen oder, bei privat versicherten Frauen, das Bundesamt für Soziale Sicherung (vormals »Bundesversicherungsamt«).

- zu **Krankenversicherungsleistungen** bei Schwangerschaft und Mutterschaft die Krankenkassen beziehungsweise privaten Krankenversicherungen.

- **Weitere Auskünfte** gibt das Servicetelefon des Familienministeriums von Montag bis Donnerstag, 9 bis 18 Uhr, unter der Telefonnummer 030/20 17 91 30 oder per E-Mail an info@bmfsfjservice.bund.de

INTERNET

www.gesetze-im-internet.de Auf dieser Webseite des Bundesministeriums der Justiz (Justizministerium) findet man die aktuellen Fassungen des Mutterschutzgesetzes (MuSchG), der Arbeitsstättenverordnung (ArbStättV), der Mutterschutz- und Elternzeitverordnung für Beamtinnen (MuSchEltZV) oder der Mutterschutzverordnung für Soldatinnen (MuSchSoldV).

www.bmfsfj.de Das Familienministerium bietet eine Übersicht über die jeweiligen Aufsichtsbehörden der Länder zur Überwachung des Mutter- und Kündigungsschutzes (dafür im Suchfeld das Stichwort »Gewerbeaufsichtsamt« eingeben).

KOSTENPFLICHTIGE BROSCHÜRE

Wenn Selbstständige Kinder kriegen Ein ausführlicher Ratgeber des Mediafon-Beraters Rüdiger Lühr (Mediafon ist ein Consulting-Unternehmen, das überwiegend ver.di-Mitglieder berät). Die 28-seitige PDF-Datei kann per E-Mail angefordert werden unter luehr@mediafon.net. Sie ist (für nicht-ver.di-Mitglieder) kostenpflichtig, beinhaltet dafür aber sehr spezielle Informationen für Selbstständige (auch für in der Künstlersozialkasse versicherte Selbstständige) zu Mutterschaftsgeld, Elterngeld und weiteren Leistungen.

KOSTENLOSE BROSCHÜREN

Leitfaden zum Mutterschutz Eine wirklich hervorragende Broschüre des Familienministeriums mit profunden Informationen zu Schutzvorschriften und finanziellen Leistungen. Bezug im Serviceteil auf www.bmfsfj.de, dort auch als Download.

Kündigungsschutz Broschüre des Bundesministeriums für Arbeit und Soziales (Arbeitsministerium). Bezug über www.bmas.de (➛ Service ➛ Publikationen), dort auch als Download.

Leitfaden zum Mutterschutz – Informationen für Arbeitgeberinnen und Arbeitgeber Diese Broschüre des Familienministeriums richtet sich zwar an Arbeitgeber/-innen, gerade diese andere Perspektive aber macht manche Themen noch verständlicher. Zu bestellen auf www.bmfsfj.de (➛ Service ➛ Publikationen ➛ Suchwort »Mutterschutz«), auch als Download erhältlich.

Elternzeit

Was ist Elternzeit und wen betrifft sie?

Die Elternzeit ist eine Möglichkeit für Arbeitnehmerinnen und Arbeitnehmer, eine Auszeit vom Beruf zu nehmen oder die Arbeitszeit zumindest zu reduzieren, um so mehr Zeit zu haben, sich seinem Kind zu widmen. In dieser Zeit muss man also nicht (oder weniger) arbeiten, erhält aber auch kein (oder weniger) Gehalt (einen gewissen finanziellen Ausgleich kann dann eventuell das Elterngeld schaffen).

Einen Anspruch auf diese Auszeit haben Mütter und Väter,

- wenn sie in einem Arbeitsverhältnis stehen und mit ihrem Kind im selben Haushalt leben,
- wenn sie ihr Kind überwiegend selbst betreuen und erziehen und
- wenn sie während der Elternzeit entweder gar nicht oder zumindest nicht mehr als 32 Wochenstunden im Monatsdurchschnitt erwerbstätig sind.*

Dies gilt genauso für Adoptiveltern (selbst dann, wenn das Adoptionsverfahren noch läuft). In gewissen Fällen kann der Anspruch sogar Pflegeeltern, Stiefeltern, Großeltern, Geschwistern, Tanten oder Onkeln zustehen. Wer kein Sorgerecht für das Kind hat, benötigt die Zustimmung des sorgeberechtigten Elternteils.

Auch Arbeitnehmer mit befristeten Arbeitsverträgen, mit Teilzeitverträgen, Minijobs oder Ausbildungsverhältnissen können Elternzeit verlangen. Aber Achtung, befristete Verträge verlängern sich zum Beispiel nicht etwa durch die Elternzeit (Ausnahmen davon kann es unter Umständen geben für Auszubildende, Ärzte in Weiterbildung oder wissenschaftliche Mitarbeiter).

* Achtung, Gesetzesreform: Für Eltern, deren Kind VOR dem 01.09.2021 geboren wurde, gelten noch 30 Stunden pro Woche als Grenze.

Für Beamte, Soldaten oder Richter gibt es spezielle Regelungen zur Elternzeit, in diesen Fällen kann der jeweilige Dienstherr zu den einschlägigen Vorschriften Auskunft geben.

Unter Umständen hat man sogar einen Anspruch auf Elternzeit, wenn man gar nicht in Deutschland wohnt: Das ist dann der Fall, wenn der eigene Arbeitsvertrag nach deutschem Recht abgeschlossen wurde.

Keinen Anspruch auf Elternzeit haben Personen, die nicht in einem Arbeitsverhältnis stehen (denn in diesem Fall gibt es ja keinen Arbeitgeber, von dem man eine Auszeit verlangen könnte). Das betrifft also zum Beispiel Selbstständige, Geschäftsführer/innen, Hausfrauen/-männer, Student/innen und Schüler/innen.

Wie lange und wann kann Elternzeit genommen werden?

Vorab: Gesetzesreformen

Um die Vereinbarkeit von Familie und Beruf für beide Elternteile zu verbessern, wurden durch mehrere Gesetzesreformen die Vorschriften zur Elternzeit immer flexibler gestaltet. Dies bedeutet allerdings, dass für alle vor den jeweiligen Gesetzesänderungen geborenen Kinder immer noch die zum Zeitpunkt ihrer Geburt herrschende Gesetzeslage gilt. Aus Gründen der Übersichtlichkeit stellen wir diese ehemaligen Gesetzeslagen hier bewusst nicht dar, nur in ganz wenigen Einzelfällen gibt es einen kleinen Hinweis. Vereinfacht lässt sich sagen, dass für alle Eltern, deren Kinder vor dem 01.09.2021 geboren wurden, teilweise andere Regelungen gelten. Sie sollten sich am besten von ihrer Elterngeldstelle beraten lassen. Wir versuchen jedoch, an den entsprechenden Stellen kurz darauf hinzuweisen.

Dauer und Zeitpunkt der Elternzeit

Jeder Elternteil kann pro Kind drei Jahre, also 36 Monate unbezahlte Auszeit vom Job bis zum dritten Geburtstag des Kindes nehmen (also bis zum Ablauf des Tages vor dem dritten Geburtstag).

Ein Teil der dreijährigen Elternzeit – und zwar bis zu 24 Monate – kann sogar für einen späteren Zeitraum (also über den dritten Geburtstag hinaus) aufgehoben werden, zum Beispiel um das Kind im ersten Schuljahr intensiver zu betreuen. Längstens ist diese Übertragung bis zum achten Geburtstag des Kindes möglich.

Eine Zustimmung des Arbeitgebers zu solch einer Übertragung auf später ist nicht erforderlich! Der Arbeitgeber könnte eine Elternzeit in diesem Zeitraum nur noch aus »dringenden betrieblichen Gründen« ablehnen und dies auch nur, wenn es sich dabei um den sogenannten »dritten Abschnitt« der Elternzeit handelt (dazu unten mehr).

Und: Die Elternzeit wird für jeden Elternteil immer separat betrachtet. Das bedeutet, dass dem Elternteil, der einen Teil der Elternzeit auf später überträgt, die Elternzeit des Partners nicht etwa angerechnet wird.

Frühestens kann man die Elternzeit mit der Geburt des Kindes beginnen. Die meisten Mütter nehmen die Elternzeit gleich im Anschluss an die Mutterschutzfrist. Frauen, die nach der Geburt im Mutterschutz sind, sollten die Elternzeit tatsächlich auch erst im Anschluss daran beginnen lassen – und zum Beispiel nicht bereits direkt ab der Geburt. Denn sonst haben sie eventuell keinen Anspruch auf den Arbeitgeberzuschuss zum Mutterschaftsgeld.

Wichtig zu wissen: Die acht- beziehungsweise zwölfwöchige Mutterschutzfrist nach der Geburt wird automatisch immer auf die Gesamtdauer der Elternzeit angerechnet. Die Elternzeit der Mutter verkürzt sich also quasi um diesen Zeitraum – oder andersherum: Die nachgeburtliche Mutterschutzfrist führt leider nicht dazu, dass sich die drei Jahre Elternzeit der Mutter um die Wochenanzahl ihrer Mutterschutzfrist verlängern.

Die Elternzeit des Vaters kann bereits ab Geburt des Kindes beginnen.

Selbstverständlich können die Eltern die Elternzeit auch erst zu einem späteren Zeitpunkt beginnen, wenn das Kind schon etwas älter ist.

Wie lange man Elternzeit nehmen will, kann man ganz nach den persönlichen Bedürfnissen entscheiden. Man kann die kompletten drei Jahre nehmen. Man kann aber auch nur einen Teil davon nehmen, zum Beispiel nur wenige Monate oder Wochen oder sogar nur Tage. Dabei sollte man allerdings in Erinnerung behalten, dass die Elternzeit insgesamt nur in zwei oder drei Zeitabschnitte aufgeteilt werden darf (siehe dazu Seite 64) – außer natürlich, der Arbeitgeber stimmt zusätzlichen Abschnitten zu.

Aufteilung der Elternzeit zwischen den Eltern

Die Elternzeit wird für jeden Elternteil immer separat betrachtet, jeder Elternteil hat also für sich pro Kind Anspruch auf 36 Monate Elternzeit. Den Eltern steht dabei frei, wer von ihnen Elternzeit nimmt und für welche Zeiträume – und zwar ganz unabhängig davon, in welchem Umfang der Partner die Elternzeit nutzt. Auch einzelne Monate, Wochen oder Tage sind möglich. Die Elternzeit kann also von der Mutter oder dem Vater allein oder von beiden Eltern gleichzeitig genommen werden.

Wann meldet man Elternzeit an?

Für die Elternzeit ist in der Regel keine Zustimmung des Arbeitgebers notwendig. Man stellt folglich nicht etwa einen »Antrag« darauf, sondern meldet die Elternzeit lediglich beim Arbeitgeber an. Bis auf ganz wenige Ausnahmen kann der Arbeitgeber die Elternzeit also nicht verweigern (siehe dazu auch weiter unten »Elternzeit-Abschnitte«).

Allerdings sind bei der Anmeldung einige Regeln zu beachten, zum Beispiel eine gewisse »Anmeldefrist« als Vorlauf. Auch muss man sich teilweise bereits verbindlich festlegen, für welche Zeiträume die Elternzeit genommen werden soll. Dazu gleich mehr.

Anmeldefrist

Für die Anmeldefrist der Elternzeit kommt es darauf an, in welchem Zeitraum man Elternzeit nehmen möchte:

- Elternzeit vor dem dritten Geburtstag des Kindes muss spätestens sieben Wochen vor ihrem geplanten Beginn angemeldet werden.
  Beispiele: Mütter, die die Elternzeit direkt im Anschluss an den Mutterschutz nehmen wollen, müssen die Elternzeit dann sieben Wochen vor Ablauf der gesetzlichen Mutterschutzfrist anmelden. Gehen wir für den Beispielsfall von der typischen achtwöchigen nachgeburtlichen Mutterschutzfrist aus, so muss die Elternzeit spätestens in der ersten Woche nach der Geburt angemeldet werden. Väter, die die Elternzeit direkt im Anschluss an die Geburt des Kindes nehmen wollen, müssen die Anmeldung spätestens sieben Wochen vor dem errechneten Geburtstermin vornehmen. Nur in Ausnahmen ist eine kürzere Anmeldefrist möglich (etwa bei einer kurzfristigen Adoptionszusage oder bei einer Frühgeburt).

- Elternzeit im Zeitraum zwischen dem dritten Geburtstag und dem vollendeten achten Lebensjahr des Kindes muss spätestens 13 Wochen vor ihrem geplanten Beginn angemeldet werden (so erhält der Arbeitgeber mehr Vorlauf, um sich zu einem späteren Zeitpunkt auf eine bevorstehende Elternzeit einzustellen).

- Denkbar ist auch ein »Mix« der beiden oben genannten Varianten: also eine Elternzeit, die vor dem dritten Geburtstag des Kindes beginnt und irgendwann danach endet. Hierbei muss man sich bewusst sein, dass man die Elternzeit im Hinblick auf die Anmeldefrist gedanklich in zwei Phasen aufteilt. Das heißt: Für den Zeitraum, der vor dem dritten Geburtstag liegt, gilt die Sieben-Wochen-Frist für die Anmeldung. Für den Zeitraum, der nach dem dritten Geburtstag liegt, gilt die 13-Wochen-Frist. Beginnt die Elternzeit lange vor dem dritten Geburtstag, macht das keinen Unterschied. Soll die Elternzeit aber erst wenige Wochen vor dem dritten Geburtstag starten, muss man daran denken, die Anmeldung rechtzeitig, also spätestens 13 Wochen vor dem Geburtstag, vorzunehmen.

Achtung, schon mal ein Hinweis zum Kündigungsschutz (dazu später noch ausführlicher): Eine frühere Anmeldung der Elternzeit ist – insbesondere für Väter – nicht ratsam. Denn ab dem Zeitpunkt der Anmeldung der Elternzeit entsteht zwar ein besonderer Kündigungsschutz, frühestens greift dieser jedoch acht Wochen vor Beginn einer Elternzeit im Zeitraum bis zum dritten Geburtstag des Kindes beziehungsweise 14 Wochen vor Beginn einer Elternzeit im Zeitraum zwischen dem dritten Geburtstag und dem achten Geburtstag des Kindes. Übersetzt heißt das: Um eventuelle böse Überraschungen vonseiten des Arbeitgebers zu vermeiden, meldet man die Elternzeit am besten frühestens eine Woche vor dem Beginn der Anmeldefrist an. Denn auch erst ab diesem Zeitpunkt genießt man den besonderen Kündigungsschutz.

Tipp Achtung, wer vorhat, Elterngeld zu beantragen, der sollte bereits bei der Anmeldung seiner Elternzeit eine Besonderheit berücksichtigen:
Das Elterngeld wird nämlich »für Lebensmonate des Kindes« bezahlt, und nicht für Kalendermonate. Ein Lebensmonat dauert jeweils vom Tag der Geburt in einem Monat bis zum Tag vor dem Geburtsdatum im nächsten Monat.
Beispiel: Das Baby ist am 18. Januar geboren ➔ dann dauern die Lebensmonate jeweils vom 18. eines Monats bis zum

17. des Folgemonats und so weiter. Deswegen lohnt es sich, die Elternzeit so anzumelden, dass sie sich mit dem Zeitraum, für den Elterngeld gezahlt wird, deckt. **Beispiel:** Das Kind ist am 18. Januar geboren, die Mutter beantragt Elterngeld für sechs Monate – dieses wird also bis zum 17. Juli (= sechs Lebensmonate) bezahlt. Idealerweise meldet die Mutter also Elternzeit bis zum 17. Juli an. Denn würde sie bereits ab 1. Juli wieder arbeiten, würde durch die Arbeitstätigkeit in diesem Monat ihr Elterngeld (das eigentlich noch bis 17. Juli gezahlt würde) reduziert werden oder eventuell ganz wegfallen. Würde sie hingegen erst am 1. August wieder mit der Arbeit beginnen, hätte sie für die Zeit ab 18. Juli, also für fast zwei Wochen, gar keine Einkünfte, also weder Elterngeld noch Arbeitslohn. Je nachdem, wie man die eigene Elternzeit gestalten möchte, empfiehlt sich auch eine kluge Kombination mit Resturlaubstagen davor oder danach.

Anmeldefrist verpasst?

Hat man die Anmeldefrist verpasst, muss man nicht zwangsläufig eine zweite Anmeldung mit geänderten Terminen vornehmen. Denn der Beginn der Elternzeit verschiebt sich in diesem Fall einfach automatisch um die verpasste Zeit nach hinten.

Beispiel: Ein Vater möchte im ersten Lebensjahr seines Kindes Elternzeit nehmen, sie soll am 01. August beginnen. Da sie sieben Wochen vorher anzumelden ist, müsste er dies also bis zum 12. Juni machen. Allerdings gibt der Vater die Anmeldung erst zwei Tage später, am 14. Juni, ab. Seine Elternzeit beginnt deswegen erst am 03. August. Eine Änderung seiner Anmeldung auf den 03. August ist nicht notwendig.

Elternzeit-Zeiträume und -Abschnitte

Elternzeit-Zeiträume

Achtung, sehr wichtig: Meldet man Elternzeit für den Zeitraum vor dem dritten Geburtstag des Kindes an, dann muss man sich bei der Anmeldung bereits verbindlich festlegen, für welche Zeiträume in den nächsten beiden Jahren man Elternzeit nehmen möchte.

Hintergrund: Dadurch soll der Arbeitgeber ausreichend Planungsspielraum erhalten. Das heißt: Meldet ein Elternteil zum Beispiel nur für ein Jahr Elternzeit an, folgt daraus, dass er auf die Möglichkeit verzichtet, in den nächsten beiden Jahren weitere Elternzeit zu nehmen. Eine Verlängerung der Elternzeit innerhalb dieses Zeitraums ist dann in der Regel nur noch möglich, wenn der Arbeitgeber dem zustimmt.

Beispiel: Ein Vater meldet nur für das erste Jahr nach der Geburt seines Kindes Elternzeit an. Das bedeutet also, dass er für die Zeit vom ersten bis zum zweiten Geburtstag des Kindes keine Elternzeit nehmen wird.

Oder: Schließt sich die Elternzeit der Mutter direkt an ihren Mutterschutz an, muss sie sich also für den Zeitraum bis zum zweiten Geburtstag des Kindes festlegen.

Für die darüber hinaus übrigbleibende Elternzeit, die man nach diesen beiden Jahren eventuell noch irgendwann nehmen möchte, muss man sich an dieser Stelle noch nicht festlegen. Das gibt den Freiraum, sich erst später zu entscheiden, wann genau man sie in Anspruch nehmen will.

Elternzeit-Abschnitte

Wichtig zu wissen: Die Elternzeit darf nicht beliebig oft unterbrochen werden! Jeder Elternteil darf seine Elternzeit nur auf bis zu drei Zeitabschnitte verteilen (mehr als drei Zeitabschnitte sind allerdings möglich, wenn man dies mit dem Arbeitgeber bespricht und er einverstanden ist).

Den dritten Abschnitt kann der Arbeitgeber allerdings innerhalb von acht Wochen nach der Anmeldung aus dringenden betrieblichen Gründen ablehnen, sofern dieser Abschnitt vollumfänglich im Zeitraum zwischen dem dritten und achten Geburtstag des Kindes liegt. Wichtig ist hier das Wort »vollumfänglich«: Beginnt der dritte Abschnitt nämlich bereits vor dem dritten Geburtstag des Kindes, so liegt er schon nicht mehr »in vollem Umfang« im Zeitraum nach dem dritten Geburtstag und darf damit vom Arbeitgeber nicht abgelehnt werden.

Und von einem neuen Zeitabschnitt spricht man nur, wenn auf den ersten/vorhergehenden Zeitraum der Elternzeit ein Zeitraum folgt, in dem sich der Elternteil nicht in Elternzeit befindet, in dem also das ursprüngliche Arbeitsverhältnis wieder voll auflebt. Schließt sich also zum Beispiel das dritte Jahr Elternzeit unmittelbar an die bereits beanspruchten ersten beiden Jahre Elternzeit an, so zählt dies nicht als neuer Zeitabschnitt.

Wo und wie meldet man Elternzeit an?

Elternzeit wird »schriftlich« (nach neuer Rechtslage »in Textform«) beim »Arbeitgeber« angemeldet.

Form der Elternzeit-Anmeldung

Inhaltlich genügt für die Anmeldung ein Schreiben mit der Information, für welchen Zeitraum man Elternzeit nehmen will, am besten unter Nennung konkreter Kalenderdaten. Väter, die die Elternzeit direkt nach der Geburt nehmen möchten, geben für den Beginn »ab Geburt« an und können dem Arbeitgeber das voraussichtliche Geburtsdatum mitteilen, damit er sich darauf einstellen kann (zum Beispiel durch rechtzeitige Einstellung einer Vertretung).

Spezielle Formulierungen sind für die Anmeldung nicht erforderlich.

<u>Bisherige Rechtslage: »Schriftform«</u>

Bislang gilt für die Form der Elternzeitanmeldung das sogenannte »Schriftformerfordernis«. Das heißt, dass der Arbeitgeber das Schreiben (inklusive Unterschrift) unbedingt im Original erhalten muss. Wichtig: Dafür genügt es nicht, die Anmeldung per E-Mail, per Fax, als Scan oder über soziale Netzwerke zu senden! Auch eine telefonische Anmeldung ist ungenügend. Andernfalls ist die Erklärung wegen dieses formalen Fehlers nichtig und es entsteht kein Anspruch auf Elternzeit.

<u>Neue Rechtslage ab 01. Mai 2025: »Textform«</u>

Allerdings arbeitet die Regierung seit Jahren daran, bürokratische Hürden abzubauen. Deshalb wurde jetzt neu eingeführt, dass für die Elternzeitanmeldung nicht mehr das »Schriftformerfordernis« gilt, sondern die »Textform« ausreicht. Übersetzt heißt das: es gelten weniger strenge Regeln, die Elternzeit kann dann auch einfach zum Beispiel per E-Mail, SMS, WhatsApp, Fax oder PDF angemeldet werden (also keine eigenhändige Unterschrift auf einem Schriftstück mehr nötig).

So weit so gut, einziges Problem ist jetzt nur noch, dass das Datum des Inkrafttretens der Neuregelung (01. Mai 2025) nicht eindeutig ist. Teilweise wird die Meinung vertreten, dass der 01. Mai für alle ab diesem Datum gemachten Anmeldungen gilt, teilweise wird aber vertreten, dass die Neuregelung nur für Eltern gilt, deren Kind ab 01. Mai 2025 geboren wurde.

Da zum Zeitpunkt des Redaktionsschlusses dieser Ausgabe von Babypedia leider noch kein eindeutiges Statement dazu vom Familienministerium vorlag, bitten wir Euch, im Zweifel auf Nummer Sicher zu gehen und das Schriftformerfordernis beizubehalten (also Unterschrift auf Papier).

Zustellungsnachweis

Aus Beweisgründen empfiehlt es sich, eine in Schriftform gemachte Anmeldung zum Beispiel per Einschreiben zu schicken oder sich den Empfang vom Arbeitgeber bestätigen zu lassen. Der Arbeitgeber ist zur Ausstellung einer angefragten Bescheinigung übrigens sogar verpflichtet.

Unser Tipp Eine einfache Formulierung für die Anmeldung der Elternzeit beim Arbeitgeber könnte zum Beispiel so lauten:

»Sehr geehrte/-r Frau/Herr [Name des Arbeitgebers, zum Beispiel Geschäftsführer/-in oder empfangsberechtigte Personalabteilung],

hiermit teile ich Ihnen mit, dass ich anlässlich der Geburt meines Kindes zu dessen Betreuung [Anzahl] Monate/Jahre Elternzeit, gerechnet ab dem Ende der nachgeburtlichen Mutterschutzfrist* / gerechnet ab der Geburt**, nehmen werde. Der voraussichtliche Geburtstermin ist der [Datum]. Bitte lassen Sie mir eine schriftliche Bestätigung der Elternzeit für den angemeldeten Zeitraum zukommen.

Mit besten Grüßen, [Unterschrift]«

Ein praktisches Musterformular zur Anmeldung der Elternzeit findet sich zum Beispiel auch auf www.familienportal.de (eine Webseite des Familienministeriums) unter ➛ Familienleistungen ➛ Elternzeit ➛ Was Sie zur Elternzeit wissen müssen ➛ Wann und wie muss ich Elternzeit beantragen/Wie muss die Elternzeit angemeldet werden.

* Diese Formulierung wählen Mütter, die die Elternzeit direkt im Anschluss an die Mutterschutzfrist nehmen möchten.

** Diese Formulierung wählen Väter, die ihre Elternzeit am Tag der Geburt beginnen möchten.

Erneute Schwangerschaft in der Elternzeit

Wird die Mutter wieder schwanger und bekommt noch während der Elternzeit ein weiteres Kind, wird die Elternzeit durch die Mutterschutzfristen für das weitere Kind nicht etwa automatisch unterbrochen. Die Elternzeit für das weitere Kind könnte dann frühestens im Anschluss an die abgelaufene/beendete erste Elternzeit beginnen.

Tipp: Allerdings kann es je nach individueller Situation unter Umständen sinnvoll beziehungsweise finanziell sehr interessant sein, die Elternzeit für das erste Kind (unter rechtzeitiger Benachrichtigung des Arbeitgebers) vorzeitig zu beenden, um die Mutterschutzfristen für das zweite Kind in Anspruch zu nehmen – und damit auch gewisse finanzielle Mutterschaftsleistungen, wie zum Beispiel den Arbeitgeberzuschuss! Der Arbeitgeber darf die vorzeitige Elternzeitbeendigung in diesem Fall nicht ablehnen.

Elternzeit und Zwillinge

Zum Thema »Elternzeit und Zwillinge« siehe Kapitel »Zwillinge« (➛ »Wissenswertes zu Recht und Geldern«, ab Seite 370).

Rechtliche Auswirkungen der Elternzeit auf das Arbeitsverhältnis

Ruhen des Arbeitsverhältnisses

Das Arbeitsverhältnis bleibt während der Elternzeit bestehen, seine Hauptpflichten ruhen dabei jedoch. Der Arbeitnehmer muss also keine Arbeitsleistung erbringen und der Arbeitgeber ihn dafür nicht bezahlen. Sofern im Arbeitsvertrag nichts anderes bestimmt wird und je nach der dort festgelegten beziehungsweise der zuletzt nachweisbar ausgeübten Tätigkeit, kann man in der Regel nach der Elternzeit auf den früheren Arbeitsplatz zurückkehren. Falls der Arbeitsvertrag eine Umsetzung auf einen anderen Arbeitsplatz zulässt, darf man nur auf einen gleichwertigen Arbeitsplatz versetzt werden. Eine Umsetzung, die den Arbeitnehmer finanziell schlechter stellen würde, ist unzulässig.

Hat man für die Dauer der Elternzeit die Arbeitszeit reduziert, so muss man nach Ende der Elternzeit wieder zu seiner ursprünglichen Arbeitszeit zurückkehren – oder man einigt sich mit seinem Arbeitgeber darauf, den ursprünglichen Vertrag dauerhaft auf Teilzeit umzustellen.

> Unser Tipp Es ist empfehlenswert, sich vor Beginn einer längeren Elternzeit ein Zwischenzeugnis vom Arbeitgeber ausstellen zu lassen. Ebenso sinnvoll ist es, Nachweise zu haben, die die eigene Position/Tätigkeit belegen, die man vor Beginn der Elternzeit innehatte beziehungsweise ausübte (zum Beispiel Organigramme, Tätigkeitsbeschreibungen etc.).

Kündigungsschutz

Zudem gilt ein besonderer Kündigungsschutz nach dem Bundeselterngeld- und Elternzeitgesetz: Während der Elternzeit darf der Arbeitgeber das Arbeitsverhältnis nicht beziehungsweise nur in ganz speziellen Ausnahmefällen kündigen. Dieser Kündigungsschutz beginnt sogar bereits mit dem Moment der Anmeldung der Elternzeit – frühestens allerdings ab einem gewissen Zeitraum vor dem tatsächlichen Beginn der Elternzeit.

Der besondere Kündigungsschutz beginnt,

- frühestens acht Wochen vor Beginn einer Elternzeit, die man im Zeitraum vor dem dritten Geburtstag des Kindes nimmt, und
- frühestens 14 Wochen vor Beginn einer Elternzeit, die man im Zeitraum zwischen dem dritten Geburtstag und dem Tag vor dem achten Geburtstag des Kindes nimmt.

Der Kündigungsschutz gilt auch, wenn man bei seinem Arbeitgeber während der Elternzeit in Teilzeit arbeitet.

Der Kündigungsschutz endet mit Ablauf der Elternzeit. Das wiederum bedeutet aber auch: Wer seine Elternzeit in verschiedene Zeitabschnitte unterteilt, ist nur während dieser Zeitabschnitte vor einer Kündigung geschützt, zwischen den Abschnitten jedoch nicht.

Wechseln sich die Eltern mit der Elternzeit ab, so gilt der besondere Kündigungsschutz immer nur für den Elternteil, der sich gerade in Elternzeit befindet.

Und Achtung: Kündigt ein Arbeitgeber trotzdem während der Elternzeit, sollte man sich unbedingt rechtlich beraten lassen. Denn in der Regel sollte auch in diesem Fall innerhalb von drei Wochen Kündigungsschutzklage beim Arbeitsgericht erhoben werden, um die Unwirksamkeit der Kündigung feststellen zu lassen. Ansonsten könnte die Kündigung als rechtswirksam gelten. Die Drei-Wochen-Frist beginnt entweder, wenn man von der Arbeitsschutzbehörde informiert wird, dass diese der Kündigung zugestimmt hat, oder (wenn der Arbeitgeber die Kündigung einfach ohne die Zustimmung der Arbeitsschutzbehörde ausgesprochen hat) nach Zugang der Kündigung.

Dem Elternteil selbst bleibt es natürlich unbenommen, das Arbeitsverhältnis seinerseits zu kündigen. Dafür gelten die normalen arbeits- oder tarifvertraglichen Kündigungsfristen.

Eine Besonderheit gibt es allerdings: Möchte der Arbeitnehmer sein Arbeitsverhältnis exakt zum Ende der Elternzeit kündigen, dann gilt eine spezielle Kündigungsfrist: Die Kündigung muss dann spätestens drei Monate vorher schriftlich erklärt werden (Paragraf 19 Bundeselterngeld – und Elternzeitgesetz).

Beispiel: Die Elternzeit endet am 08. August, zu diesem Tag will der Vater / die Mutter ihr Arbeitsverhältnis kündigen. Die Kündigung muss spätestens drei Monate vorher, also bis zum 08. Mai abgegeben werden.

Elternzeit und befristete Arbeitsverträge

Befristete Arbeitsverträge verlängern sich durch die Elternzeit leider nicht. Sie enden ganz regulär zum jeweils festgesetzten Enddatum. Ausnahmen von diesem Grundsatz gibt es jedoch für Auszubildende, für Ärzte in Weiterbildung, für gewisse vor dem 18.04.2007 getroffene Befristungen nach dem Hochschulrahmengesetz oder bei wissenschaftlichen Mitarbeitern, die einen befristeten Vertrag nach dem Wissenschaftszeitvertragsgesetz haben (ausgenommen hiervon sind Befristungen wegen Drittmittelfinanzierung). In diesen Fällen empfiehlt es sich, rechtzeitig bei der eigenen berufsständischen Kammer oder der jeweiligen Landeskultusbehörde Informationen einzuholen.

Teilzeit in Elternzeit

Während der Elternzeit ist eine Teilzeittätigkeit mit bis zu maximal 32 Wochenstunden* (dabei zählt der Monatsdurchschnitt) erlaubt.

Die Teilzeitarbeit kann mit dem Arbeitgeber entweder einvernehmlich vereinbart werden – oder als Anspruch geltend gemacht werden, sofern folgende Voraussetzungen vorliegen:

- der Arbeitgeber beschäftigt, (Personen in Berufsbildung nicht mitgezählt), in der Regel mehr als 15 Arbeitnehmer/-innen,

* Achtung, für alle Eltern, deren Kinder vor dem 01.09.2021 geboren wurden, gilt noch: maximal 30 Wochenstunden.

- das eigene Arbeitsverhältnis in demselben Betrieb oder Unternehmen besteht ohne Unterbrechung länger als sechs Monate,
- die vertraglich vereinbarte regelmäßige Arbeitszeit soll für mindestens zwei Monate auf nicht weniger als 15 und nicht mehr als 32 Wochenstunden* im Monatsdurchschnitt verringert werden,
- der Teilzeitarbeit stehen keine dringenden betrieblichen Gründe entgegen (dringende betriebliche Gründe könnten zum Beispiel sein, dass durch die Arbeitszeitverringerung unverhältnismäßige Kosten entstehen, der Arbeitsplatz für Teilzeit ungeeignet ist, die Betriebssicherheit stark gefährdet wird oder der Arbeitsplatz unabhängig von der Elternzeit weggefallen ist) und
- der Anspruch wurde der Arbeitgeberseite rechtzeitig vor Wiederaufnahme der Tätigkeit schriftlich mitgeteilt (ab 01. Mai 2025 reicht die Mitteilung in Textform, also zum Beispiel per E-Mail**). Rechtzeitig heißt:
  - sieben Wochen vor Beginn der Teilzeitarbeit im Zeitraum vor dem dritten Geburtstag des Kindes und
  - 13 Wochen vor Beginn einer Teilzeitarbeit im Zeitraum zwischen dem dritten Geburtstag und dem Tag vor dem achten Geburtstag des Kindes.

* Achtung, für alle Eltern, deren Kinder vor dem 01.09.2021 geboren wurden, gilt noch: maximal 30 Wochenstunden.

** Dazu, wie das Datum »01. Mai 2025« zu interpretieren ist, gibt es derzeit noch unterschiedliche Auffassungen, siehe dazu weiter vorne bei »Form der Elternzeit-Anmeldung«

Während der Gesamtdauer der Elternzeit kann jeder Elternteil höchstens zweimal eine Verringerung der Arbeitszeit verlangen.

In den Antrag auf Teilzeittätigkeit (den man zu Beweiszwecken am besten schriftlich stellt) muss zur Information des Arbeitgebers auch der Beginn und der Umfang der verringerten Arbeitszeit aufgenommen werden und am besten auch die Verteilung der Arbeitszeit (welche Wochentage, ob vor- oder nachmittags).

Falls der Arbeitgeber die Verringerung der Arbeitszeit ablehnen will, muss er dies innerhalb einer gewissen Frist mit schriftlicher (ab 01. Mai 2025 reicht Textform, also zum Beispiel per E-Mail) Begründung tun (in diesen Fällen besteht dann eventuell die Möglichkeit, Arbeitslosengeld zu erhalten). Als Begründung sind dabei nur dringende betriebliche Gründe möglich (wie zum Beispiel, dass durch die Arbeitszeitverringerung unverhältnismäßige Kosten entstehen, der Arbeitsplatz für Teilzeit ungeeignet ist, die Betriebssicherheit stark gefährdet wird oder der Arbeitsplatz unabhängig von der Elternzeit weggefallen ist).

Die vorgenannte Ablehnungsfrist beträgt für den Arbeitgeber vier Wochen, wenn man Teilzeit vor dem dritten Geburtstag des Kindes beantragt hat, beziehungsweise acht Wochen, wenn man Teilzeit nach dem dritten Geburtstag des Kindes beantragt hat.

Lehnt der Arbeitgeber den Antrag innerhalb dieser Fristen nicht ab, dann gilt seine Zustimmung automatisch als erteilt. Das bedeutet für den Elternteil, dass seine Arbeitszeit während der Elternzeit so festgelegt wird, wie er sie beantragt hat.

Nach einer Ablehnung durch den Arbeitgeber kann auch Klage vor dem Gericht für Arbeitssachen erhoben werden.

Wer also beabsichtigt, während der Elternzeit in Teilzeit zu arbeiten, sollte dies am besten schon bei der Anmeldung der Elternzeit mit dem Arbeitgeber besprechen und sich das Ergebnis schriftlich bestätigen lassen. So kann idealerweise vermieden werden, dass er den Teilzeitwunsch wegen dringender betrieblicher Gründe ablehnt, zum Beispiel da für die gesamte Elternzeit eine Ersatzkraft angestellt wurde.

Will der jeweilige Elternteil während der Elternzeit bei einem anderen Arbeitgeber in Teilzeit arbeiten (maximal 32 Wochenstunden*) oder eine selbstständige Tätigkeit ausüben (maximal 32 Wochenstunden*), so muss er dafür die Zustimmung seines Arbeitgebers einholen. Dieser kann sie jedoch nur innerhalb von vier Wochen nach der Beantragung aus dringenden betrieblichen Gründen schriftlich (ab 01.05.2025 reicht Textform) ablehnen.

Nach Beendigung der Elternzeit gilt dann wieder die frühere Arbeitszeit. Will man aber auch danach weiter in Teilzeit arbeiten, muss dies erneut mit dem Arbeitgeber verhandelt werden. Ob ein Anspruch auf Teilzeit besteht, richtet sich nun allerdings nicht mehr nach dem »Elternzeitgesetz«, sondern nach dem Gesetz über Teilzeitarbeit und befristete Arbeitsverträge. Weitere Auskünfte erhält man über das Bundesministerium für Arbeit und Soziales unter der Telefonnummer 030/221911005 oder in der Broschüre »Teilzeit – alles was Recht ist« (Bezugsinformationen am Ende des Kapitels).

* Für alle Eltern, deren Kinder vor dem 01.09.2021 geboren wurden, gilt noch: maximal 30 Wochenstunden.

Elternzeit und Elterngeld

Elternzeit und Elterngeld sind zwei unterschiedliche Dinge und hängen nicht voneinander ab.

Elternzeit kann unabhängig vom Bezug von Elterngeld genommen werden. Allerdings bekommt man während der Elternzeit ja kein Gehalt und sollte deshalb unbedingt prüfen, ob man berechtigt wäre, in dieser Zeit Elterngeld zu bekommen.

Und umgekehrt ist es keine Voraussetzung für das Elterngeld, dass Elternzeit genommen wird – denn zum Beispiel steht es auch Selbstständigen, Hausfrauen und Auszubildenden zu. Arbeitnehmer/-innen werden in der Regel aber Elternzeit nehmen müssen, um Elterngeld erhalten zu können. Denn Voraussetzung für den Bezug von Elterngeld ist unter anderem, dass man maximal 32 Wochenstunden (im Monatsdurchschnitt) arbeitet. Und diese Arbeitszeitreduzierung ist für Arbeitnehmer in der Regel am besten über die Inanspruchnahme von Elternzeit zu erlangen.

Elternzeit und Jahresurlaub

Achtung: Für jeden **vollen Kalendermonat** Elternzeit, den man nimmt, kann der Jahresurlaub um ein Zwölftel gekürzt werden. (das gilt allerdings nicht, wenn man während der Elternzeit bei seinem Arbeitgeber in Teilzeit arbeitet). Nimmt man also ein ganzes Jahr lang Elternzeit, dann kann man den gesamten Erholungsurlaub für dieses Jahr verlieren. Die Kürzung setzt allerdings wie gesagt voraus, dass sich die Elternzeit vom ersten bis zum letzten Tag eines Monats erstreckt.

Beispiel: Beginnt die Elternzeit am 7. eines Monats, so kann für diesen Monat kein Urlaub gekürzt werden. Das Gleiche gilt dann auch für den Monat, in dem die Elternzeit endet. Endet sie also zum Beispiel am 17. eines Monats, kann auch für diesen Monat der Jahresurlaub nicht anteilig gekürzt werden.

Noch bestehender Resturlaub kann nach der Elternzeit im laufenden oder im nächsten Urlaubsjahr genommen werden. Er erlischt also nicht wie sonst zu einem fixen Datum des Folgejahres. Arbeitet man während der Elternzeit in Teilzeit, so richtet sich der daraus resultierende Urlaubsanspruch nach den Vorschriften aus dem Arbeitsvertrag beziehungsweise nach den gesetzlichen Vorschriften dazu.

Unser Tipp Die jeweiligen **Elterngeldstellen** haben auch die Aufgabe, zu Elternzeit-Themen zu beraten. Kontaktdaten finden sich über www.familienportal.de (➛ Familienleistungen ➛ Elterngeld ➛ Was Sie zum Elterngeld wissen müssen ➛ Ihre Beratung vor Ort). An die Mitarbeiter des Servicetelefons des Familienministeriums kann man sich ebenfalls wenden, Telefon: 030/20179130, Montag bis Donnerstag 9 bis 18 Uhr, E-Mail: info@bmfsfjservice.bund.de.

Sozialversicherungen in der Elternzeit

Ein kurzer Blick auf dieses Thema lohnt sich, da hier je nach privater Situation eventuell erhebliche Mehrkosten entstehen können.

Rentenversicherung

In der gesetzlichen Rentenversicherung werden dem Elternteil, der das Kind in den ersten drei Lebensjahren erzieht, auch ohne eigene Einzahlungen »Kindererziehungszeiten« für drei Erziehungsjahre gutgeschrieben (denn die Rentenbeiträge dafür zahlt der Bund)*. Man muss dafür keine Elternzeit nehmen. Wichtig ist aber, dass man mit dem Kind in Deutschland lebt und es auch dort erzieht.

Achtung: Wenn beide Elternteile das Kind gemeinsam erziehen, ordnet der Rentenversicherungsträger die Erziehungszeit automatisch der Mutter zu. Sollen die Kindererziehungszeiten dem Vater zugerechnet werden, müssen die Eltern das dem Rentenversicherungsträger also rechtzeitig für die Zukunft mitteilen!

Für gleichgeschlechtliche Ehegatten oder Partner eingetragener Lebensgemeinschaften gelten Besonderheiten, hier empfiehlt sich eine individuelle Beratung durch den Rentenversicherungsträger.

Durch diese Kindererziehungszeiten wächst der Rentenanspruch so, als hätte man in dieser Zeit gearbeitet und so viel verdient wie der Durchschnittsversicherte in der gesetzlichen Rentenversicherung. Hat man vorher allerdings mehr verdient als der Durchschnitt, bedeutet das natürlich, dass sich die Rentenansprüche in den Erziehungsjahren nicht in dem gewohnten Umfang aufbauen. Weitere Infos dazu finden sich in der Broschüre »Kinder-

* Gut zu wissen für Zwillingseltern: Erzieht man gleichzeitig mehrere Kinder, wie zum Beispiel bei Mehrlingsgeburten, so verlängert sich die Kindererziehungszeit um die Zeit, in der der jeweilige Elternteil gleichzeitig mehrere Kinder erzogen hat.

erziehung – Ihr Plus für die Rente« (Bezug siehe am Ende des Kapitels unter »Kostenlose Broschüren«).

Für die Anerkennung der Erziehungszeiten muss bei der gesetzlichen Rentenversicherung ein Antrag gestellt werden. Konkrete Fristen dafür gibt es aufgrund der Vielzahl der individuellen Situationen nicht – in der Regel reicht es, den Antrag zu stellen, wenn das Kind das zehnte Lebensjahr vollendet hat (Formulare und Infos dazu über www.deutsche-rentenversicherung.de). Sobald die Geburt des Babys behördlich gemeldet wurde, sendet die Deutsche Rentenversicherung den Eltern in der Regel auch gleich entsprechende Informationen zu.

Diese Meldung der Erziehungszeiten beim gesetzlichen Rentenversicherer kann auch für Riester-Sparerinnen wichtig sein, um weiter förderberechtigt zu bleiben und die Kinderzulagen zu bekommen.

Für Frauen, die beim Versorgungswerk einer Berufskammer rentenversichert sind, sieht die Situation im Mutterschaftsfall je nach Kammer womöglich anders aus. Hier empfiehlt sich eine entsprechende Nachfrage beim Versorgungswerk, zum Beispiel danach, ob Erziehungszeiten angerechnet werden (falls nicht, kann dies in der Regel bei der gesetzlichen Rentenversicherung beantragt werden), ob ein Mindestbeitrag zu zahlen ist oder eventuell freiwillige Zahlungen zur Rentenaufstockung sinnvoll und machbar sind.

Krankenversicherung

Vorab kann man schon mal sagen: Während der Elternzeit bleibt man so krankenversichert wie bisher. Wer also bislang gesetzlich krankenversichert war, bleibt gesetzlich krankenversichert. Und wer privat krankenversichert war, bleibt privat krankenversichert.*

Die große Frage ist dann allerdings: Wie sieht es mit den Beiträgen zur Krankenversicherung während der Elternzeit aus, wer muss diese zahlen? Dabei kommt es sehr auf die individuelle Einzelsituation an, grundsätzlich aber lässt sich Folgendes sagen:

- Wer bislang in der gesetzlichen Krankenversicherung pflichtversichert war, bleibt weiter beitragsfrei versichert. Ausnahmen gelten, falls man neben dem Elterngeld weitere beitragspflichtige Einnahmen hat (zum Beispiel aus Teilzeitarbeit). Und auch wer studiert beziehungsweise eingeschrieben bleibt, muss weiterhin seine Beiträge leisten.

- Wer vor der Elternzeit beitragsfrei in der gesetzlichen Krankenversicherung familienversichert war, muss auch während der Elternzeit keine Beiträge zahlen.

- Für alle, die in der gesetzlichen Krankenversicherung freiwillig versichert sind, wird es komplexer:
  In der Regel muss man in dieser Konstellation Mindestbeiträge für seine Krankenversicherung zahlen (dafür bekommen freiwillig Versicherte immerhin meist ein leicht höheres Elterngeld, da bei der zur Berechnung des Elterngelds herangezogenen Einkommensermittlung keine Pauschale für Versicherungsbeiträge abgezogen wird).
  Günstiger wird es eventuell, falls auch der/die Ehepartner/-in

* Änderungen können sich ergeben, wenn während der Elternzeit beitragspflichtige Einnahmen bezogen werden (Elterngeld ausgenommen), zum Beispiel durch eine Teilzeittätigkeit.

gesetzlich krankenversichert ist und man selbst die Voraussetzungen für eine Familienversicherung erfüllt. Letzteres ist in der Regel der Fall, wenn man kein oder nur ein geringes Einkommen erzielt (das Elterngeld gehört dabei nicht zu den anzurechnenden Einkommensarten), seinen Wohnsitz / gewöhnlichen Aufenthaltsort in Deutschland hat, nicht hauptberuflich selbstständig ist etc. Kommt die eigene Krankenversicherung zu dem Ergebnis, dass man während seiner Elternzeit theoretisch bei dem/der Ehepartner/-in familienversichert sein könnte, dann wird man von der Beitragszahlung bei der eigenen Krankenversicherung entsprechend lange freigestellt (man wird also nicht tatsächlich bei dem/der Ehepartner/-in mitversichert, sondern bleibt in der eigenen Krankenversicherung, nun aber beitragsfrei).
Teurer wird es eventuell, wenn der/die Ehepartner/-in privat krankenversichert ist: Unter Umständen muss man in dieser Konstellation sogar deutlich mehr als den Mindestbeitrag zahlen, da die Krankenkasse möglicherweise das Gehalt des privat versicherten Ehepartners zur eigenen Beitragsberechnungsgrundlage ganz oder teilweise hinzurechnet.

- Alle, die privat krankenversichert sind, müssen während der Elternzeit die Beiträge selbst zahlen. Und zwar dann nicht mehr nur die eigene Versicherungsprämie, sondern auch den bisher vom Arbeitgeber übernommenen Anteil! Und das unabhängig von der Versicherungssituation des Ehepartners. Einige Privatversicherungen bieten jedoch in speziellen Tarifen für gewisse Zeiträume des Elterngeldbezugs eine Beitragsfreiheit an. Und als kleinen Ausgleich bekommen Privatversicherte immerhin in der Regel ein leicht höheres Elterngeld, da bei ihrer Einkommensermittlung keine Pauschale für Versicherungsbeiträge abgezogen wird.

- Für Beamte/-innen gelten spezielle beamtenrechtliche Vorschriften. Sie sollten sich mit ihrer Beihilfestelle in Verbindung setzen, da sie unter Umständen einen Zuschuss zu ihren Krankenversicherungsbeiträgen erhalten können.

Ganz wichtig: Die für den Einzelfall zutreffende Information kann letztlich nur die Krankenversicherung erteilen. Änderungen zu oben Gesagtem können sich insbesondere ergeben, wenn man neben dem Elterngeld beitragspflichtige Einnahmen hat, zum Beispiel wegen einer Teilzeittätigkeit. Vor der Beantragung der Elternzeit bzw. des Elterngeldes sollte man sich also unbedingt von der eigenen Krankenversicherung beraten lassen.

Arbeitslosenversicherung

Gesetzlich Krankenversicherte sind in der Elternzeit bis zum dritten Lebensjahr des Kindes regelmäßig beitragsfrei arbeitslosenversichert, sofern schon vorher ein Versicherungspflichtverhältnis bestand. Will man Elternzeit für ein Kind nehmen, das älter als drei Jahre ist, könnte man aber freiwillig Arbeitslosenversicherungsbeiträge bezahlen und somit versichert bleiben. In jedem Fall empfiehlt es sich, Auskünfte dazu bei der eigenen Krankenkasse, beim Versorgungsamt oder der zuständigen Agentur für Arbeit einzuholen.

INTERNET

www.familienportal.de Webseite des Familienministeriums mit vielen Informationen unter ➤ Familienleistungen ➤ Elternzeit.

www.gesetze-im-internet.de Auf dieser Webseite des Justizministeriums findet man die aktuellen Textfassungen des Bundeselterngeld- und Elternzeitgesetzes (BEEG) und des Gesetzes über Teilzeitarbeit und befristete Arbeitsverträge (TzBfG).

Instagram: @moms.law Ein informativer Instagram-Account, auf dem Rechtsanwältin Christin Herken gezielte arbeitsrechtliche Hinweise für Schwangere und Eltern gibt.

KOSTENPFLICHTIGE BROSCHÜRE

Wenn Selbstständige Kinder kriegen Ein Ratgeber des Mediafon-Beraters Rüdiger Lühr (Mediafon ist ein Consulting-Unternehmen, das überwiegend ver.di-Mitglieder berät). Die 28-seitige PDF-Datei kann per E-Mail angefordert werden unter luehr@mediafon.net. Sie ist kostenpflichtig (außer für ver.di-Mitglieder), beinhaltet dafür aber spezielle Informationen für Selbstständige (auch für in der Künstlersozialkasse versicherte Selbstständige) zu Mutterschaftsgeld, Elterngeld und weiteren Leistungen.

KOSTENLOSE BROSCHÜREN

Elterngeld und Elternzeit Wirklich hervorragende Broschüre des Familienministeriums mit profunden Infos, Erläuterung für Spezialfälle und anschaulichen Beispielen. Echt empfehlenswert! Zu bestellen auf www.bmfsfj.de (➛ Service ➛ Publikationen ➛ Suchwort »Elterngeld«), auch als Download erhältlich.

Achtung: Für **Geburten ab 01.09.2021** wegen einer Gesetzesreform bitte nur Exemplare ab der 24. Auflage der Broschüre konsultieren. Für **Geburten bis zum 31.08.2021,** bitte die speziell hierfür gekennzeichnete Ausgabe (23. Auflage, ihr Titel lautet noch **»Elterngeld, ElterngeldPlus und Elternzeit«**) bestellen.

So sag ich's meinen Vorgesetzten Diese Broschüre des Familienministeriums enthält Tipps für Personalgespräche und zur erfolgreichen Gestaltung von Elternzeit und Wiedereinstieg, zum Download auf www.bmfsfj.de (➛ Service ➛ Publikationen ➛ Suchbegriff »Vorgesetzten« eingeben).

Kündigungsschutz Broschüre des Arbeitsministeriums. Bezug über www.bmas.de (➛ Service ➛ Publikationen), dort auch als Download erhältlich.

Teilzeit – alles was Recht ist Eine Broschüre des Arbeitsministeriums. Informiert über die rechtlichen Bedingungen, in Teilzeit zu arbeiten. Herunterladbar auf www.bmas.de (➛Service ➛ Publikationen).

Kindererziehung – Ihr Plus für die Rente Eine informative Broschüre der Deutschen Rentenversicherung zum Thema, wie Kindererziehungszeiten den Rentenanspruch erhöhen: Auf www.deutsche-rentenversicherung.de (➛ Über uns & Presse ➛ Broschüren) als Download erhältlich.

Vaterschaftsanerkennung

Was ist die Vaterschaftsanerkennung und wen betrifft sie?

Als Vater eines Kindes gilt in Deutschland der Mann, der zum Zeitpunkt der Geburt mit der Mutter des Kindes verheiratet ist. Sind die Eltern nicht miteinander verheiratet, bedeutet das also: Der biologische Vater ist nicht automatisch auch der rechtliche Vater des Kindes. Wer dies ändern will, muss die Vaterschaft anerkennen und dies öffentlich beurkunden lassen. Voraussetzung ist, dass die Mutter dem zustimmt und ihren Willen ebenfalls beurkunden lässt.

Ist die Mutter bei der Geburt mit einem anderen Mann verheiratet, bedeutet das allerdings auch, dass dieser Mann als rechtlicher Vater gilt – der leibliche Vater kann in dieser Situation zunächst keine Vaterschaftsanerkennung abgeben.

Und: Erfolgt keine freiwillige Anerkennung der Vaterschaft oder stimmt die Mutter der Vaterschaftsanerkennung nicht zu, bleibt die Möglichkeit, sie gerichtlich feststellen zu lassen. Dafür bedarf es eines Antrags beim Familiengericht, den die Mutter, das Kind oder der mutmaßliche Vater stellen können.

Ausblick: Die Politik plant eine Reform des Kindschafts- und Abstammungsrechts, durch die vor allem auch die Rechte der leiblichen Väter gestärkt werden sollen. Zum Redaktionsschluss dieser Ausgabe von Babypedia lag nur ein Diskussionsentwurf vor, Ergebnisse sind aber eventuell Ende Juni 2025 zu erwarten.

Wann lässt man die Vaterschaftsanerkennung beurkunden?

Die Vaterschaft kann jederzeit anerkannt werden. Erfolgt sie schon vor der Geburt des Kindes, wird der Vater von Anfang an in der Geburtsurkunde aufgeführt. Erfolgt sie erst, nachdem bereits eine Geburtsurkunde für das Kind erstellt wurde, wird das Geburtsregister ergänzt und eine neue Geburtsurkunde ausgestellt.

Wo und wie lässt man die Vaterschaftsanerkennung beurkunden?

Die Vaterschaftsanerkennung erfolgt meist beim Jugendamt (gebührenfrei). Aber auch beim Standesamt, Amtsgericht oder einem Notar (Letzterer kostenpflichtig) ist die Beurkundung möglich.

Damit die Anerkennung wirksam werden kann, bedarf es der Zustimmung der Mutter, auch diese muss öffentlich beurkundet werden. Beide Elternteile müssen persönlich zustimmen, können diese Erklärungen aber auch getrennt voneinander abgeben.

Welche Unterlagen benötigt man für die Vaterschaftsanerkennung?

Für die Anerkennungserklärung des Vaters:

- Ausweisdokument des Vaters
- Geburtsurkunde des Vaters
- Mutterpass zum Nachweis des voraussichtlichen Geburtsdatums (bei Anerkennung vor der Geburt) oder
- Geburtsurkunde des Babys (bei Anerkennung nach der Geburt)

Für die Zustimmungserklärung der Mutter:

- Ausweisdokument der Mutter
- Geburtsurkunde der Mutter (bei Zustimmungserklärung vor der Geburt)
- Mutterpass zum Nachweis des voraussichtlichen Geburtsdatums (bei Anerkennung vor der Geburt) oder
- Geburtsurkunde des Babys (bei Anerkennung nach der Geburt)
- Abschrift der Anerkennungserklärung des Vaters (wenn die Zustimmungserklärung getrennt von der Erklärung des Vaters erfolgt)

Unser Tipp Zunächst telefonisch beim entsprechenden Amt nach den Abläufen erkundigen. Denn oft müssen die Unterlagen vorab eingereicht werden, und erst wenn deren Vollständigkeit geprüft ist, wird ein Beurkundungstermin vereinbart.

Die rechtlichen Folgen der Vaterschafts-anerkennung

Die Anerkennung bestätigt offiziell das zwischen Vater und Kind bestehende Verwandtschaftsverhältnis. Der Vater ist damit vor allem dazu verpflichtet, dem Kind Unterhalt zu gewähren. Darüber hinaus werden aber auch Erbrechte oder eventuell Ansprüche auf eine Waisenrente begründet oder sozialrechtliche Ansprüche, zum Beispiel auf Mitversicherung des Kindes in der Krankenkasse des Vaters. Auch Ansprüche auf den Erwerb der Staatsbürgerschaft des Vaters könnten sich für das Kind aus der Vaterschaftsanerkennung ergeben.

Selbst wenn der Vater kein Sorgerecht für das Kind hat, so könnte dieses nach der Vaterschaftsanerkennung seinen Nachnamen führen (sofern die sorgeberechtigte Mutter dem zustimmt).

Auch für die Mutter werden durch die Feststellung der Vaterschaft Rechte begründet. Betreut sie das Kind und geht deshalb keiner Erwerbstätigkeit nach, kann sie unter gewissen Voraussetzungen in den ersten drei Lebensjahren des Kindes gegen den Vater in der Regel einen Anspruch auf Unterhalt geltend machen.

Vaterschaftsanerkennung und Sorgerecht

Die Vaterschaftsanerkennung ist zu unterscheiden von der Erklärung des gemeinsamen Sorgerechts (zu Letzterer gleich mehr im nächsten Kapitel). Beide haben unterschiedliche Auswirkungen.

Ist die Vaterschaft wirksam anerkannt worden, so führt das nicht dazu, dass dem Vater auch das Sorgerecht zusteht.

ABER: Nach Anerkennung der Vaterschaft können die Eltern sich für das gemeinsame Sorgerecht entscheiden beziehungsweise kann auch der Vater alleine beim Familiengericht die Übertragung der gemeinsamen Sorge für das Kind beantragen. Das Familiengericht überträgt die elterliche Sorge dann gemeinsam an beide Eltern, wenn diese Übertragung seiner Meinung nach dem Kindeswohl nicht widerspricht.

Achtung: Nimmt die Mutter zum Sorgerechtsantrag des Vaters keine Stellung oder haben die Gründe, die sie dagegen vorträgt, nichts mit dem »Kindeswohl« zu tun, dann kann das Gericht über den Antrag entscheiden, ohne zuvor das Jugendamt oder die Eltern persönlich angehört zu haben!

Entscheiden sich die Eltern nicht für das gemeinsame Sorgerecht und stellt auch der Vater keinen entsprechenden Antrag bei Gericht, so bleibt die gesetzliche Vertretung des Kindes durch die Vaterschaftsanerkennung unberührt. Näheres dazu im Kapitel »Erklärung über das gemeinsame Sorgerecht«, ab Seite 92.

Vaterschaftsanerkennung und Umgangsrecht

Das Umgangsrecht ist das Recht, das Kind in regelmäßigen Abständen persönlich zu sehen und zu sprechen oder auch mit ihm telefonisch, per Videocall, Brief oder Mail in Kontakt zu stehen. Das Umgangsrecht kann dem biologischen Vater unter Umständen auch dann gewährt werden, wenn keine Vaterschaftsanerkennung vorliegt. Letztere ist also keine Voraussetzung für das Umgangsrecht – sie kann jedoch dazu dienen, in Bezug auf seine Durchsetzung die Situation transparenter und einfacher zu gestalten.

Das Umgangsrecht ist im Übrigen auch nicht daran gebunden, ob der Vater auch das Sorgerecht hat oder nicht.

KOSTENLOSE BROSCHÜREN

Das Kindschaftsrecht Eine Broschüre des Justizministeriums mit Fragen und Antworten zum Abstammungs-, Umgangs- und Namensrecht, zur elterlichen Sorge und anderem. Zu bestellen oder als Download auf www.bmj.de (→ Service → Broschüren und Infomaterial).

Die Beistandschaft Diese vom Familien- und Justizministerium gemeinsam herausgegebene Broschüre zeigt vor allem Möglichkeiten auf, wie das Jugendamt bei der Vaterschaftsfeststellung oder der Geltendmachung des Kindesunterhalts beraten und helfen kann. Bestellbar oder als Download auf www.bmj.de (→ Service → Broschüren und Infomaterial).

Erklärung über das gemeinsame Sorgerecht

Was ist das Sorgerecht und wen betrifft es?

In Deutschland haben Eltern per Gesetz die Pflicht und das Recht, für ihr minderjähriges Kind zu sorgen. Dieses Sorgerecht umfasst sowohl die Sorge für die Person als auch für das Vermögen und die Vertretung des Kindes. Es steht den Eltern nur dann gemeinsam zu, wenn

- die Eltern bei der Geburt des Kindes miteinander verheiratet sind,
- die Eltern einander nach der Geburt heiraten,
- die Eltern ausdrücklich erklären, dass sie die Sorge für das Kind gemeinsam übernehmen wollen (sogenannte Sorgeerklärung) oder
- das Familiengericht den Eltern die elterliche Sorge überträgt.

Nicht verheiratete Eltern, die die Sorge für ihr Kind gemeinsam ausüben wollen, müssen dies also erst erklären und öffentlich beurkunden lassen.

Geben nicht verheiratete Eltern keine solche Sorgeerklärung ab, steht das Sorgerecht zunächst einmal der Mutter allein zu. Falls in dieser Konstellation der Vater die elterliche Sorge jedoch gern ebenfalls ausüben würde, die Mutter aber ihre Zustimmung verweigert, hat er die Möglichkeit, eine Entscheidung des Familiengerichts dazu zu erwirken.

Das Familiengericht wird den Eltern das Sorgerecht (oder einen

Teil davon) dann gemeinsam übertragen, wenn es der Meinung ist, dass dies dem Wohl des Kindes nicht widerspricht. Tipp: Stellt der Vater solch einen Antrag, sollte die Mutter dazu auf jeden Fall fristgemäß der entsprechenden Aufforderung des Gerichts nach einer eigenen Stellungnahme nachkommen. Denn nimmt die Mutter gar keine Stellung zu dem Antrag oder haben die Gründe, die sie dagegen vorträgt, nichts mit dem »Kindeswohl« zu tun, dann sind die Gerichte angehalten, in einem beschleunigten und vereinfachten Verfahren zu entscheiden. Selbst auf eine Anhörung des Jugendamtes sowie auf eine persönliche Anhörung der Eltern könnte das Gericht in diesem Fall verzichten.

Wann gibt man die Sorgeerklärung ab?

Die Sorgeerklärung kann jederzeit abgegeben werden, auch schon vor der Geburt.

Wie und wo lässt man die Sorgeerklärung beurkunden?

Die Erklärung über das gemeinsame Sorgerecht muss bei persönlicher Anwesenheit öffentlich beurkundet werden. Dies kann beim Jugendamt oder bei einem Notar (kostenpflichtig) oder unter gewissen Voraussetzungen auch bei einer Auslandsvertretung erfolgen.

Welche Unterlagen benötigt man für die Sorgeerklärung?

In der Regel sind folgende Dokumente vorzulegen:

- Ausweisdokumente der Eltern,
- Nachweis über die Vaterschaftsanerkennung (bei Beurkundung vor der Geburt oder wenn die Geburtsurkunde, in der beide Elternteile eingetragen sind, noch nicht ausgestellt ist),
- Mutterpass zum Nachweis des voraussichtlichen Geburtsdatums (bei Beurkundung vor der Geburt) oder
- Geburtsurkunde des Kindes beziehungsweise aktueller Auszug aus dem Geburtenbuch, worin beide Elternteile eingetragen sind (bei Beurkundung nach der Geburt),
- Kontaktdaten der Eltern für die Terminvereinbarung.

Unser Tipp Üblicherweise möchte das Jugendamt beziehungsweise der Notar die Unterlagen vorab in Kopie bekommen. Erst wenn deren Vollständigkeit geprüft ist, wird ein Beurkundungstermin vereinbart. Deshalb am besten zunächst telefonisch nach den Abläufen erkundigen.

Rechtliche Folgen der Sorgeerklärung

Die elterliche Sorge verpflichtet dazu, sowohl für die Person als auch das Vermögen des Kindes zu sorgen. Dazu gehört vor allem, das Kind zu pflegen, gewaltfrei zu erziehen, zu beaufsichtigen und seinen Aufenthalt zu bestimmen. Hierunter fallen auch Entscheidungen bei Krankenbehandlungen, die mit der Gefahr erheblicher Komplikationen verbunden sind, Entscheidungen zur Wahl der Kindertagesstätte, der Schule oder der religiösen Erziehung.

Haben die Eltern die gemeinsame Sorge erklärt, ist ein Widerruf ausgeschlossen. Auch wenn die Eltern sich (gleichgültig, ob verheiratet oder nicht) trennen, besteht die gemeinsame Sorge fort. Eine Abänderung könnte dann nur noch durch einen entsprechenden Antrag beim Familiengericht möglich werden.

Sorgeerklärung und Vaterschaftsanerkennung

Die Sorgeerklärung erlangt nur Wirksamkeit, wenn auch eine wirksame Vaterschaftsanerkennung vorliegt (➤ »Vaterschaftsanerkennung und Sorgerecht«, Seite 90).

Sorgeerklärung und Namensrecht

Die Erklärung des gemeinsamen Sorgerechts kann Einfluss auf das Namensrecht haben. Trug das Kind bislang den Nachnamen der Mutter, ist nach Begründung des gemeinsamen Sorgerechts auf Wunsch beider Eltern eine Neubestimmung des Nachnamens beim Standesamt möglich, jedoch nur innerhalb von drei Monaten. Ist das Kind zu diesem Zeitpunkt schon fünf Jahre alt, benötigt man für die Namensänderung auch seine Zustimmung.

INTERNET

www.familienportal.de Webseite des Familienministeriums, mit weiteren Informationen unter ➛ Meine Lebenslage ➛ Trennung ➛ Sorgerecht, Umgangsrecht & Namensrecht.

KOSTENLOSE BROSCHÜRE

Das Kindschaftsrecht Eine Broschüre des Justizministeriums mit Fragen und Antworten zum Abstammungs-, Umgangs- und Namensrecht und zur elterlichen Sorge. Bestellbar oder downloadbar auf www.bmj.de (➛ Service ➛ Broschüren und Infomaterial).

Namensrecht

Was ist das Namensrecht und wen betrifft es?

Das Recht eines Kindes auf einen Namen nach der Geburt ist ein besonderer Teil seines Persönlichkeitsrechts.

Bei der Wahl des Vornamens sind die Eltern mehr oder weniger frei in ihrer Entscheidung. Welchen Nachnamen das Kind bekommt, hängt hingegen von der individuellen Familiensituation ab.

Und: Ist ein Name, egal ob Vor- oder Nachname, erst einmal bestimmt worden, so ist seine Änderung nur noch in begrenzten Ausnahmefällen möglich (Eheschließung oder Scheidung können zum Beispiel zu einem Wechsel des Nachnamens führen).

Vorname

Den Vornamen ihres Kindes bestimmen die Eltern allein oder gemeinsam – je nachdem, wie ihnen die elterliche Sorge zusteht. Das Personenstandsgesetz regelt, dass die Geburt eines Kindes innerhalb einer Woche beim Standesamt anzuzeigen ist (→ »Nach der Geburt«, Seite 16). Konnte dem Standesamt zu diesem Zeitpunkt der Vorname noch nicht angegeben werden, so ist er dort innerhalb eines Monats nachzureichen.

Welchen Vornamen die Eltern auswählen, steht ihnen frei. Einige Vorgaben gibt es jedoch in Deutschland, die berücksichtigt werden sollten:

- der Vorname muss als solcher erkennbar sein (Adelstitel, Orts- oder Familiennamen scheiden zum Beispiel aus),
- es sollten nicht mehr als fünf Vornamen sein und
- das Wohl des Kindes darf durch den Vornamen nicht verletzt werden.

Eine Vielzahl von Gerichtsurteilen zeigt, dass das Wohl eines Kindes zumindest dann beeinträchtigt ist, wenn der Vorname lächerlich oder anstößig ist (abgelehnt wurden deshalb Namenswünsche wie Gin, Pepsi-Cola, Pfefferminze, Waldmeister, Verleihnix, Grammophon, Nelkenheini, Steißlage oder Borussia), wenn er Assoziationen zu Personen aus Politik oder Geschichte hervorruft (zum Beispiel Lenin, Hindenburg, Che, Bin Laden) oder es ganz einfach so viele Namen sind, dass diese das Kind regelrecht belästigen würden. Aus letzterem Grund lehnte das Bundesverfassungsgericht im Jahr 2004 dann auch den Wunsch einer Mutter ab, die ihren Sohn wie folgt nennen wollte: Chenekwahow Tecumseh Migiskau Kioma Ernesto Inti Prithibi Pathar Chajara Majim Henriko Alessandro.

Die Vergabe eines geschlechtsneutralen Vornamens ist mittlerweile aber möglich (zum Beispiel »Kiran« sowohl für Mädchen als auch für Jungen).

In Zweifelsfällen: Beim zuständigen Standesamt nachfragen.

Nachname

Welchen Nachnamen das Kind bekommt, hängt von der individuellen Familiensituation ab, wir stellen diese gleich weiter unten vor.

Gesetzesänderung

Vorab aber schnell noch ein Wort zur Aktualisierung des Namensrechts: Da die geltenden Vorschriften an vielen Stellen nicht mehr zeitgemäß waren, wurde eine Modernisierung des Gesetzes beschlossen. Die Neuregelungen sollen zum 01. Mai 2025 in Kraft treten – hoffend, dass bis dahin alle Standesämter die erforderlichen IT-Anpassungen vornehmen konnten.

Die Neuregelungen gelten für alle Personen, bei denen wie bisher deutsches Namensrecht anwendbar ist.

- **Die Eltern haben bei der Geburt des Kindes einen durch eine Eheschließung erworbenen gemeinsamen Familiennamen (Ehenamen):** Dann erhält auch das Kind diesen Nachnamen. Hat ein Ehepartner seinen Geburtsnamen als Doppelnamen an den Ehenamen angefügt, kann das Kind nicht ebenfalls diesen Doppelnamen bekommen. Es erhält nur den Ehenamen als Nachnamen.
  Neuregelung ab 01.05.2025: Eltern dürfen, wenn sie wollen, jetzt auch einen Doppelnamen aus ihren beiden Familiennamen zum Geburtsnamen des Kindes bestimmen. Dabei ist dann eine Vielzahl von Kombinationen möglich, vor allem wenn auch schon die Eltern jeweils einen Doppelnamen tragen. Letzteres versteht man am besten mit einem Beispiel des Justizministeriums:
  »Für die Kinder von Mika Müller-Lüdenscheid und Kim Kleine-Klöbner sind folgende Geburtsnamen möglich:

  1) Müller-Kleine oder 2) Kleine-Müller
  3) Müller-Klöbner oder 4) Klöbner-Müller
  5) Lüdenscheid-Kleine oder 6) Kleine-Lüdenscheid
  7) Lüdenscheid-Klöbner oder 8) Klöbner-Lüdenscheid
  (alle jeweils auch ohne Bindestrich möglich)

9) Müller-Lüdenscheid
10) Kleine-Klöbner
11) Müller
12) Lüdenscheid
13) Kleine
14) Klöbner«

- **Die Eltern haben zwar die gemeinsame Sorge für das Kind (weil sie verheiratet sind oder weil sie das gemeinsame Sorgerecht erklärt haben), führen aber keinen gemeinsamen Familiennamen:** Dann entscheiden die Eltern gemeinsam, ob das Kind den Familiennamen der Mutter oder des Vaters bekommen soll. Werden sie sich binnen eines Monats nach der Geburt nicht einig, überträgt das Familiengericht einem Elternteil die Entscheidung. Ein Doppelname aus beiden Nachnamen ist in diesem Fall leider nicht möglich. Neuregelung ab 01.05.2025: Durch die Modernisierung des Namensrechts wird es in dieser Konstellation möglich sein, dem Kind einen aus beiden Familiennamen zusammengesetzten Doppelnamen zu geben!

- **Hat nur ein Elternteil das Sorgerecht für das Kind:** Das Kind bekommt den Nachnamen dieses Elternteils. Die Eltern können sich jedoch einvernehmlich auch für den Nachnamen des anderen Elternteils entscheiden (oder ab 01.05.2025 sogar für einen aus den Familiennamen beider Elternteile gebildeten Doppelnamen). Die Entscheidung für den Namen des Vaters setzt aber eine Vaterschaftsanerkennung voraus. Und auch das Kind muss der Namenserteilung zustimmen, sofern es bereits fünf Jahre alt ist.

- **Die (nicht miteinander verheirateten) Eltern erklären die gemeinsame Sorge für das Kind erst nach der Geburt:** Trug das Kind bislang den Namen der Mutter, dann kann nun innerhalb von drei Monaten der Nachname des Kindes beim Standesamt neu bestimmt werden. Gewählt werden kann dabei zwischen dem zu dieser Zeit von der Mutter oder dem Vater geführten Namen (und ab 01.05.2025 kann dann auch ein aus den Familiennamen beider Elternteile gebildeter Doppelname bestimmt werden). Falls das Kind zu diesem Zeitpunkt bereits fünf Jahre alt ist, benötigt man für die Namensänderung auch die Zustimmung des Kindes.

> *Unser Tipp* Sind der Vater und/oder die Mutter ausländische Staatsangehörige, kann die Namensgebung eventuell entsprechend dem ausländischen Recht erfolgen. In diesem Fall sollte man sich vom Standesamt beraten lassen.

BÜCHER

Ernst beiseite! 500 Namen, die Sie Ihrem Kind besser nicht geben sollten. William Wahl, Rowohlt Taschenbuch, 2013. Mal eine andere Art von Namensbuch: Der Autor nennt die schlimmsten Namenssünden und warnt vor fiesen Klassikern, witzig geschrieben.

Vornamen – von beliebt bis ausgefallen. Cornelia Nitsch, GU, 2022.

Der kleine Vornamenfinder für Jungen. Volker und Rosa Kohlheim, Duden, 2018. Enthält 2000 Vornamen und ihre Bedeutung. Das Gleiche gibt es auch für Mädchennamen.

Die schönsten nordischen Vornamen. Birgit Adam, Heyne, 2007.

Lexikon der Vornamen: Herkunft, Bedeutung und Gebrauch von über 8000 Vornamen. Rosa und Volker Kohlheim, Duden, 2020.

INTERNET

www.familienportal.de Webseite des Familienministeriums, mit Informationen unter ➛ Meine Lebenslage ➛ Schwangerschaft & Geburt ➛ Namensrecht & Sorgerecht.

www.gfds.de Gesellschaft für deutsche Sprache, bei der man gegen eine Gebühr prüfen lassen kann, ob ein Vorname eintragungsfähig ist.

www.vorname.com Namenssuche mit System, herausgegeben von der ELTERN-Redaktion, gesucht werden kann zum Beispiel auch nach Nationalitäten. Auch auf Instagram mit dem sehr nett aufgemachten Account **@vornamecom** vertreten.

www.beliebte-vornamen.de Hitlisten der beliebtesten Vornamen (auch international), Herkunft und Bedeutung der Vornamen, berühmte Namensträger, Tipps zur Namensfindung und vieles mehr. Leider von etwas vielen Werbebannern durchzogen.

KOSTENLOSE BROSCHÜRE

Das Kindschaftsrecht. Eine Broschüre des Justizministeriums mit einer kurzen Ausführung zum Familiennamen. Zu bestellen oder als PDF-Download erhältlich auf www.bmj.de (➛ Service ➛ Broschüren und Infomaterial).

Gut finanziert und versichert

Elterngeld, Kindergeld und alle anderen Gelder

Mutterschaftsgeld

Was ist das Mutterschaftsgeld?

Für die Zeiten, in denen eine Frau während der Mutterschutzfristen vor und nach der Entbindung* nicht arbeitet, kann sie einen Ersatz für ihren Entgeltausfall erhalten. Das kann

- das Mutterschaftsgeld und
- der Zuschuss zum Mutterschaftsgeld sein,
- eventuell auch Krankentagegeld.
- Da das Mutterschaftsgeld eine Leistung ist, die anstelle des Lohns gezahlt wird, hängt die Frage, ob und welche Entgeltersatzleistung gezahlt wird, vor allem davon ab, in welchem Be-

* Also sechs Wochen vor der Geburt und in der Regel acht Wochen nach der Geburt (beziehungsweise zwölf Wochen nach der Geburt im Falle einer Mehrlingsgeburt oder einer medizinischen Frühgeburt oder wenn innerhalb der ersten acht Lebenswochen des Kindes eine gewisse Behinderung ärztlich festgestellt wird und die Mutter daraufhin eine Verlängerung der Schutzfrist beantragt) und während der gestaffelten Schutzfristen nach einer Fehlgeburt ab der 13. Schwangerschaftswoche. Für den Entbindungstag selbst wird natürlich auch Mutterschaftsgeld gezahlt.

schäftigungsverhältnis die Frau steht. Darüber hinaus kommt es auch darauf an, wie sie krankenversichert ist.

- Das **Mutterschaftsgeld** ist dabei eine Lohnersatzzahlung der gesetzlichen Krankenkassen beziehungsweise des Bundesamtes für Soziale Sicherung.
- Der **Zuschuss zum Mutterschaftsgeld** wird vom Arbeitgeber gezahlt und wird deshalb meist einfach »Arbeitgeberzuschuss« genannt.
- Das **Krankentagegeld** ist eine Möglichkeit für privat krankenversicherte, selbstständig tätige Frauen, die eine Krankentagegeldversicherung abgeschlossen haben, sich unter gewissen Voraussetzungen von ihrer Krankenversicherung die Verdienstausfälle ersetzen zu lassen, die ihnen während der Mutterschutzfristen entstehen.

Wer bekommt Mutterschaftsgeld?

Ob eine (werdende) Mutter Mutterschaftsgeld erhält, hängt insbesondere davon ab, wie sie krankenversichert ist und in welchem Beschäftigungsverhältnis sie steht.

- In der Regel erhalten das Mutterschaftsgeld der gesetzlichen Krankenkassen nur pflichtversicherte oder freiwillig versicherte Arbeitnehmerinnen.
- Arbeitnehmerinnen, die nicht (oder nicht selbst) Mitglied einer gesetzlichen Krankenkasse sind, können vom Bundesamt für Soziale Sicherung Mutterschaftsgeld erhalten (also zum Beispiel privat versicherte oder in einer gesetzlichen Krankenkasse beitragsfrei familienversicherte Arbeitnehmerinnen).

- Selbstständig erwerbstätige Frauen, die privat krankenversichert sind, erhalten kein Mutterschaftsgeld. Seit Anfang 2017 gibt es in diesem Fall jedoch die Möglichkeit, während der Schutzfristen vor und nach der Entbindung (sowie natürlich für den Tag der Entbindung selbst) Krankentagegeld zu erhalten, sofern die Frau eine Krankentagegeldversicherung abgeschlossen hat. In diesem Fall können selbstständige, privat versicherte Frauen also frei darüber entscheiden, ob sie während der Schutzfristen vor und nach der Entbindung weiter arbeiten wollen oder stattdessen eine Kompensation des Verdienstausfalls bei ihrem Krankentagegeld-Versicherer geltend machen möchten.

- Selbstständig erwerbstätige Frauen, die freiwillig gesetzlich versichert sind mit einem Anspruch auf Krankengeld, erhalten während der Schutzfristen von ihrer Krankenkasse ein Mutterschaftsgeld in Höhe des Krankengelds. Wurde die Versicherung ohne einen Anspruch auf Krankengeld abgeschlossen, steht der Frau kein Krankengeld und damit auch kein Mutterschaftsgeld zu.

- Kein Mutterschaftsgeld erhalten nicht erwerbstätige Hausfrauen (da sie keinen Lohn beziehen, das Mutterschaftsgeld aber eine Lohnersatzzahlung ist) oder Beamtinnen (für die stattdessen besondere Beamtenregelungen gelten, wie zum Beispiel die Verordnung über den Mutterschutz für Beamtinnen). Auch privat krankenversicherte selbstständige Frauen ohne Krankentagegeldversicherung oder selbstständige Frauen, die bei einer gesetzlichen Krankenkasse ohne Anspruch auf Krankengeld versichert sind, erhalten wie erwähnt kein Mutterschaftsgeld.

- Bei der Vielzahl von Sonderkonstellationen empfiehlt sich eine Anfrage bei der eigenen Krankenversicherung.

> **Unser Tipp** Selbstständig tätige Frauen, die privat krankenversichert sind, sollten auf jeden Fall prüfen, ob ihr Versicherungsvertrag auch Krankentagegeld beinhaltet – und andernfalls den Vertrag entsprechend aufstocken. Achtung, die Versicherungen können für gewisse Leistungen (sehr lange!) Wartezeiten vereinbaren. Man sollte sich also rechtzeitig mit seiner Krankenversicherung in Verbindung setzen!

Wann beantragt man das Mutterschaftsgeld?

Mutterschaftsgeld erhält man nicht automatisch, man muss es beantragen. Für den Zeitpunkt der Antragstellung gibt es keine gesetzliche Frist, idealerweise stellt man den Antrag aber frühzeitig, sodass man das Mutterschaftsgeld dann pünktlich in der Schutzfrist erhält.

Wie und wo beantragt man das Mutterschaftsgeld?

Der Antrag auf Mutterschaftsgeld ist in der Regel schriftlich zu stellen.

Gesetzlich Krankenversicherte richten ihn an ihre Krankenkasse. Dort gibt es auch die Antragsformulare. Oft reicht der Kasse aber auch schlicht die formlose Zusendung des ärztlichen Zeugnisses über den mutmaßlichen Tag der Entbindung. Einfach kurz bei der eigenen Krankenversicherung anrufen und nachfragen.

Privatversicherte Angestellte oder in der gesetzlichen Krankenkasse familienversichert Angestellte stellen den Antrag online mit einem Account bei BundID oder in Papierform beim Bundesamt für Soziale Sicherung in Bonn. Privatversicherte Angestellte oder in der gesetzlichen Kranken- kasse familienversichert Angestellte stellen den Antrag beim Bundesamt für Soziale Sicherung in Bonn. Entweder klassisch in Papierform oder online für alle, die einen Account bei BundID haben. Letzteres hat den Vorteil, dass die Antragstellerin die Antwort schneller und digital erhält.

Antragsformulare und weitere Informationen findet man auf www.mutterschaftsgeld.de ➛ Service ➛ Mutterschaftsgeld. Für Fragen gibt es hier auch ein Online-Kontaktformular, oder man wendet sich an das Servicetelefon: 0228/619–1888.

Falls man den Antrag in Papierform stellt: Beigelegte Unterlagen werden nicht zurückgeschickt, also nur Kopien einreichen.

Privatversicherte Selbstständige, die eine Krankentagegeldversicherung haben, erhalten zwar kein Mutterschaftsgeld, haben aber nach der erfolgten Änderung des Versicherungsvertragsgesetzes nun die Möglichkeit, stattdessen auch während der Mutterschutzfristen Krankentagegeld zu bekommen. Sie sollten sich diesbezüglich rechtzeitig an ihren privaten Krankenversicherer wenden.

Welche Unterlagen benötigt man für den Antrag?

- Das »Zeugnis über den mutmaßlichen Tag der Entbindung« von der Ärztin / dem Arzt oder der Hebamme / dem Entbindungspfleger. Dieses Formular wird kostenfrei ausgestellt und ist mittlerweile schon ab Beginn der Schwangerschaft erhältlich. In der Regel freut sich der Arbeitgeber über eine Kopie / spezielle Arbeitgeberausfertigung beziehungsweise verlangt sie sogar.

- Für die Zahlung nach der Entbindung ist dann die Geburtsbescheinigung/Geburtsurkunde mit dem Mutterschaftshilfe-Vermerk nachzureichen.
- Manche Krankenversicherungen verlangen zusätzlich noch eine Bescheinigung des Arbeitgebers zur Berechnung des Mutterschaftsgelds – je nach Gewohnheit der Versicherung fordert sie diese direkt beim Arbeitgeber ein oder bittet die werdende Mutter um Einholung der Bescheinigung.
- Das eventuell von der Krankenversicherung oder dem Bundesamt für Soziale Sicherung vorgegebene Antragsformular.
- Das Bundesamt für Soziale Sicherung verlangt auch die »Bescheinigung über eine Beschäftigung« (Formular als Download erhältlich auf www.mutterschaftsgeld.de ➤ Service ➤ Mutterschaftsgeld ➤ Antrag stellen).

Wie viel Mutterschaftsgeld wird gezahlt?

Das Mutterschaftsgeld wird für die letzten sechs Wochen vor dem errechneten Geburtstermin, für den Tag der Entbindung und für die in der Regel acht Wochen (bei Mehrlings-, medizinischen Frühgeburten oder angeborener Behinderung des Kindes zwölf Wochen) nach der Geburt gezahlt (und ab 01. Juni 2025 dann auch für die gestaffelten Schutzfristen nach einer Fehlgeburt ab der 13. Schwangerschaftswoche).

Wie viel Mutterschaftsgeld gezahlt wird, richtet sich nach dem durchschnittlichen Arbeitsentgelt der letzten drei abgerechneten Kalendermonate vor Beginn der Schutzfrist vor der Geburt, reduziert um die gesetzlichen Abzüge. Es beträgt jedoch höchstens 13 Euro pro Kalendertag.

Arbeitnehmerinnen, die nicht selbst Mitglied einer gesetzlichen Krankenkasse sind (zum Beispiel Privat- oder Familienversicherte), erhalten das Mutterschaftsgeld nicht von der Krankenkasse, sondern vom Bundesamt für Soziale Sicherung. Die Berechnung erfolgt auch hier anhand des beschriebenen Durchschnittseinkommens, insgesamt werden jedoch höchstens 210 Euro für den gesamten Zeitraum der Schutzfrist gezahlt.

Befindet sich eine Frau zu Beginn der Mutterschutzfrist in keinem Arbeitsverhältnis, ist aber bei einer gesetzlichen Krankenkasse mit Anspruch auf Krankengeld versichert (zum Beispiel Selbstständige), so erhält sie das Mutterschaftsgeld in Höhe des Krankengelds von der Krankenkasse.

Arbeitgeberzuschuss

Das Mutterschaftsgeld ist nur ein Teil der finanziellen Absicherung während der Mutterschutzfristen vor und nach der Entbindung. Der zweite Baustein ist der Arbeitgeberzuschuss. Er wird vom Arbeitgeber, in einigen Fällen auch vom Bundesamt für Soziale Sicherung gezahlt. Der Zweck des Arbeitgeberzuschusses ist es, der (werdenden) Mutter eine eventuelle Differenz zwischen dem Mutterschaftsgeld und ihrem durchschnittlichen Nettoverdienst (Berechnungsgrundlage sind die letzten drei Monate vor Beginn des Mutterschutzes) auszugleichen. Ist das errechnete durchschnittliche kalendertägliche Arbeitsentgelt der Frau also höher als die 13 Euro Mutterschaftsgeld (egal, ob dieses von der Krankenkasse oder vom Bundesamt für Soziale Sicherung gezahlt wird), muss der Arbeitgeber die Differenz als Zuschuss drauflegen. Er bekommt ihn seinerseits grundsätzlich in vollem Umfang von der Krankenkasse erstattet.

Wirkt sich Kurzarbeit auf das Mutterschaftsgeld aus?

Nachdem wegen der COVID-19-Pandemie in vielen Betrieben Kurzarbeit eingeführt wurde, bemerkte man, dass im Hinblick auf das Thema »Auswirkungen von Kurzarbeit auf mutterschutzrechtliche Leistungen« mangelnde Rechtsklarheit herrschte. Deshalb veröffentlichten das Familien-, das Gesundheits- und das Arbeitsministerium am 03.06.2020 zur bundeseinheitlichen Auslegung der Mutterschutzleistungen das »Orientierungspapier Mutterschaftsleistungen bei Kurzarbeit«.

Ergebnis: Frauen sollen auch bei Kurzarbeit im Betrieb den vollen Mutterschaftsgeldanspruch behalten. Entsprechendes gilt für den Mutterschutzlohn und für stillende Frauen. Bei der Berechnung der Höhe des Mutterschaftsgeldes bleiben Gehaltskürzungen wegen Kurzarbeit unberücksichtigt (Paragraf 21 Absatz 2 Nr. 2 MuSchG).

Überblick zu Mutterschaftsgeld und Arbeitgeberzuschuss

Frauen in bestehenden Beschäftigungsverhältnissen	
Mitglieder einer **gesetzlichen** Krankenkasse **mit** Krankengeldanspruch	Pro Tag bis zu **13 Euro Mutterschaftsgeld** von der Krankenkasse **plus Arbeitgeberzuschuss** in Höhe der Differenz zum durchschnittlichen Nettoarbeitsentgelt
Minijobberinnen, die Mitglieder einer **gesetzlichen** Krankenkasse **ohne** Krankengeldanspruch (z. B. Studentinnen) sind	Pro Tag bis zu **13 Euro Mutterschaftsgeld** von der Krankenkasse und gegebenenfalls **Arbeitgeberzuschuss** in Höhe der Differenz zwischen 13 Euro und dem durchschnittlichen Nettoarbeitsentgelt

<table>
<tr><td>Minijobberinnen, die nicht Mitglied einer gesetzlichen Krankenkasse sind (z. B. Familienversicherte)</td><td>Mutterschaftsgeld von einmalig bis zu insgesamt 210 Euro durch das Bundesamt für soziale Sicherung plus Arbeitgeberzuschuss in Höhe der Differenz zwischen 13 Euro und dem durchschnittlichen Nettoarbeitsentgelt</td></tr>
<tr><td>In der privaten Krankenversicherung versicherte Beschäftigte</td><td>Mutterschaftsgeld bis zu insgesamt 210 Euro durch das Bundesamt für soziale Sicherung plus Arbeitgeberzuschuss in Höhe der Differenz zwischen 13 Euro und dem durchschnittlichen Nettoarbeitsentgelt, gegebenenfalls ergänzend vereinbartes Krankentagegeld</td></tr>
<tr><td colspan="2">Frauen, deren Beschäftigungsverhältnis in der Schwangerschaft oder in den Schutzfristen endet</td></tr>
<tr><td>Frauen, deren Beschäftigungsverhältnis während der Schwangerschaft oder in den Schutzfristen von Arbeitgeberin oder Arbeitgeber zulässig gekündigt wurde</td><td>Für Mitglieder einer gesetzlichen Krankenkasse: pro Tag bis zu 13 Euro Mutterschaftsgeld plus Arbeitgeberzuschuss von der Krankenkasse;
für Frauen, die nicht Mitglied einer gesetzlichen Krankenkasse sind: Mutterschaftsgeld bis zu insgesamt 210 Euro vom Bundesamt für soziale Sicherung</td></tr>
<tr><td>Frauen, deren befristetes Beschäftigungsverhältnis in den Schutzfristen geendet hat</td><td>Für Mitglieder einer gesetzlichen Krankenkasse: Mutterschaftsgeld in Höhe des Krankengelds von der Krankenkasse;
für Frauen, die nicht Mitglied einer gesetzlichen Krankenkasse sind: Mutterschaftsgeld bis zu insgesamt 210 Euro durch das Bundesamt für soziale Sicherung</td></tr>
<tr><td>Frauen, deren Beschäftigungsverhältnis unmittelbar vor Beginn der Schutzfrist vor der Entbindung endet, wenn sie am letzten Tag des Beschäftigungsverhältnisses Mitglied einer Krankenkasse waren</td><td>Mutterschaftsgeld in Höhe des Krankengelds von der Krankenkasse</td></tr>
</table>

Frauen, deren Beschäftigungsverhältnis **während der Schwangerschaft, jedoch vor Beginn der Schutzfrist** vor der Entbindung endet	Mutterschaftsleistungen entsprechen denen von Frauen ohne Erwerbstätigkeit (siehe unten, [Anmerkung der Autorinnen])
Frauen, deren Arbeitgeberin beziehungsweise Arbeitgeber während der Schwangerschaft oder in den Schutzfristen in **Insolvenz** geht	Mutterschaftsleistungen ab dem Insolvenzereignis wie nach einer zulässigen Kündigung
Selbstständig erwerbstätige Frauen	
Mitglieder der **gesetzlichen** Krankenversicherung mit Krankengeldanspruch	**Mutterschaftsgeld in Höhe des Krankengelds** von der Krankenkasse
Mitglieder der **gesetzlichen** Krankenversicherung **ohne** Krankengeldanspruch	**Kein Mutterschaftsgeld**
Privat krankenversicherte selbstständige Frauen, die eine **Krankentagegeldversicherung** abgeschlossen haben	Anspruch auf Zahlung des **vereinbarten Krankentagegelds** besteht während der Mutterschutzfristen
Mitglieder einer gesetzlichen Krankenkasse mit Krankengeldanspruch (**Arbeitslosengeld-I-**Empfängerinnen)	Mutterschaftsgeld wird **in Höhe des bisherigen Arbeitslosengelds I** von der Krankenkasse gezahlt

Mitglieder einer gesetzlichen Krankenkasse ohne Krankengeldanspruch (**Bürgergeld-**Empfängerinnen)	**Bürgergeld** wird während der gesetzlichen Mutterschutzfristen unter Berücksichtigung eines **Mehrbedarfs ab der 13. Schwangerschaftswoche** weitergezahlt. Der Mehrbedarf wird nur bis einschließlich zum Entbindungstag gewährt.
Schülerinnen und Studentinnen ohne Erwerbstätigkeit	**Keine Leistung**
Quelle: Leitfaden zum Mutterschutz, Herausgeber: Bundesministerium für Familie, Senioren, Frauen und Jugend, Referat Öffentlichkeitsarbeit, Stand: Januar 2024, 19. Auflage.	

Besteuerung von Mutterschaftsgeld und Arbeitgeberzuschuss

Beide Leistungen sind steuerfrei, werden aber in den steuerlichen Progressionsvorbehalt einbezogen. Letzteres heißt, dass sie zum versteuernden Einkommen hinzugerechnet werden und anhand dieses Gesamtbetrags dann der (im Ergebnis dadurch leicht erhöhte) Steuersatz ermittelt wird, mit dem das zu versteuernde Einkommen (ohne Mutterschaftsgeld/Arbeitgeberzuschuss) besteuert wird.

Sozialabgabenfreiheit

Das Mutterschaftsgeld und der Arbeitgeberzuschuss sind nicht nur steuer-, sondern auch sozialabgabenfrei. Letzteres bedeutet, dass für diese Leistungen keine Sozialabgaben abgeführt werden. Je nach privater Situation kann das unterschiedliche Auswirkungen haben. Der Grundsatz lautet, dass Frauen während des Bezugs von Mutterschaftsgeld in der gesetzlichen Renten-, Pflege-, Kranken- und Arbeitslosenversicherung beitragsfrei versichert bleiben, sofern sie vor Beginn der Schutzfrist versicherungspflichtig beschäftigt waren. Es ist aber auf alle Fälle ratsam, die eigene Situation noch einmal genau zu beleuchten, da sich im Detail einige Unterschiede ergeben können.

Rentenversicherung

Wer gesetzlich rentenversichert ist, für den stellt sich die Lage relativ einfach dar. Während des Bezugs von Mutterschaftsgeld der gesetzlichen Krankenkassen bleibt die (werdende) Mutter in der gesetzlichen Rentenversicherung versichert, wenn sie auch vorher versicherungspflichtig war. Beiträge für das Mutterschaftsgeld sind nicht zu entrichten.

Für Frauen, die beim Versorgungswerk einer Berufskammer rentenversichert sind, sieht die Situation im Mutterschaftsfall je nach Kammer meist anders aus. Hier empfiehlt sich eine entsprechende Nachfrage beim Versorgungswerk, ob Zeiten der Mutterschutzfristen ohne eine Beitragszahlung überhaupt angerechnet werden (falls nicht, kann dies dann in der Regel bei der gesetzlichen Rentenversicherung beantragt werden), ob ein Mindestbeitrag zu zahlen ist oder eventuell freiwillige Zahlungen zur Rentenaufstockung sinnvoll und machbar sind.

Krankenversicherung

Der Krankenversicherungsschutz besteht während des Mutterschutzes für gesetzlich versicherte Frauen beitragsfrei fort. Das gilt auch für freiwillig gesetzlich Versicherte.

Frauen, die privat versichert sind, müssen die Krankenversicherung während der Mutterschutzfristen komplett selbst übernehmen. Zum bisherigen Beitrag kommt also auch noch der Arbeitgeberanteil dazu. Manche Privatversicherungen sehen allerdings im

Leistungskatalog eine Beitragsfreiheit während des Mutterschutzes vor oder ermöglichen für diesen Zeitraum einen Tarifwechsel. Und ist der Lebens- oder Ehepartner ebenfalls privat versichert, könnte man noch prüfen, ob er seinen Arbeitgeberzuschuss zur privaten Krankenversicherung noch nicht voll ausgeschöpft hat und die Frau hieraus womöglich einen Anspruch auf einen Zuschuss haben könnte.

Mutterschaftsleistungen bei erneuter Schwangerschaft in der Elternzeit?

Eine besondere Konstellation entsteht, wenn man während der Elternzeit für ein älteres Kind wieder schwanger wird. Arbeitet man in der Elternzeit nämlich nicht in Teilzeit und lässt man sein Beschäftigungsverhältnis auch nicht dadurch wieder aufleben, dass man die Elternzeit für das ältere Kind vorzeitig (zum Beginn der Mutterschutzfrist für das neue Kind) beendet (was rechtlich möglich ist!), so hat man zwar unter Umständen einen Anspruch auf Mutterschaftsgeld, nicht jedoch auf den Arbeitgeberzuschuss oder den Mutterschutzlohn (im Falle eines Beschäftigungsverbotes).

Und selbst wenn Mutterschaftsleistungen gezahlt werden, ist dann wiederum darauf zu achten, inwieweit diese auf das Elterngeld für das ältere beziehungsweise das jüngere Kind angerechnet werden (dazu detaillierter im Kapitel »Elterngeld« unter »Achtung, Stolperfallen. Anrechnung von Mutterschaftsgeld und Arbeitgeberzuschuss«, siehe Seite 165). Da es hier sehr stark auf die individuelle Situation ankommt, empfiehlt es sich auf jeden Fall, sich rechtzeitig vor der Geburt des zweiten / weiteren Kindes an die Elterngeldstelle zu wenden und das Elterngeld / die Elternzeit für das erste Kind eventuell neu zu planen.

INTERNET

www.familienportal.de Webseite des Familienministeriums, mit Informationen unter ➛ Familienleistungen ➛ Mutterschaftsleistungen.

www.mutterschaftsgeld.de Webseite des Bundesamtes für Soziale Sicherung mit allen Informationen (inklusive dem Online-/Antragsformular) rund um das vom Bundesamt für Soziale Sicherung gezahlte Mutterschaftsgeld.

KOSTENLOSE BROSCHÜRE

Leitfaden zum Mutterschutz – Informationen für Schwangere und Stillende Sehr gute Broschüre des Familienministeriums mit profunden Informationen zu Schutzvorschriften und finanziellen Leistungen. Bestellung oder Download auf www.bmfsfj.de (➛ Service ➛ Publikationen ➛ Suchwort »Mutterschutz«).

Elterngeld

Elterngeld ist eine staatliche Leistung, die Eltern die Möglichkeit geben soll, mehr Zeit mit ihrem Neugeborenen oder Kleinkind zu verbringen, es zu betreuen und zu erziehen. Wenn die Eltern weniger oder gar nichts verdienen, weil sie für die Betreuung des Kindes ihre Arbeitszeit entweder reduzieren oder eine komplette

Auszeit vom Beruf nehmen, dann schafft das Elterngeld einen gewissen finanziellen Ausgleich.

Zwei wichtige Hinweise vorab:

1. Einkommensgrenze

Achtung, wer zu viel verdient, hat eventuell gar keinen Anspruch auf Elterngeld!

Um Sparvorgaben für den Bundeshaushalt einzuhalten, wurden auch Änderungen beim Elterngeld gemacht und der Kreis der Anspruchsberechtigten eingeschränkt (großer Fehler, wie wir finden). Dies durch eine deutliche Absenkung der Einkommensgrenze – wird sie überschritten, entfällt ein Anspruch auf Elterngeld gänzlich:

- **Für Geburten ab dem 01.04.2025:** Keinen Anspruch auf Elterngeld hat, wer im letzten abgeschlossenen Veranlagungszeitraum vor der Geburt des Kindes (das ist meistens das Kalenderjahr vor der Geburt des Babys) ein zu versteuerndes Einkommen von mehr als 175 000 Euro erzielte (bei Alleinerziehenden kommt es dabei auf das alleinige Einkommen an, bei Paaren und getrennt erziehenden Eltern wird das Einkommen beider Elternteile zusammengerechnet).
- **Für Geburten zwischen 01.04.2024 und 31.03.2025:** Die Einkommensgrenze, ab der ein Anspruch auf Elterngeld entfällt, liegt für Paare und für Alleinerziehende bei 200 000 Euro zu versteuerndem Jahreseinkommen.
- **Für Geburten zwischen 01.09.2021 und 31.03.2024:** Die Einkommensgrenze, ab der ein Anspruch auf Elterngeld entfällt, liegt für Paare bei 300 000 Euro zu versteuerndem Jahresein-

kommen, beziehungsweise bei 250 000 Euro für Alleinerziehende.

Beachte: Das oben genannte »zu versteuernde Einkommen« ist zu unterscheiden vom »Brutto-Einkommen«! In der Regel ist das zu versteuernde Einkommen deutlich niedriger als das Brutto-Einkommen, denn bei seiner Berechnung werden vom Gesamtbetrag der Einkünfte noch gewisse Ausgaben abgezogen (zum Beispiel Sonderausgaben, Vorsorge- aufwendungen, individuelle Freibeträge oder außergewöhnliche Belastungen). Das individuell zu versteuernde Einkommen wird durch das Finanzamt ermittelt, der Betrag findet sich im Steuer- bescheid.

2. Neuregelungen für nach August 2021 geborene Kinder

Eine Reform des Bundeselterngeld- und Elternzeitgesetzes führte dazu, dass für alle Eltern, deren Kinder ab dem 01.09.2021 geboren wurden viele Neuregelungen gelten. Wir stellen hier im Buch der Übersichtlichkeit halber nur diese neue Rechtslage vor*.

So, für alle Eltern, die die Einkommensgrenze nicht überschreiten und deren Kind nach August 2021 geboren ist, geht´s jetzt mit dem Elterngeldkapitel weiter:

Das Elterngeld gibt es in folgenden drei Varianten:

* Für Eltern, deren Kinder VOR dem 01.09.2021 geboren wurden, gelten also teilweise andere Regelungen als die hier vorgestellten. Ihnen empfehlen wir, sich bei Fragen an die Elterngeldstelle zu wenden oder die Broschüre »Elterngeld, ElterngeldPlus und Elternzeit« des Familienministeriums in der 23. (!) Auflage zu konsultieren, Bestellinfos am Ende dieses Kapitels unter »Kostenlose Broschüren«.

- **Basiselterngeld:** Gewissermaßen die Urform des Elterngelds: Für eine bestimmte Anzahl von Monaten bekommt man monatlich eine individuell berechnete Summe gezahlt.
- **ElterngeldPlus:** Das ist eine Möglichkeit, das Elterngeld über einen längeren Zeitraum aufzuteilen: Statt eines Monats Basiselterngeld bekommt man zwei Monate ElterngeldPlus. Mehr Geld wird es dadurch nicht, allerdings über einen längeren Zeitraum gestreckt. Der wahre Vorteil dieser Variante zeigt sich, wenn man sie für Zeiten wählt, in denen man während des Elterngeldbezugs in Teilzeit arbeitet – in diesem Fall bleibt unterm Strich eventuell sogar mehr Geld übrig.
- **Partnerschaftsbonus:** Quasi die »Zugabe« unter den Elterngeldvarianten: Wenn beide Eltern gleichzeitig zwei bis vier Monate am Stück in Teilzeit mit einer genau vorgeschriebenen Stundenanzahl arbeiten, kann jeder für diese Zeit bis zu maximal vier zusätzliche Monate ElterngeldPlus on top dazubekommen.

Die Eltern haben dabei für jeden Lebensmonat einen gewissen Entscheidungsspielraum, welche Variante sie wählen möchten (Ausführlicheres zu den einzelnen Varianten ab Seite 123). Auch Kombinationen der Varianten miteinander sind möglich (auch dazu später mehr, siehe Seite 132).

Wer bekommt Elterngeld?

Einen Anspruch auf Elterngeld haben Mütter und/oder Väter, die

- ihr Kind nach der Geburt selbst betreuen und erziehen,
- mit ihm in einem Haushalt leben,

- nicht erwerbstätig sind beziehungsweise maximal 32 Stunden pro Woche arbeiten,
- einen Wohnsitz oder ihren gewöhnlichen Aufenthalt in Deutschland haben und
- deren zu versteuerndes Jahreseinkommen eine gewisse Grenze nicht überschreitet (Details dazu am Anfang dieses Kapitels).

Dies gilt gleichermaßen für gemeinsam, getrennt oder alleinerziehende Elternteile.

Als **getrennt erziehend** gilt man, wenn die Eltern nicht zusammenleben, sich aber die Betreuung ihres Kindes teilen. Lebt das Kind mindestens ein Drittel der Zeit bei jedem Elternteil, können beide Eltern Elterngeld bekommen. Wohnt das Kind jedoch bei einem Elternteil weniger als ein Drittel der Zeit, dann steht diesem kein Elterngeld zu. Der andere Elternteil bekommt dann in der Regel Elterngeld als Alleinerziehende/-r.

Als **alleinerziehend** gilt man, wenn der andere Elternteil weder mit einem selbst noch mit dem Kind zusammenwohnt und man auch steuerrechtlich als alleinerziehend betrachtet wird (= wenn man den sogenannten Entlastungsbetrag für Alleinerziehende bekommen kann, was in der Regel nur möglich ist, falls man nicht mit einer anderen erwachsenen Person zusammenwohnt). Alleinerziehende können dann auch jene Elterngeldleistungen erhalten, die normalerweise an eine/-n Partner/-in gekoppelt sind, wie die Partnermonate oder den Partnerschaftsbonus.

Auch Adoptiveltern können Elterngeld bekommen, ebenso Ehe- oder eingetragene Lebenspartner, die zwar nicht die leiblichen Eltern des Kindes sind, es aber nach der Geburt betreuen. In besonderen Fällen kann Elterngeld auch gewährt werden für die Betreuung von Enkeln, Urenkeln, Geschwistern oder Nichten/Neffen.

Das Angebot gilt gleichermaßen für Arbeitnehmer/-innen wie für Beamte/-innen, Selbstständige, Hausfrauen/-männer und Erwerbslose. Es spielt auch keine Rolle, ob der Elternteil, der das Elterngeld beantragt, vor der Geburt des Kindes gearbeitet hat (das wirkt sich lediglich auf die Höhe des Elterngeldbetrages aus).

Wie lange wird Elterngeld gezahlt?

Beginn: Elterngeld kann man frühestens ab der Geburt des Kindes bekommen, selbstverständlich dürfen die Eltern aber auch einen späteren Moment wählen, ab welchem sie den Bezug des Elterngelds starten wollen.

Dauer: Wie lange man Elterngeld insgesamt bekommt, hängt vor allem davon ab, für welche Variante (oder welche Kombination der Varianten) man sich entscheidet – also für Basiselterngeld, ElterngeldPlus oder Partnerschaftsbonus.

Zahlungseinheiten: Wichtig zu wissen ist auch, dass das Elterngeld zwar in Monatsbeträgen gezahlt wird, aber nicht pro Kalendermonat, sondern pro »Lebensmonat des Kindes«. Die Lebensmonate beginnen mit dem Datum, an dem das Kind geboren wurde. Zum Beispiel: Angenommen, das Baby wurde am 20. Mai geboren, dann geht

- der erste Lebensmonat vom 20. Mai bis zum 19. Juni,
- der zweite Lebensmonat vom 20. Juni bis zum 19. Juli
- und so fort.

Bei Adoptivkindern ist dabei statt des Geburtsdatums das Datum maßgebend, an welchem man das Kind bei sich aufgenommen hat.

Generell gilt: Während der Lebensmonate, für die man Elterngeld bekommen möchte, müssen alle erforderlichen Elterngeld-Voraussetzungen ständig gegeben sein. Ansonsten endet der Anspruch mit Ablauf desjenigen Monats, in dem eine Anspruchsvoraussetzung entfallen ist.

Und nun noch einmal genauer zu den einzelnen Elterngeld-Varianten:

Was ist das Basiselterngeld?

Basiselterngeld kann man für bis zu 12 Lebensmonate bekommen. Zwei zusätzliche Monate (also dann insgesamt 14 Monate) erhält man unter folgenden Voraussetzungen: Nicht nur ein Elternteil, sondern beide Elternteile beantragen Elterngeld und zumindest einer von ihnen hat in zweien seiner Elterngeldbezugsmonate weniger Einkommen als vor der Geburt (zum Beispiel aufgrund des Mutterschutzes oder weil man Elternzeit nimmt oder nur noch Teilzeit arbeitet). Diese beiden zusätzlichen Monate werden Partnermonate genannt (nicht verwechseln mit dem Partnerschaftsbonus). Alleinerziehende, bei denen sich nach der Geburt für zwei Monate das Erwerbseinkommen mindert, haben wegen des fehlenden Partners ebenfalls Anspruch auf Partnermonate und somit die Möglichkeit, 14 Monate Elterngeld in Anspruch zu nehmen.

Die Eltern haben gemeinsam Anspruch auf die insgesamt 12 beziehungsweise 14 Monate Basiselterngeld. Sie können diese frei untereinander aufteilen, wichtig dabei ist allerdings: Elterngeld muss man für mindestens zwei Monate in Anspruch nehmen. Und maximal kann ein Elternteil zwölf Monatsbeträge Basiselterngeld beantragen.

Die Elterngeldmonate müssen auch nicht »am Stück« genommen werden, sondern können zeitlich verteilt werden. Auch kann man sich mit dem Partner abwechseln.

Beispiel: Die Mutter bezieht Basiselterngeld in den ersten sieben Lebensmonaten des Kindes, der Vater in den Lebensmonaten acht bis 14 (= insgesamt 14 Monate Basiselterngeld).

Achtung, Einschränkung 1: Basiselterngeld kann nur bis zur Vollendung des 14. Lebensmonats des Kindes in Anspruch genommen werden. Nach dem 14. Lebensmonat sind nur noch ElterngeldPlus oder der Partnerschaftsbonus möglich.*

Achtung, Einschränkung 2: Erhält die Mutter für dasselbe Kind Mutterschaftsleistungen (zum Beispiel Mutterschaftsgeld oder die Bezüge von Beamtinnen während des Mutterschutzes) oder Krankentagegeld von ihrer privaten Krankenversicherung, dann zählen alle Lebensmonate des Kindes, in welchen die Mutter solche Leistungen bekommt, automatisch als Basiselterngeldmonate! Und zwar unabhängig davon, ob sie für diese Monate überhaupt Basiselterngeld beantragt hat oder nicht. Das bedeutet, dass die Mutter diese Lebensmonate als Basiselterngeldmonate verbraucht.

* Ausnahmen hiervon können eventuell für Eltern gelten, deren Kind mindestens sechs Wochen vor dem voraussichtlichen Geburtstermin geboren wurde, siehe weiter unten »Frühchen-Sonderregelung: Länger Elterngeld bekommen«.

Beispiel: Die Mutter bekommt in den ersten beiden Lebensmonaten des Babys Mutterschaftsgeld. Anschließend bezieht sie fünf Monate Basiselterngeld bis zum siebten Lebensmonat und der Vater sieben Monate Basiselterngeld bis einschließlich zum 14. Lebensmonat (= insgesamt 14 Monate Basiselterngeld verbraucht).

Achtung, Einschränkung 3 (die nur für Eltern zusätzlich gilt, deren Baby am/ab dem 01.04.2024 geboren wurde): Das Modell, dass die Eltern das Basiselterngeld gleichzeitig beziehen, wurde deutlich eingeschränkt! Basiselterngeld darf für Geburten ab 01.04.2024 nur noch für maximal einen Monat von beiden Eltern gleichzeitig bezogen werden. Und selbst das ist nur noch innerhalb der ersten zwölf Lebensmonate des Kindes möglich!* (Noch mal: das betrifft ausschließlich den gleichzeitigen Bezug von Basiselterngeld! Bekommt aber einer der Elternteile ElterngeldPlus, dann kann der andere in diesem Zeitraum natürlich auch länger als einen Monat Basiselterngeld oder ElterngeldPlus beziehen.)

So, wer bis hierher noch nicht den Faden verloren hat: Bravo! Dranbleiben! 😊

* Ausnahmen hiervon gelten für Eltern, deren Kind mindestens sechs Wochen vor dem voraussichtlichen Geburtstermin geboren wurde, für Eltern von Zwillingen/Drillingen/Mehrlingen und für Eltern von Neugeborenen mit Behinderung und Geschwisterkindern mit Behinderung (für die sie den Geschwisterbonus erhalten). Eltern mit dieser Konstellation können länger gleichzeitig Basiselterngeld beziehen.

Was ist das ElterngeldPlus?

Beim ElterngeldPlus hat jeder Elternteil die Möglichkeit, statt eines Monats Basiselterngeld zwei Monate ElterngeldPlus zu bekommen. ElterngeldPlus kann man somit doppelt so lange erhalten wie Basiselterngeld – längstens jedoch bis zur Vollendung des 32. Lebensmonats des Kindes, also bis es zwei Jahre und acht Monate alt ist.

Arbeitet man nach der Geburt nicht, dann beträgt die Höhe des ElterngeldPlus einfach die Hälfte eines Basiselterngeldbetrags. Vereinfacht gesagt: ElterngeldPlus ist hier halbes Basiselterngeld, wird dafür aber doppelt so lange gezahlt. Das ist vor allem für Eltern interessant, die dieselbe Summe Elterngeld einfach über einen längeren Zeitraum bezahlt bekommen möchten (anders als das Basiselterngeld kann man das ElterngeldPlus deshalb auch noch nach dem 14. Lebensmonat des Kindes erhalten).

Spannender wird es, wenn man nach der Geburt in Teilzeit arbeitet. Entscheidet man sich in dieser Situation für das ElterngeldPlus (statt für Basiselterngeld), bekommt man es ebenfalls doppelt so lange wie Basiselterngeld – doch eine (eher komplexe) Anrechnungsformel kann dazu führen, dass in der Variante »ElterngeldPlus und Teilzeit« unterm Strich mehr Geld übrig bleibt als in der Variante »Basiselterngeld und Teilzeit«. Anschaulicher wird das an einem Rechenbeispiel, siehe dazu »Wie wirken sich Erwerbseinkünfte während des Elterngeldbezugs aus?« ab Seite 158. Insgesamt ist die Berechnung jeweils vom Einzelfall abhängig und dadurch mitunter recht komplex. Deshalb empfiehlt sich hier eine individuelle Beratung bei der zuständigen Elterngeldstelle. Weitere Auskünfte erteilt daneben auch das Bundesfamilienministerium über sein Servicetelefon (Montag bis Donnerstag, 9 bis 18 Uhr, Telefonnummer: 030/20179130) oder per E-Mail: info@bmfsfjservice.bund.de.

Achtung, Einschränkung 1: Ab dem 15. Lebensmonat des Kindes muss man sehr genau auf die Besonderheiten der Elterngeld-Varianten achten. Basiselterngeld kann wie bereits erwähnt ja nach dem 14. Lebensmonat sowieso nicht mehr bezogen werden. Der Bezug in Form von ElterngeldPlus oder als Partnerschaftsbonus hingegen ist noch möglich. Allerdings darf es hier dann keine Unterbrechung mehr geben. Die Elternteile können sich in dieser Phase zwar durchaus auch abwechseln mit dem Bezug von ElterngeldPlus oder Partnerschaftsbonus – wichtig ist nur, dass es keine Lücke gibt. Also keinen Lebensmonat, in dem ElterngeldPlus/Partnerschaftsbonus nicht zumindest von einem Elternteil in Anspruch genommen wird. Passiert das, kann man danach kein Elterngeld mehr bekommen, auch dann nicht, wenn man noch Monate übrig hätte. Auf den Punkt gebracht heißt das hier: Pausieren = Schluss mit Elterngeld.

Achtung, Einschränkung 2: Erhält die Mutter für dasselbe Kind Mutterschaftsleistungen (zum Beispiel Mutterschaftsgeld oder die Bezüge von Beamtinnen während des Mutterschutzes) oder Krankentagegeld von ihrer privaten Krankenversicherung, dann zählen (wie bereits weiter oben erwähnt) alle Lebensmonate des Kindes, in welchen die Mutter solche Leistungen bekommt, automatisch als Basiselterngeldmonate! Und zwar unabhängig davon, ob sie für diese Monate überhaupt Basiselterngeld beantragt hat oder nicht. Und weil diese Lebensmonate als »verbrauchte Basiselterngeldmonate« betrachtet werden, bedeutet das gleichzeitig auch, dass sie in diesen Lebensmonaten weder ElterngeldPlus noch den Partnerschaftsbonus wählen/bekommen kann!

(Nur zur Klarstellung: Auf den Vater / anderen Elternteil hat dies natürlich keinen Einfluss – er kann frei wählen, welche Elterngeld-Variante er in dieser Zeit bekommen möchte.)

Was ist der Partnerschaftsbonus?

Der Partnerschaftsbonus ist eine weitere Variante des Elterngelds, mit der man extra ElterngeldPlus-Monate on top dazubekommen kann. Er ist ein Angebot für alle Eltern, die sich Erwerbstätigkeit und Erziehung des Kindes für einen gewissen Zeitraum gleichberechtigt teilen (zum Beispiel, um auszuprobieren, ob ein solches Modell auch für später längerfristig praktikabel sein könnte). Jeder Elternteil kann auf diesem Wege zwei, drei oder vier Monatsbeträge ElterngeldPlus zusätzlich bekommen, wenn neben den allgemeinen Elterngeldvoraussetzungen noch folgende Vorgaben erfüllt werden:

- Beide Eltern sind erwerbstätig, und zwar jeder mindestens 24 und höchstens 32 Wochenstunden,
- sie nehmen den Partnerschaftsbonus jeweils für mindestens zwei und höchstens vier Lebensmonate in Anspruch und
- sie beziehen den Partnerschaftsbonus gleichzeitig und in aufeinanderfolgenden Monaten.

Ist all dies gegeben, dann hat jeder Elternteil für den jeweiligen Lebensmonat Anspruch auf einen extra Monatsbetrag ElterngeldPlus (= Partnerschaftsbonus), zusätzlich zu seinem Gehalt natürlich.

In Bezug auf die Wochenstunden kommt es dabei nicht darauf an, dass in jeder einzelnen Woche exakt »mindestens 24 aber höchstens 32 Stunden« gearbeitet werden. Um mehr Flexibilität zu ermöglichen, zählt hier vielmehr, wie viele Wochenstunden durchschnittlich im Lebensmonat gearbeitet werden. Allerdings werden auch solche Tage als Arbeitszeit verbucht, an denen man zwar nicht tatsächlich arbeitet, aber trotzdem etwas verdient, wie zum Beispiel Urlaubs-, Kranken-, Kinderkranken- oder Feiertage. Hat ein Elternteil mehrere Arbeitsverhältnisse, dann werden die jeweiligen Stundenumfänge zusammengerechnet.

Auch Elternteile, die ihr Kind getrennt erziehen, können den Partnerschaftsbonus gemeinsam nutzen. Alleinerziehende können den Partnerschaftsbonus allein erhalten. Für Alleinerziehende reicht es dabei, wenn sie in mindestens zwei bis höchstens vier aufeinanderfolgenden Lebensmonaten 24 bis 32 Wochenstunden (im Durchschnitt des Lebensmonats) arbeiten.

Und da es sich beim Partnerschaftsbonus ja um ElterngeldPlus handelt, kann man ihn (anders als das Basiselterngeld) auch noch nach dem 14. Lebensmonat des Kindes bekommen – längstens jedoch wie gesagt bis zur Vollendung seines 32. Lebensmonats, also maximal bis es zwei Jahre und acht Monate alt ist.

Achtung, Einschränkung: Eltern, die den Partnerschaftsbonus bekommen, müssen genauestens darauf achten, dass bei beiden von ihnen stets die dafür erforderlichen Voraussetzungen gegeben sind. Fällt auch nur bei einem Elternteil eine Voraussetzung weg (zum Beispiel, weil er im Monatsdurchschnitt mehr als 32 Wochenstunden arbeitet – aufgepasst bei Überstunden!), so verlieren beide den Partnerschaftsbonus für diesen Monat und der dafür bereits gezahlte Betrag wird zurückgefordert! Die gute Nachricht: Auf die anderen Partnerschaftsbonus-Monate wirkt sich das nicht aus, sofern die Eltern die Voraussetzungen für den Partnerschaftsbonus in mindestens zwei Lebensmonaten erfüllen. Das Geld für die Lebensmonate, in denen alle Voraussetzungen vorlagen, dürfen sie dann behalten.

Beispiel: Die Eltern erhalten den Partnerschaftsbonus für die Lebensmonate 15, 16 und 17 ihres Kindes. Dann allerdings stellt sich heraus, dass der Vater im Lebensmonat 16 mehr als die zulässigen 32 Wochenstunden gearbeitet hat. Die Mutter konnte den erforderlichen Stundenkorridor in allen drei Monaten einhalten. Fazit: Beide Eltern haben in mindestens zwei Lebensmonaten (Monate 15 und 17) alle Bezugsvoraussetzungen erfüllt und behalten damit ihren Anspruch für diese beiden Monate. Nur der Bonus für den Lebensmonat mit dem »Patzer« (Monat 16) wird zurückgefordert, und zwar von beiden Elternteilen.

Frühchen-Sonderregelung: Länger Elterngeld bekommen

Wird ein Kind mindestens sechs Wochen vor dem errechneten Geburtstermin geboren, können seine Eltern zusätzliche Monate Basiselterngeld und etwas mehr Gestaltungsmöglichkeiten bei der Elterngeldplanung bekommen. Je nach Geburtstermin sind maximal vier Monate mehr möglich, und zwar wie folgt:

- Bei einer Geburt mindestens sechs Wochen vor dem voraussichtlichen Termin: 1 Monat Basiselterngeld zusätzlich (entsprechend gleichen sich natürlich die anderen Regeln an, das heißt, die Eltern können in diesem Fall Basiselterngeld bis zur Vollendung des 15. Lebensmonats beziehen beziehungsweise ElterngeldPlus bis zur Vollendung des 32. Lebensmonats, solange es ab dem 16. Lebensmonat in aufeinanderfolgenden Lebensmonaten von zumindest einem Elternteil in Anspruch genommen wird)
- Bei einer Geburt mindestens acht Wochen vor dem voraussichtlichen Termin: 2 Monate Basiselterngeld zusätzlich (entspre-

chend können die Eltern Basiselterngeld bis zur Vollendung des 16. Lebensmonats beziehen beziehungsweise ElterngeldPlus bis zur Vollendung des 32. Lebensmonats, solange es ab dem 17. Lebensmonat in aufeinanderfolgenden Lebensmonaten von zumindest einem Elternteil in Anspruch genommen wird)

- Bei einer Geburt mindestens zwölf Wochen vor dem voraussichtlichen Termin: 3 Monate Basiselterngeld zusätzlich (entsprechend können die Eltern Basiselterngeld bis zur Vollendung des 17. Lebensmonats beziehen beziehungsweise ElterngeldPlus bis zur Vollendung des 32. Lebensmonats, solange es ab dem 18. Lebensmonat in aufeinanderfolgenden Lebensmonaten von zumindest einem Elternteil in Anspruch genommen wird)
- Bei einer Geburt mindestens 16 Wochen vor dem voraussichtlichen Termin: 4 Monate Basiselterngeld zusätzlich (entsprechend können die Eltern Basiselterngeld bis zur Vollendung des 18. Lebensmonats beziehen beziehungsweise ElterngeldPlus bis zur Vollendung des 32. Lebensmonats, solange es ab dem 19. Lebensmonat in aufeinanderfolgenden Lebensmonaten von zumindest einem Elternteil in Anspruch genommen wird)

Maßgeblich für die Berechnung ist dabei der voraussichtliche Tag der Entbindung, so wie er sich aus dem ärztlichen Zeugnis oder dem Zeugnis der Hebamme / des Entbindungspflegers ergibt.

Natürlich dürfen auch diese zusätzlichen Basiselterngeldmonate wie üblich gegen zwei Monate ElterngeldPlus getauscht werden. Und für allein- oder getrennt erziehende Elternteile gilt die Neuregelung selbstverständlich ebenso.

Lassen sich Basiselterngeld, ElterngeldPlus und der Partnerschaftsbonus kombinieren?

Ja, Basiselterngeld, ElterngeldPlus und der Partnerschaftsbonus können miteinander kombiniert werden. Die Eltern können dabei für jeden Lebensmonat entscheiden, welche Variante sie wählen möchten – immer unter Beachtung der oben genannten Einschränkungen natürlich.

So können Eltern wie bereits erwähnt zum Beispiel alle oder auch nur einige der ihnen zustehenden Elterngeldmonate flexibel in ElterngeldPlus-Monate aufteilen. In den ersten 14 Lebensmonaten darf man den Bezug des Elterngelds sogar für einige Zeit aussetzen und danach wieder fortsetzen. Nach dem 14. Lebensmonat* des Kindes kann allerdings nur noch ElterngeldPlus/Partnerschaftsbonus bezogen werden und zwar ohne Unterbrechung. Also muss mindestens ein Elternteil entweder ElterngeldPlus oder den Partnerschaftsbonus erhalten (wobei der Bezug aber zwischen Mutter und Vater wechseln darf). Der Partnerschaftsbonus allerdings muss wie immer gleichzeitig mit dem anderen Elternteil genutzt werden (außer bei Alleinerziehenden natürlich).

Beispiel 1: Setzt zum Beispiel der Vater für sechs Monate mit der Arbeit aus und bezieht volles Elterngeld (= sechs Elterngeldmonate), könnte er die ihm noch zustehenden weiteren sechs Elterngeldmonate auch als zwölf Monate ElterngeldPlus erhalten. Betreut auch die Mutter das Kind, bekommen die Eltern zwei weitere Elterngeldmonate (Partnermonate). Diese könnte die Mutter

* Ausnahmen können für Eltern gelten, deren Kind mindestens sechs Wochen vor dem voraussichtlichen Geburtstermin geboren wurde, siehe weiter oben »Frühchen-Sonderregelung: Länger Elterngeld bekommen«.

auf Wunsch entweder als zwei ganze Elterngeldmonate nehmen oder als vier Monate ElterngeldPlus erhalten. Arbeiten beide Eltern dann im Anschluss noch gleichzeitig für zwei bis vier Monate in Teilzeit (24 bis 32 Stunden pro Woche), können sie beide jeweils für diese zwei, drei oder vier Monate ElterngeldPlus nutzen, weil sie diese als Partnerschaftsbonus bekommen.

Beispiel 2 zeigt, wie ein alleinerziehender Elternteil das Elterngeld kombinieren könnte:

- 1. bis 7. Lebensmonat: Basiselterngeld
- 8. bis 9. Lebensmonat: kein Elterngeldbezug
- 10. Lebensmonat: Basiselterngeld
- 11. bis 18. Lebensmonat: ElterngeldPlus
- 19. bis 22. Lebensmonat: Partnerschaftsbonus
- 23. bis 26. Lebensmonat: wieder ElterngeldPlus.

Beispiel 3: Die Eltern könnten auch beide nach der Geburt bis zu 32 Stunden pro Woche in Teilzeit arbeiten und je 14 Monate ElterngeldPlus beziehen. Im Anschluss könnten sie auch noch den Partnerschaftsbonus nutzen. Voraussetzung für dieses Beispiel wäre allerdings, dass die Mutter etwa als Selbstständige arbeitet und keinerlei Mutterschaftsgeld oder Krankentagegeld bezieht (Hintergrund: Jeder Lebensmonat des Kindes, in dem der Mutter des Kindes Mutterschaftsleistungen zusteht, und wenn es auch nur für einen Tag ist, wird immer als Basiselterngeld-Monat der Mutter berücksichtigt).

Welche Variante oder welche Kombination von Varianten für die Eltern die beste ist, hängt natürlich ganz von der individuellen Situation, den Plänen, den Wünschen hinsichtlich der Betreuung der eigenen Kinder und hinsichtlich der Berufstätigkeit, zum großen Teil aber natürlich auch von den finanziellen Faktoren jedes Einzelnen ab. Um sich besser entscheiden zu können, empfiehlt sich in vielen Fällen eine individuelle Beratung. Eltern können sich dafür an ihre zuständige Elterngeldstelle wenden. Weitere Auskünfte gibt auch das Familienministerium über sein Servicetelefon (Montag bis Donnerstag, 9 bis 18 Uhr, Telefonnummer 030/20179130) oder per E-Mail an info@bmfsfjservice.bund.de. Einen guten ersten Überblick geben Elterngeld-Onlinerechner, bei denen man die finanziellen Auswirkungen der diversen Varianten und Kombinationen testen kann, zum Beispiel der des Familienministeriums auf www.familienportal.de unter ➛ Rechner & Anträge ➛ Elterngeldrechner.

Wann beantragt man das Elterngeld?

Elterngeld kann erst nach der Geburt beantragt werden, da dafür die Geburtsurkunde benötigt wird. Es gibt keinen vorgeschriebenen Zeitpunkt, am besten aber stellt man den Antrag möglichst bald. Denn rückwirkend kann man nur Geld für die letzten drei Lebensmonate vor Beginn desjenigen Lebensmonats bekommen, in welchem der Antrag gestellt wurde.

> **Unser Tipp** Wer nach der Geburt so wenig nervenaufreibenden Papierkram wie möglich haben möchte, kann den Großteil des Formulars schon mal vorher ausfüllen und den Rest dann ergänzen, wenn das Baby da ist. Bei Onlineanträgen: Zwischenspeichern nicht vergessen!

Wo und wie beantragt man das Elterngeld?

Das Elterngeld wird bei der zuständigen Elterngeldstelle beantragt. Welche Elterngeldstelle genau zuständig ist, bestimmt sich dabei nach dem Wohnort des Kindes und manchmal zusätzlich auch nach dem Datum seiner Geburt. Die Webseite www.familienportal.de (➛ Familienleistungen ➛ Elterngeld ➛ Was Sie zum Elterngeld wissen müssen ➛ Ihre Beratung vor Ort) bietet eine gute Postleitzahlensuche, um die zuständige Elterngeldstelle (inklusive Telefonnummern, Adresse, Öffnungszeiten) zu finden.

Der Antrag auf Elterngeld ist oft immer noch schriftlich zu stellen und gemeinsam mit den notwendigen Unterlagen einzureichen. Dabei hat jedes Bundesland seine eigenen Antragsformulare. Man bekommt sie bei den Elterngeldstellen, bei vielen Gemeinden, Krankenkassen, Geburtskliniken oder im Internet. Die Links zu den Online-/Download-Vorlagen der jeweiligen Bundesländer findet man schnell über www.familienportal.de (➛ Rechner & Anträge ➛ Antragsformulare ➛ Elterngeld).

Für die Zukunft ist geplant, die Antragstellung immer digitaler zu gestalten. Als ersten Schritt in diese Richtung hat das Familienministerium ein Onlineportal eingeführt, um eine digitale Antragstellung, inklusive Unterstützung durch einen Antragsassistenten, zu ermöglichen: www.elterngeld-digital.de. Momentan steht das Portal für Berlin, Brandenburg, Bremen, Hamburg, Mecklenburg-Vorpommern, Niedersachsen, Rheinland-Pfalz, Sachsen-Anhalt, Schleswig-Holstein und Thüringen zur Verfügung, weitere Bundesländer sollen folgen. Der Antrag kann voll digital über ein BundID-Konto gestellt werden – oder man druckt ihn am Ende aus und reicht ihn unterschrieben ein.

Unabhängig von diesem bundesweit einheitlich geplanten Portal bieten einzelne Länderbehörden schon lange die Möglichkeit einer Online-Antragstellung (etwa die zuständigen Behörden in Baden-Württemberg, Bayern, Hessen, Nordrhein-Westfalen, dem Saarland und Sachsen).

Bei einigen dieser digitalen Varianten muss derzeit allerdings am Ende immer noch ein ausgedruckter und unterschriebener Antrag eingereicht werden.

Aber immerhin: Der digitale Antragsassistent hilft Schritt für Schritt durch den Antrag, prüft bereits einige Angaben, erklärt Begriffe etc.

Und: Es gibt auch Anbieter, die gegen eine Gebühr das Ausfüllen des Elterngeldantrags übernehmen, etwa www.elterngeld.net.

Jeder Elternteil kann für sich pro Kind nur einmal einen Antrag auf Elterngeld stellen (auch bei Zwillingen/Mehrlingen ist pro Elternteil nur ein Antrag möglich).

Im Antrag muss bereits angegeben werden, für welche Monate Basiselterngeld, ElterngeldPlus oder Partnerschaftsbonus beantragt wird.

Ist der Antrag einmal gestellt, können Anzahl und Lage der gewählten Elterngeldmonate zum Teil nur noch unter gewissen Voraussetzungen geändert werden.

Änderungen, die zukünftige Lebensmonate betreffen oder die Monate betreffen, für die das Elterngeld noch nicht ausgezahlt wurde, sind in der Regel aber kein Problem.

Änderungen, die bereits vergangene Lebensmonate betreffen, sind nur unter folgenden Voraussetzungen möglich:

- Änderungen für Monate, für die das Elterngeld bereits ausgezahlt wurde, sind nur in besonderen Härtefällen möglich (zum Beispiel bei schwerer Krankheit).
- Generell sind Änderungen rückwirkend nur für die letzten drei Lebensmonate möglich. Das heißt, alles, was länger als drei Monate zurückliegt, kann nicht mehr geändert werden.
- Ist der Zeitraum, in dem man Elterngeld bekommt, bereits vorbei, sind keinerlei Änderungen mehr möglich.
- Abweichend von den eben genannten Bedingungen gibt es eine Besonderheit beim ElterngeldPlus: Möchte man für Monate, in denen man bereits ElterngeldPlus bekommen hat, doch lieber Basiselterngeld beziehen, so ist dies nachträglich möglich.

Ebenso wie den Antrag auf Elterngeld richtet man auch den Antrag auf eine Änderung an die zuständige Elterngeldstelle. Ein spezielles Formular ist dafür nicht notwendig, ein einfaches Schreiben reicht aus. Aber Achtung: Nachträgliche Änderungen des Antrags können unter Umständen eine Auswirkung auf die Krankenversicherung haben, das sollte man zuvor unbedingt abklären!

Sind beide Eltern anspruchsberechtigt, muss der eigene Antrag zur Bestätigung der Kenntnisnahme auch vom anderen Elternteil unterschrieben werden (Ausnahme: bei alleinigem Sorgerecht).

Der Partnerschaftsbonus muss ebenfalls von beiden Elternteilen beantragt werden.

Welche Unterlagen benötigt man für den Antrag auf Elterngeld?

Welche Bescheinigungen etc. einzureichen sind, lässt sich meist dem Antragsformular entnehmen. Fehlt etwas, fordert es die Behörde nachträglich ein. Regelmäßig erforderlich sind aber folgende Unterlagen:

- Original Geburtsurkunde oder Geburtsbescheinigung mit Verwendungszweck »Elterngeld«,
- Einkommensnachweise für den geforderten Zeitraum vor der Geburt. Zum Beispiel bei Nicht-Selbstständigen die Lohn-/Gehaltsabrechnungen oder eine Verdienstbescheinigung des Arbeitgebers für die letzten 12 Monate vor dem Monat, in dem der Mutterschutz beginnt (für die Mutter), beziehungsweise der letzten 12 Monate vor der Geburt (für die Väter). Bei Selbstständigen der Steuerbescheid für den letzten abgeschlossenen Veranlagungszeitraum vor der Geburt etc.,
- Bescheinigung der Krankenkasse über die Bezugsdauer und Höhe des Mutterschaftsgelds nach der Geburt (oder man erklärt sich im Elterngeldantrag damit einverstanden, dass diese Daten direkt bei der Krankenkasse abgerufen werden dürfen, dann muss sie nicht beigefügt werden); bei privat mit Krankentagegeld krankenversicherten Frauen eine Bescheinigung der Versicherung über das Krankentagegeld während des Mutterschutzes,
- eine Bescheinigung des Arbeitgebers über den Arbeitgeberzuschuss zum Mutterschaftsgeld,

- bei Beamtinnen eine Bescheinigung über die Dienstbezüge und etwaige Zuschüsse zu diesen Bezügen während des Mutterschutzes nach der Geburt,
- wird man während des Elterngeldbezugs in Teilzeit arbeiten, dann gilt,
  - für Angestellte: eine Arbeitszeiten-Bestätigung des Arbeitgebers und Angaben zum voraussichtlichen Einkommen während des Elterngeldbezugs und
  - für Selbstständige: eine eigene Erklärung über die Arbeitszeiten und Angaben zum voraussichtlichen Einkommen während des Elterngeldbezugs,
  - je nach individueller Situation des Antragstellers verlangt die Behörde darüber hinaus eventuell noch weitere Erklärungen oder Unterlagen, zum Beispiel den letzten vorliegenden Steuerbescheid beider Elternteile.

Unser Tipp Wer als Arbeitnehmer den monatlichen Gehaltsnachweis in der Firma nur elektronisch auf ein spezielles System bekommt, auf das man von zu Hause aus keinen Zugriff hat: Alle für den Elterngeldantrag benötigten und schon erhaltenen Nachweise rechtzeitig an sich selbst mailen beziehungsweise ausdrucken und mitnehmen, bevor man in den Mutterschutz geht. Falls erforderlich, ist der Arbeitgeber aber auch verpflichtet, der Elterngeldstelle Bescheinigungen über das Arbeitsentgelt auszustellen.

Wie viel Elterngeld wird gezahlt?

Wie viel Elterngeld man bekommt, hängt von verschiedenen, sehr individuellen Faktoren ab:

- Entscheidend ist zum Beispiel die Frage, wie viel man vor der Geburt verdient hat (denn das Elterngeld wird in Höhe eines gewissen Prozentsatzes vom bisherigen durchschnittlichen Monatseinkommen gezahlt, dazu gleich mehr).
- Auch die Entscheidung, welche Elterngeld-Variante man beantragt (also Basiselterngeld, ElterngeldPlus oder Partnerschaftsbonus) hat einen Einfluss auf die Höhe des Elterngelds.
- Eine Rolle spielt auch, ob man Zwillinge/Mehrlinge bekommt oder ob es junge Geschwisterkinder gibt (denn dann gibt es Zuschläge zum Elterngeld).
- Und sehr wichtig ist die Frage, ob man während des Bezugs von Elterngeld zusätzlich noch ein Einkommen hat, etwa weil man wieder arbeitet oder sonstige Leistungen erhält, wie etwa Mutterschaftsgeld, Arbeitslosengeld oder Krankengeld etc. (denn all das wird in der Regel zum Teil auf das Elterngeld angerechnet, man bekommt dadurch also weniger Elterngeld).

Ganz pauschal kann man aber schon einmal sagen: Das Basiselterngeld beträgt monatlich mindestens 300 Euro und maximal 1800 Euro. Das ElterngeldPlus monatlich mindestens 150 Euro und maximal 900 Euro. Leichte Erhöhungen sind dabei möglich durch Mehrlings- oder Geschwisterzuschläge.

Auch für Elternteile, die vor der Geburt des Kindes gar nicht erwerbstätig waren, beträgt das Basiselterngeld mindestens 300 Euro monatlich, das ElterngeldPlus mindestens 150 Euro.

Wie viel Basiselterngeld wird gezahlt?

Die Höhe des Basiselterngelds orientiert sich prozentual am monatlichen Nettoeinkommen, das der betreuende Elternteil vor der Geburt des Kindes hatte und das nach der Geburt wegfällt.

Zur Ermittlung dieses »vorgeburtlichen Nettoeinkommens« wird ein Durchschnittswert während eines festgelegten Zeitraums gebildet (des sogenannten »Bemessungszeitraums«). Dieses Nettoeinkommen (oft auch »Elterngeld-Netto« genannt) ist nicht unbedingt deckungsgleich mit dem Nettoeinkommen auf dem eigenen Lohnzettel, denn es wird von der Elterngeldstelle nach einer speziellen Methode berechnet. Und: Es gibt hier auch eine »Grenze nach oben«, denn die Elterngeldstelle berücksichtigt beim Elterngeld-Netto maximal 2770 Euro. Jeder Euro, der über diesem Wert liegt, wird bei der Elterngeldberechnung quasi ausgeblendet.

Fällt das gewohnte Nettoeinkommen nach der Geburt weg (weil man nicht mehr arbeitet) oder reduziert es sich nach der Geburt (weil man weniger arbeitet), dann soll dieser Unterschied durch das Elterngeld ausgeglichen werden – allerdings nicht zu 100 Prozent, sondern in Höhe eines etwas niedrigeren Prozentsatzes.

Der bei der Berechnung des Elterngelds angewendete Prozentsatz ist dabei nicht immer einheitlich derselbe Prozentsatz, sondern variiert je nach Höhe des vorgeburtlichen Nettoeinkommens. Hintergrund ist hier, dass Geringverdiener etwas mehr Elterngeld erhalten sollen. Vereinfacht kann man sagen: Je niedriger das vorgeburtliche Nettoeinkommen war, desto höher ist der Prozentsatz. Hier einige Beispiele:

Ersetzt werden bei einem durchschnittlichen monatlichen Netto-Voreinkommen von

- über 1240 Euro: 65 Prozent,
- 1240 bis 1200 Euro: stufenweise Erhöhung von 65 auf bis zu 67 Prozent,
- 1200 bis 1000 Euro: 67 Prozent,
- unter 1000 Euro: stufenweise Erhöhung auf 100 Prozent möglich.

Beispiel 1, Basiselterngeld ohne zusätzliches Einkommen: Angenommen ein Elternteil (egal ob Mutter oder Vater) hatte vor der Geburt ein Nettoeinkommen von 2000 Euro, nach der Geburt seines Kindes bleibt er zunächst zu Hause und hat kein Einkommen mehr. Er beantragt Basiselterngeld. Dieses beträgt dann 65 Prozent seiner finanziellen Einbuße: Dem Elternteil fehlt nach der Geburt ein Nettoeinkommen von 2000 Euro. Davon werden ihm 65 Prozent in Form des Elterngelds ersetzt, er bekommt also 1300 Euro Basiselterngeld pro Lebensmonat (65 Prozent von 2000 Euro = 1300 Euro).

Beispiel 2, Basiselterngeld mit zusätzlichem Einkommen: Zur Veranschaulichung des Prinzips noch mal dasselbe Beispiel wie oben, nur dass der Elternteil nun nach der Geburt nicht komplett aufhört zu arbeiten, sondern in Teilzeit arbeitet und dadurch ein monatliches Nettoeinkommen von 500 Euro erzielt. Vor der Geburt verdiente er also 2000 Euro, jetzt nur noch 500 Euro, somit fehlt dem Elternteil in diesem Fall nach der Geburt im Vergleich zu vor der Geburt ein Nettoeinkommen von 1500 Euro. Von diesem Verlust werden ihm 65 Prozent in Form des Elterngelds ersetzt, er bekommt somit 975 Euro Basiselterngeld pro Lebensmonat (65 Prozent von 1500 Euro = 975 Euro). Insgesamt hat der Elternteil in diesem Rechenbeispiel dann also ein monatliches Gesamteinkommen von 1475 Euro (500 Euro aus Teilzeitarbeit und 975 Euro Basiselterngeld).

Wie viel ElterngeldPlus wird gezahlt?

Das ElterngeldPlus wird erst einmal nach den gleichen Vorgaben ermittelt wie das Basiselterngeld. Aber Achtung: Es beträgt höchstens die Hälfte des Basiselterngelds, das dem Elternteil theoretisch zustünde, wenn er während des Elterngeldbezugs keine Einnahmen hätte (noch mal zur Erinnerung: Man kann das ElterngeldPlus dafür doppelt so lange beziehen wie das Basiselterngeld).

Übersetzt heißt das, dass man die Höhe des ElterngeldPlus in zwei Schritten ermittelt. Sehr vereinfacht sieht das so aus:

Rechenschritt eins: Man berechnet, wie viel Basiselterngeld der Elternteil in seiner ganz konkreten Situation bekäme. Also erst einmal Ermittlung seines Durchschnittseinkommens, dann schaut man, ob der Elternteil nach der Geburt arbeitet oder nicht, rechnet anschließend aus, wie hoch sein Einkommensverlust nach der Geburt im Vergleich zu vor der Geburt ist, und dieser Verlust wird wie oben beschrieben dann in Höhe eines gewissen Prozentsatzes ersetzt. Heraus kommt die Höhe des Basiselterngelds.

Rechenschritt zwei: Jetzt kommt das kleine Wort »höchstens« ins Spiel, welches hier eine Deckelung des ElterngeldPlus-Betrages bedeutet. Denn im Gesetz steht, dass das ElterngeldPlus »höchstens die Hälfte« desjenigen Elterngelds betragen darf, das dem Elternteil zustünde, wenn er während des Elterngeldbezugs keine Einnahmen hätte. Man rechnet jetzt also noch mal das Basiselterngeld aus, dabei wird aber so gerechnet, als hätte der Elternteil keine Einnahmen nach der Geburt. Von dem Wert, der dabei herauskommt, nimmt man die Hälfte. Und dieser »Hälfte-Betrag« ist nun der Wert, den das in »Rechenschritt eins« ermittelte Elterngeld auf keinen Fall überschreiten darf. Man legt also an den Wert aus »Rechenschritt eins« sozusagen die »Messlatte aus Rechenschritt zwei« an und kappt bei dieser Höhe das Geld (falls es die »Messlatte« übersteigt). Der Wert aus »Rechenschritt zwei« wird deshalb auch oft Deckelungsbetrag genannt.

Hat man nach der Geburt kein Einkommen, ist das Ganze recht einfach. Das ElterngeldPlus beträgt schlichtweg die Hälfte des Basiselterngelds (dafür bekommt man es über einen doppelt so langen Zeitraum). In dieser Konstellation ist das ElterngeldPlus also vor allem für jene Eltern interessant, die den Bezug des Gelds einfach über einen längeren Zeitraum strecken wollen.

Hat man nach der Geburt jedoch Einkommen, geht die große Rechnerei los. Denn die Kombination »Einkommen und ElterngeldPlus-für-den-doppelten-Zeitraum« kann dazu führen, dass dem Elternteil unterm Strich mehr Geld übrig bleibt als in der Kombination »Einkommen und Basiselterngeld«.

Übersteigt der in Schritt eins berechnete Betrag die Messlatte nicht, so ist dies bereits der ElterngeldPlus-Betrag (der dann de facto so hoch ist wie das mögliche Basiselterngeld mit Einkommen). Wird der in Schritt eins berechnete Betrag gekappt, ist das ElterngeldPlus ebenso hoch wie der Deckelungsbetrag. Klingt kompliziert? Ist es auch. Anschaulicher wird es an einem konkreten Rechenbeispiel, siehe dazu gleich weiter unten.

Beispiel 1, Elterngeld <u>ohne</u> zusätzliches Einkommen: Nehmen wir wieder unseren Elternteil von oben. Vor der Geburt hatte er ein Nettoeinkommen von 2000 Euro. Nach der Geburt seines Kindes bleibt er zunächst zu Hause und hat kein Einkommen mehr. Beantragt er Basiselterngeld, bekäme er 1300 Euro monatlich für maximal 12 Lebensmonate (insgesamt also 15 600 Euro).

Beantragt er ElterngeldPlus, bekäme er die Hälfte davon, also 650 Euro pro Lebensmonat, für den doppelten Zeitraum, also für maximal 24 Lebensmonate (ergibt dieselbe Gesamtsumme: 15 600 Euro).

Beispiel 2, Elterngeld mit zusätzlichem Einkommen: Noch mal dasselbe Beispiel wie eben, nur jetzt wird es etwas komplexer, weil der Elternteil nach der Geburt nicht komplett aufhört zu arbeiten, sondern in Teilzeit arbeitet und dadurch ein monatliches Nettoeinkommen von 500 Euro erzielt. Er beantragt jetzt ElterngeldPlus.

Rechenschritt eins: Vor der Geburt verdiente er 2000 Euro, jetzt nur noch 500 Euro, somit fehlen ihm nach der Geburt im Vergleich zu vor der Geburt 1500 Euro. Von diesem Verlust werden ihm 65 Prozent in Form des Elterngelds ersetzt, er bekäme somit 975 Euro Basiselterngeld pro Monat (65 Prozent von 1500 Euro = 975 Euro). Der Elternteil hat hier aber eben nicht Basiselterngeld beantragt, sondern ElterngeldPlus. Um dessen Höhe zu ermitteln fehlt jetzt also noch

Rechenschritt zwei: Ohne ein Einkommen nach der Geburt hätte der Elternteil ja ein Basiselterngeld von 1300 Euro bekommen (siehe oben die Berechnung in Beispiel 1). Davon muss man nun die Hälfte nehmen, also 650 Euro. Diese 650 Euro sind nun die »Messlatte«, also der Deckelungsbetrag für die Summe aus Rechenschritt eins. Die in Rechenschritt eins ermittelten 975 Euro werden also bei den in Rechenschritt zwei ermittelten 650 Euro gekappt.

Das ElterngeldPlus beträgt hier also für den Elternteil 650 Euro.

Nicht vergessen: Diese 650 Euro bekommt er dann über den doppelten Zeitraum! Jetzt zum Abschlussvergleich: Hätte der Elternteil in dieser Situation Basiselterngeld beantragt, hätte er monatlich 975 Euro erhalten, dies für maximal 12 Monate: also insgesamt 11700 Euro (12 x 975 Euro).

Da der Elternteil in dieser Situation aber ElterngeldPlus beantragt hat, erhält er monatlich 650 Euro und dies sogar für den doppelten Zeitraum, also maximal 24 Monate: macht insgesamt 15600 Euro (24 x 650 Euro). Er erhält also unterm Strich mehr Elterngeld, weil er sich in speziell dieser Konstellation für das ElterngeldPlus statt für das Basiselterngeld entschieden hat. Und zusätzlich zum Elterngeld kommt natürlich auch noch das monatliche 500-Euro-Einkommen aus der Berufstätigkeit hinzu (egal, welche Elterngeldvariante er wählt).

Beispiel 3, Elterngeld mit höherem zusätzlichem Einkommen: Und jetzt noch ein Beispiel, wie die Berechnung bei einem höheren Einkommen nach der Geburt aussehen kann. Wir nehmen wieder unseren Elternteil, der vor der Geburt 2000 Euro Nettoeinkommen hatte. Im Vergleich zu den Beispielen oben arbeitet er jetzt aber nach der Geburt deutlich mehr und hat ein monatliches Nettoeinkommen von 1200 Euro. Er beantragt ElterngeldPlus.

Rechenschritt eins: Vor der Geburt verdiente er 2000 Euro, jetzt nur noch 1200 Euro, somit fehlen ihm nach der Geburt im Vergleich zu vor der Geburt 800 Euro. Von diesem Verlust werden ihm 65 Prozent in Form des Elterngelds ersetzt, er bekäme somit 520 Euro Basiselterngeld pro Monat (65 Prozent von 800 Euro = 520 Euro). Fraglich ist, ob das auch bereits die Höhe des ElterngeldPlus ist (das er ja hier beantragt hat) oder ob die Summe noch gekappt wird. Es fehlt noch ...

Rechenschritt zwei: Ohne jegliches Einkommen nach der Geburt hätte der Elternteil ja ein Basiselterngeld von 1300 Euro bekommen (siehe oben die Berechnung in Beispiel 1). Davon muss man nun die Hälfte nehmen, also 650 Euro. Diese 650 Euro sind nun die »Messlatte«, also der Deckelungsbetrag für die Summe aus Rechenschritt eins. Die in Rechenschritt eins ermittelten 520 Euro sind nun aber schon von Haus aus weniger als die in Rechenschritt zwei ermittelten 650 Euro. Somit ist in diesem Fall gar keine Deckelung notwendig (und es gibt andersherum leider auch nicht etwa ein »Hochziehen« auf den Betrag aus Rechenschritt zwei).

Es bleibt hier also dabei, das ElterngeldPlus beträgt für den Elternteil 520 Euro. Wieder nicht vergessen: Diese 520 Euro bekommt er dann über den doppelten Zeitraum!

Auch hier wieder der Abschlussvergleich: Hätte der Elternteil in dieser Situation Basiselterngeld beantragt, hätte er monatlich 520 Euro erhalten, dies für maximal 12 Monate: also insgesamt 6240 Euro (12 x 520 Euro). Da der Elternteil hier aber ElterngeldPlus beantragt hat, erhält er monatlich zwar ebenfalls 520 Euro, dies aber für den doppelten Zeitraum, also maximal 24 Monate: macht insgesamt 12480 Euro (24 x 520 Euro). Er erhält also unterm Strich deutlich mehr Elterngeld, weil er sich in speziell dieser Konstellation für das ElterngeldPlus statt für das Basiselterngeld entschieden hat. Zusätzlich zum Elterngeld kommt hier natürlich auch noch das monatliche 1200-Euro-Einkommen aus der Berufstätigkeit hinzu (egal, welche Elterngeldvariante er wählt).

Wie viel Partnerschaftsbonus wird gezahlt?

Die Höhe des Partnerschaftsbonus wird genauso berechnet wie das ElterngeldPlus.

Insgesamt ist die Ermittlung der Höhe des Elterngelds leider ein recht komplexes Verfahren – einen guten ersten Überblick geben jedoch Elterngeld-Onlinerechner, zum Beispiel der des Familienministeriums auf www.familienportal.de (➤ Rechner & Anträge ➤ Elterngeldrechner). Die verbindliche Berechnung des Elterngeldanspruchs kann natürlich nur durch die Elterngeldstellen erfolgen. Diese beraten die Eltern auch zu ihrer ganz persönlichen Konstellation.

Elterngeld und Mehrlingsgeburten

Bei Zwillings- oder Mehrlingsgeburten gilt: Es wird nur ein Anspruch auf Elterngeld gewährt (also leider nicht für jedes Kind ein extra Anspruch). Für den zweiten und jeden weiteren Mehrling erhalten die Eltern dann aber immerhin einen Mehrlingszuschlag. Das Basiselterngeld wird monatlich um je 300 Euro erhöht für das zweite und jedes weitere Kind (bei Zwillingen bekommt man also einen Zuschlag von 300 Euro, bei Drillingen 600 Euro und so fort). Und das ElterngeldPlus wird entsprechend um 150 Euro monatlich erhöht (bei Zwillingen bekommt man also einen Zuschlag von 150 Euro, bei Drillingen 300 Euro und so fort).

Durch den Mehrlingszuschlag erweitern sich selbstverständlich die Minimal- und Maximalbeträge des Elterngelds. Das heißt, dass man bei Zwillingen mindestens 600 und maximal 2100 Euro Basiselterngeld monatlich bekommen kann (und beim ElterngeldPlus-Bezug entsprechend mindestens 300 und maximal 1050 Euro).

Elterngeld und Geschwister

Eltern mit mehr als einem Kind können zusätzlich zum Elterngeld einen Geschwisterbonus erhalten. Dieser beträgt 10 Prozent des Elterngelds, mindestens aber 75 Euro pro Monat (im ElterngeldPlus-Bezug entsprechend jeweils 37,50 Euro). Dies gilt, solange ein weiteres Geschwisterkind unter drei Jahren oder mindestens zwei Geschwister unter sechs Jahren oder mindestens ein Kind mit Behinderung unter 14 Jahren mit im Haushalt leben. Für adoptierte Kinder gibt es Sonderregelungen. Und auch durch den Geschwisterbonus erweitern sich die Minimal- und Maximalbeträge des Elterngelds entsprechend.

Wie wird das vorgeburtliche Einkommen berechnet?

Als Grundlage für die Berechnung des Elterngelds (egal ob Basiselterngeld, ElterngeldPlus oder Partnerschaftsbonus) zieht die Elterngeldstelle ja das durchschnittliche monatliche Nettoeinkommen heran, das der betreuende Elternteil vor der Geburt des Kindes hatte.

Die Elterngeldstelle nimmt dafür den Brutto-Durchschnittswert während eines 12-monatigen Zeitraums (des sogenannten »Bemessungszeitraums«) und berechnet davon dann in einem vereinfachten Verfahren den Nettobetrag (oft auch »Elterngeld-Netto« genannt). Zu Elterngeld-Netto und Bemessungszeitraum hier noch etwas ausführlicher:

Wie wird das Elterngeld-Netto berechnet?

Die Elterngeldstelle berechnet das Nettoeinkommen aus dem Bruttoeinkommen in einem vereinfachten Verfahren, und zwar so:

- Erst mal wird das gesamte Bruttoeinkommen aus dem Bemessungszeitraum durch zwölf geteilt. Bei Arbeitnehmern wird zuvor auch noch ein pauschaler Abzug für Werbungskosten vorgenommen (»Arbeitnehmer-Pauschbetrag«).
- Von diesem durchschnittlichen Brutto-Monatseinkommen werden anschließend Steuern (Einkommenssteuer, gegebenenfalls

Kirchensteuer, Soli) pauschal abgezogen. Dabei werden dieselben Daten genommen, die auch das Finanzamt verwendet (Steuerklasse, Faktor, Kinderfreibeträge usw.). Bei Selbstständigen wird fiktiv die Steuerklasse IV ohne Faktor berücksichtigt. Ebenfalls pauschaliert abgezogen werden auch noch Sozialversicherungsabgaben.
Da bei diesen Abzügen insgesamt ein vereinfachtes Berechnungsverfahren angewendet wird, kann der ermittelte Wert auch ein wenig abweichen vom Nettoeinkommen auf der eigenen Lohnabrechnung.

- Von diesem so errechneten Elterngeld-Netto werden dann maximal 2770 Euro für die Berechnung berücksichtigt.

Unser Tipp Da sich die Höhe des Elterngelds nach dem Nettoeinkommen vor der Geburt richtet: Rechtzeitig prüfen, ob sich dieses vielleicht noch verbessern und damit auch das Elterngeld steigern lässt. Zum Beispiel lohnt sich bei zusammen veranlagten Ehepartnern eventuell bis zur Geburt ein Wechsel desjenigen Elternteils, der das Kind später überwiegend betreuen wird, in die günstigere Steuerklasse. Der Wechsel muss jedoch schnell erfolgen, denn die günstigere Steuerklasse muss »in der überwiegenden Zahl der Monate des Bemessungszeitraums gegolten haben«. Das bedeutet in der Regel also mindestens sieben Monate vor Beginn des Mutterschutzes! Hat keine Steuerklasse überwiegend gegolten, so wird zur Elterngeldberechnung die Steuerklasse angewendet, die zuletzt galt. Auch sollte man bei dieser Variante vorher prüfen, ob man sich den Wechsel im Alltag leisten kann, da dem anderen Partner mit der nun ungünstigeren Steuerklasse erst mal (bis zur Steuererklärung) weniger Nettoeinkommen bleibt.

Aus welchem Zeitraum wird das Durchschnittseinkommen ermittelt?

Als Bemessungszeitraum für die Ermittlung des Durchschnittseinkommens wird auf einen Zeitraum von zwölf Monaten abgestellt. Dafür zieht man natürlich Monate heran, die vor der Geburt liegen. Welche zwölf Monate das dann genau sind, hängt davon ab, ob man vor der Geburt selbstständig tätig war oder nicht:

- Hatte man in den letzten zwölf Monaten vor dem Geburtsmonat beziehungsweise im letzten abgeschlossenen »Veranlagungszeitraum« vor der Geburt (meistens ist das das Kalenderjahr) nur Einkünfte aus **nicht-selbstständiger Tätigkeit**, dann wird das Einkommen in der Regel aus jenen zwölf Kalendermonaten berücksichtigt, die direkt vor dem Geburtsmonat (oder gegebenenfalls vor dem Monat, in dem der Mutterschutz begonnen hat) liegen (dazu auf Seite 152 mehr).

- Erzielte man in den letzten zwölf Monaten vor dem Geburtsmonat beziehungsweise im letzten abgeschlossenen Veranlagungszeitraum vor der Geburt Einkünfte oder Verluste (!) aus einer **selbstständigen Tätigkeit** (oder einem Gewerbebetrieb oder aus Land- und Forstwirtschaft), dann wird das Einkommen aus dem letzten abgeschlossenen Veranlagungszeitraum vor der Geburt berücksichtigt. Der Veranlagungszeitraum ist jener Zeitraum, für den man die Steuererklärung abgibt, meistens ist das das Kalenderjahr (dazu auf Seite 153 mehr).

- Hatte man in den letzten zwölf Monaten vor dem Geburtsmonat beziehungsweise im letzten abgeschlossenen Veranlagungszeitraum vor der Geburt sogenannte Mischeinkünfte, also Einkünfte oder Verluste aus **selbstständiger Tätigkeit** und Einkünfte aus **nicht-selbstständiger Tätigkeit**, dann wird in der Regel das Einkommen ebenfalls aus dem letzten abgeschlossenen Veranlagungszeitraum (= meist das Kalenderjahr) vor der Geburt berücksichtigt (auch dazu gleich noch ausführlicher).

Bemessungszeitraum bei Nicht-Selbstständigen

Bei Nicht-Selbstständigen wird für den Vater in der Regel das Einkommen aus den zwölf Kalendermonaten ermittelt, die vor dem Kalendermonat der Geburt liegen.

Für die Mutter hingegen wird standardmäßig das Einkommen aus den zwölf Kalendermonaten ermittelt, die vor jenem Kalendermonat liegen, in welchem ihr Mutterschutz begonnen hat.

Wichtig zu wissen: Bei der Berechnung ignoriert die Elterngeldstelle standardmäßig gewisse Kalendermonate, oft wird das auch »Ausklammern« oder »Überspringen« genannt. Betroffen sind davon folgende Monate:

- Monate, in denen man für ein älteres Geschwisterkind in dessen ersten 14 Lebensmonaten* Elterngeld bezogen hat (siehe dazu auch »Elterngeld beim zweiten Kind«),
- wie gesagt Monate, in denen die werdende Mutter im Mutterschutz war,

* War dieses ältere Geschwisterkind ein Frühchen, können je nach konkretem Einzelfall eventuell mehr als 14 Monate Elterngeldbezug ausgeklammert werden.

- Monate, in denen die werdende Mutter wegen einer schwangerschaftsbedingten Erkrankung ein geringeres Einkommen hatte,
- Monate, in denen man wegen des Leistens von Wehr- oder Zivildienst ein geringeres Einkommen hatte.

Statt dieser ausgeklammerten Monate werden dann einfach weiter zurückliegende Monate herangezogen, um für den Bemessungszeitraum auf die zwölf Monate insgesamt zu kommen.

Gut zu wissen: Die Elterngeldberechtigten können im Elterngeldantrag beantragen, dass sämtliche oder einzelne Kalendermonate, für die aus den vorgenannten Gründen eine Ausklammerung vorgesehen ist, bei der Bestimmung des Bemessungszeitraums trotzdem berücksichtigt werden sollen. Die Mutter könnte also zum Beispiel beantragen, dass ihr Einkommen während der Mutterschutzfristen mit in die Elterngeldberechnung einfließen soll. Hintergrund: Diese Möglichkeit soll nun dafür sorgen, dass den Eltern keine finanziellen Nachteile entstehen, wenn zum Beispiel in den weiter zurückliegenden Monaten (auf die wegen der Ausklammerung ein Rückgriff erfolgen würde) ein geringeres oder gar kein Einkommen vorlag.

Bemessungszeitraum bei Selbstständigen

Bei Selbstständigen wird zur Berechnung des durchschnittlichen Elterngelds ein anderer Bemessungszeitraum zugrunde gelegt: Einkünfte werden über den Steuerbescheid »des letzten abgeschlossenen steuerlichen Veranlagungszeitraums« vor der Geburt des Kindes nachgewiesen (meist ist das ein Kalenderjahr – also das Kalenderjahr vor der Geburt. Ist man sich nicht darüber klar, welcher Zeitraum bei einem selbst relevant ist, sollte man sich an seine/-n Steuerberater/-in oder das Finanzamt wenden). Unter Umständen haben die Elterngeldberechtigten die Möglichkeit, im Elterngeldantrag zu beantragen, dass der Bemessungszeitraum auf den vorangegangenen abgeschlossenen steuerlichen Veranlagungszeitraum vorverlegt wird (= in der Regel das vorletzte Kalenderjahr vor der Geburt). Dies ist möglich, falls im zunächst maßgeblichen Bemessungszeitraum:

- Elterngeld bezogen wurde für ein älteres Geschwisterkind in dessen ersten 14 Lebensmonaten* (siehe dazu auch »Elterngeld beim zweiten Kind«) oder
- die werdende Mutter im Mutterschutz war oder Mutterschaftsgeld bezogen hat oder
- die werdende Mutter wegen einer schwangerschaftsbedingten Erkrankung ein geringeres Einkommen hatte oder
- man wegen des Leistens von Wehr- oder Zivildienst ein geringeres Einkommen hatte.

Traf auch auf den vorletzten Bemessungszeitraum einer der genannten Gründe zu, so kann bei Vorliegen aller Voraussetzungen der Bemessungszeitraum sogar noch um ein weiteres Jahr (und das sogar mehrfach) verschoben werden.

* War dieses ältere Geschwisterkind ein Frühchen, können je nach konkretem Einzelfall eventuell mehr als 14 Monate Elterngeldbezug ausgeklammert werden.

Liegt zum Zeitpunkt der Antragstellung der für die Berechnung benötigte Steuerbescheid noch nicht vor, kann er nachgereicht werden. In der Zwischenzeit sind dann die Einkünfte für eine vorläufige Auszahlung des Elterngelds anderweitig nachzuweisen, etwa durch eine Bilanz oder eine Einnahmen-Überschuss-Rechnung.

Bemessungszeitraum bei Mischeinkommen aus selbstständiger und nicht-selbstständiger Erwerbstätigkeit

Bei nicht-selbstständig Tätigen (also zum Beispiel Arbeitnehmern), die im Zwölfmonatszeitraum vor der Geburt oder im letzten abgeschlossenen steuerlichen Veranlagungszeitraum vor der Geburt (in der Regel das Kalenderjahr) zusätzlich auch noch Einkünfte aus selbstständiger Tätigkeit hatten (positiv, null oder negativ!), gilt derselbe Bemessungszeitraum wie für Selbstständige (siehe Seite 153).

Es werden also die Einkünfte aus der nicht-selbstständigen Tätigkeit (auf Grundlage der Gehaltsbescheinigungen) und aus der selbstständigen Tätigkeit (auf Grundlage des Steuerbescheides) aus dem letzten abgeschlossenen Veranlagungszeitraum vor der Geburt des Kindes ermittelt (meistens das Kalenderjahr). Dies kann den Durchschnitt eventuell deutlich verändern!

Und Achtung: Als selbstständig tätig gilt man bereits, wenn man einen freiberuflichen Nebenberuf ausübt oder auch nur eine Fotovoltaik-Anlage betreibt, aus welcher Einnahmen erzielt werden! (Ausnahmen können gelten, wenn lediglich eine »kleine« Fotovoltaikanlage betrieben wird.)

Andererseits: Wurde eine freiberufliche Nebentätigkeit nur einmalig ausgeübt und sollte diese auch gar nicht dazu dienen, dauerhafte Einnahmen zu erwirtschaften, dann sind diese Einkünfte steuerrechtlich eventuell gar nicht als »selbstständige Einkünfte«, sondern als »sonstige Einkünfte« einzustufen und werden damit womöglich weder bei der Festlegung des Bemessungszeitraums noch bei der Berechnung des Elterngelds berücksichtigt. Da dies, je nach individueller Konstellation, einen großen Einfluss auf die Höhe des Elterngelds haben kann, ist in diesen Fällen eine Nachfrage beim Finanzamt oder dem/der Steuerberater/-in wirklich empfehlenswert.

Und endlich neu für Eltern, deren Kinder ab dem 01.09.2021 geboren wurden: Lagen sowohl im Kalenderjahr vor der Geburt als auch im Kalenderjahr der Geburt (nur in den Kalendermonaten vor dem Geburtsmonat) die monatlichen Einkünfte aus selbstständiger Tätigkeit durchschnittlich unter 35 Euro, so können Eltern in derartigen Mischkonstellationen nun beantragen, dass diese Einkünfte nicht berücksichtigt werden und sie ausschließlich als Nicht-Selbstständige behandelt werden. Das Elterngeld ist dann allein anhand des Einkommens aus der nicht-selbstständigen Erwerbstätigkeit im »Bemessungszeitraum bei Nicht-Selbstständigen« (siehe oben) zu berechnen.

Corona-Auswirkungen auf den Bemessungszeitraum

Litten werdende Eltern wegen der COVID-19-Pandemie in der Zeit vom 01.03.2020 bis 23.09.2022 unter Einkommenseinbußen und können sie diese glaubhaft nachweisen, so können sie (wenn gewünscht) beantragen, dass die entsprechenden Monate aus dem zur Berechnung des Elterngelds relevanten Bemessungszeitraum ausgeklammert werden (bei Einkünften aus selbstständiger Tätigkeit oder bei Mischeinkommen kann beantragt werden, als Bemessungszeitraum jenen abgeschlossenen steuerlichen Veranlagungszeitraum zu nehmen, der diesen Ereignissen voranging oder einfacher gesagt: dass der Bemessungszeitraum um ein weiteres Jahr verschoben wird).

Welche Einkünfte fließen in das Durchschnittseinkommen ein?

Bei nicht-selbstständig Tätigen fließen in das Durchschnittseinkommen alle Einkünfte aus Haupt- und Nebenbeschäftigungen ein. Ebenso berücksichtigt werden Einnahmen aus Minijobs oder Entgeltfortzahlungen, die man während Urlaub oder Krankheit bekommen hat.

Nicht berücksichtigt werden hingegen »sonstige Bezüge«. Dazu gehören Lohnbestandteile, die nicht fortlaufend gezahlt werden, wie zum Beispiel Einmalzahlungen in Form eines 13. Monatsgehalts, einmalige Abfindungen oder nicht regelmäßig gezahltes Weihnachtsgeld.

Auch steuerfreie Einnahmen fließen nicht mit ein, wie etwa Trinkgelder oder steuerfreie Zuschläge.

Die sogenannten »Entgeltersatzleistungen« (also Leistungen, die kein »echtes Erwerbseinkommen« sind, sondern nur als Ersatz dafür gedacht sind) werden ebenfalls nicht berücksichtigt. Dazu gehören Arbeitslosengeld I, Krankengeld oder Kurzarbeitergeld! Letzteres bedeutet natürlich erhebliche Nachteile für Mütter und Väter, die nach der Kurzarbeit Elterngeld beantragen (Ausnahmen können sich eventuell für den Zeitraum zwischen 01.03.2020 und 23.09.2022 im Zusammenhang mit der Corona-Pandemie ergeben). Auch Bürgergeld (früher: Arbeitslosengeld II), Stipendien oder BAföG werden nicht berücksichtigt.

Bei selbstständig Tätigen fließen in das Durchschnittseinkommen alle Gewinne aus selbstständiger Arbeit, aus einem Gewerbebetrieb sowie aus Land- und Forstwirtschaft ein.

Auch hier werden die sogenannten »Entgeltersatzleistungen« nicht als Einkommen berücksichtigt (also zum Beispiel Arbeitslosengeld I oder Krankengeld). Bürgergeld (früher: Arbeitslosengeld II), Stipendien oder BAföG werden ebenfalls nicht berücksichtigt.

Wie wirken sich Erwerbseinkünfte während des Elterngeldbezugs aus?

So, irgendwann hat man nun also alle Anträge gestellt, alle Berechnungen usw. wurden gemacht und man erhält endlich das Elterngeld. Verdient man jetzt während des Elterngeldbezugs aber noch Geld dazu, hat also zusätzliche Einkünfte – Achtung –, dann kann sich das auf die Höhe des Elterngelds auswirken!

Nicht vergessen: Das Elterngeld soll ja ein Ersatz für nach der Geburt »wegfallendes Einkommen« sein. Also berechnet es sich immer aus dem Unterschied zwischen dem Einkommen vor der Geburt und dem Einkommen danach. Da Einkommen nach der Geburt wie gesagt also deutliche Auswirkungen auf die Elterngeldhöhe haben kann, wollen wir hier unbedingt noch mal einige Beispiele für solche Konstellationen ausführlicher zeigen:

Einnahmen aus Teilzeittätigkeit während des Bezugs von Basiselterngeld

Während des Elterngeldbezugs darf man in Teilzeit durchschnittlich maximal 32 Wochenstunden arbeiten. Das dadurch erzielte Einkommen wird aber bei der Berechnung des Elterngelds berücksichtigt!

Nimmt man also parallel zum Bezug von Basiselterngeld eine Tätigkeit auf und hat dadurch Einkünfte, so wird der tatsächliche Einkommensverlust neu berechnet. Das Elterngeld ersetzt dann nur noch einen Teil dieses neuen Differenzbetrags/Verlustes.

Beispiel: Ein Elternteil (egal ob Vater oder Mutter) hatte vor der Geburt ein durchschnittliches Einkommen von 1400 Euro. Nach der Geburt arbeitet er nicht mehr, es fehlen ihm also 1400 Euro Einkommen monatlich. In diesem Fall ersetzt das Elterngeld 65 Prozent des wegfallenden Einkommens, und der Elternteil erhält folglich 910 Euro Basiselterngeld.

Nun beginnt der Elternteil einige Monate nach der Geburt mit einer Teilzeittätigkeit und verdient dadurch monatlich 400 Euro. Im Vergleich zu der Zeit vor der Geburt fehlen ihm jetzt monatlich also nur noch 1000 Euro. Falls er Basiselterngeld beantragt hat, ersetzt dieses wieder 65 Prozent des wegfallenden Einkommens. In der Teilzeitkonstellation fallen dem Elternteil im Vergleich zu vor der Geburt »nur noch« 1000 Euro weg, davon werden ihm 65 Prozent in Form von Elterngeld ersetzt, er erhält somit nur noch 650 Euro Basiselterngeld pro Monat.

Einnahmen aus Teilzeittätigkeit während des Bezugs von ElterngeldPlus

Auch während des Bezugs von ElterngeldPlus darf natürlich in Teilzeit von durchschnittlich maximal 32 Wochenstunden gearbeitet werden. Das dadurch erzielte Einkommen wird bei der Berechnung des ElterngeldPlus berücksichtigt. Es bleibt der Grundsatz, dass anteilig nur der tatsächliche Einkommensverlust ersetzt wird.

Beispiel 1: Zunächst gleiche Konstellation wie im vorigen Beispiel: Der Elternteil hatte vor der Geburt ein durchschnittliches Einkommen von 1400 Euro. Nach der Geburt arbeitet er nicht mehr, ihm fehlen also 1400 Euro Einkommen monatlich. In diesem Fall ersetzt das Elterngeld 65 Prozent des wegfallenden Einkommens, und der Elternteil erhält 910 Euro Basiselterngeld.

Nun beginnt der Elternteil einige Monate nach der Geburt auch hier wieder mit einer Teilzeittätigkeit und verdient dadurch monatlich 400 Euro. Im Vergleich zu der Zeit vor der Geburt fehlen ihm jetzt monatlich nur noch 1000 Euro. Jetzt kommt der Unterschied zum Beispiel oben, denn hier beantragt der Elternteil für diese Zeit ElterngeldPlus! Um dessen Höhe zu ermitteln, kommen jetzt also wieder unsere beiden bereits weiter vorn dargestellten Rechenschritte zum Einsatz:

Rechenschritt eins: Das Elterngeld wird wie gewohnt berechnet, es ersetzt 65 Prozent des wegfallenden Einkommens, welches sich in unserem Beispiel jetzt auf 1000 Euro beläuft. 65 Prozent von 1000 Euro ergibt ein Elterngeld von 650 Euro.

Rechenschritt zwei: Ohne jegliches Einkommen nach der Geburt hätte der Elternteil ein Basiselterngeld von 910 Euro bekommen (siehe am Anfang dieses Beispiels). Davon muss man nun wieder die Hälfte nehmen, sprich 455 Euro. Diese 455 Euro sind jetzt die »Messlatte«, also der Deckelungsbetrag für den Betrag aus Rechenschritt eins. Die in Rechenschritt eins ermittelten 650 Euro werden demnach bei den in Rechenschritt zwei ermittelten 455 Euro gekappt.

Das ElterngeldPlus beträgt hier also für den Elternteil 455 Euro. Nicht vergessen: Diese 455 Euro bekommt er dann über den doppelten Zeitraum! Er erhält also unterm Strich mehr Elterngeld, weil er sich in dieser Konstellation für das ElterngeldPlus statt für das Basiselterngeld entschieden hat.

Beispiel 2: veranschaulicht die möglichen finanziellen Auswirkungen einer Kombinationsvariante von Elterngeld und ElterngeldPlus: Ein Elternteil mit Anspruch auf zwölf Monate Elterngeld steigt nach der Geburt seines Kindes

a) für sechs Monate voll aus dem Job aus und

b) kehrt dann in Teilzeit zurück.

Zu a): Sagen wir, sein Einkommen vor der Geburt betrug 1400 Euro, was zu einem Elterngeldanspruch von 910 Euro pro Monat führt (Einkommensverlust in Höhe von 1400 Euro, davon 65 Prozent = 910 Euro). Für die Phase der vollen Unterbrechung der Berufstätigkeit bekommt der Elternteil also insgesamt 5460 Euro Elterngeld (sechs Monate x 910 Euro).

Zu b): Sagen wir, sein Einkommen aus der Teilzeittätigkeit beträgt 560 Euro pro Monat, was zu einem Elterngeldanspruch von 546 Euro pro Monat führt (Einkommensverlust in Höhe von 840 Euro, davon 65 Prozent = 546 Euro).

- Hat der Elternteil nur Basiselterngeld beantragt, erhält er bei Teilzeittätigkeit für die verbleibenden sechs Elterngeldmonate insgesamt 3276 Euro Basiselterngeld (sechs Monate x 546 Euro). Zusammen mit dem Basiselterngeld aus der Zeit der Nichtberufstätigkeit bekommt er also insgesamt 8736 Euro Basiselterngeld (5460 Euro + 3276 Euro).

- Beantragt der Elternteil für die Phase der Teilzeitarbeit jedoch ElterngeldPlus, so erhält er in dieser Zeit zwar nur 455 Euro ElterngeldPlus pro Monat (Höchstgrenze ist das Elterngeld, das ihm zustünde, wenn er keine Einnahmen hätte, geteilt durch zwei. Hier also 910 Euro geteilt durch zwei = 455 Euro). Diese Summe bekommt er nun aber für den doppelten Bezugszeitraum, sprich für zwölf Monate, und kommt damit auf 5460 Euro (zwölf Monate x 455 Euro). Zusammen mit dem Basiselterngeld aus der Zeit der Nichtberufstätigkeit bekommt er in diesem Beispiel also insgesamt mehr Elterngeld, nämlich 10 920 Euro (5460 Euro Basiselterngeld + 5460 Euro ElterngeldPlus).

- Hätte der Elternteil während der zwölf Monate gar nicht gearbeitet und nur Basiselterngeld bezogen, wäre er ebenfalls auf 10 920 Euro Elterngeld gekommen – hätte dann aber nicht (wie hier in Beispiel 3) die Möglichkeit gehabt, zusätzlich durch die Teilzeittätigkeit auch noch ein Erwerbseinkommen zu haben.

Sonstige Einkünfte während des Bezugs von Elterngeld

Noch mal: Zweck des Elterngelds ist es, Einkommenseinbußen abzufangen, die sich aufgrund der Kinderbetreuung ergeben. Hat man während des Elterngeldbezugs jedoch Einnahmen, dann reduzieren diese unter Umständen das Elterngeld ganz oder zum Teil.

Einen Effekt können dabei auch Gelder haben, die zwar nicht durch eine Teilzeittätigkeit erzielt werden, die der Arbeitgeber aber während der Elternzeit noch anteilig auszahlt. Zum Beispiel Weihnachts-/Urlaubsgelder oder Tantiemen, sofern sie in der Lohnabrechnung nicht als »Sonderzahlungen« ausgewiesen sind. Da die offiziellen Auskünfte hierzu leider nicht immer einheitlich sind, ist es am sichersten, sich vorher bei der zuständigen Elterngeldstelle danach zu erkundigen,

- ob und in welcher Höhe eventuell noch bezogene Tantiemen, Weihnachts-/Urlaubsgeldanteile oder sonstige Einnahmen angerechnet werden beziehungsweise
- ob eine Anrechnung nicht stattfindet, falls man diese Gelder erst nach dem Ende des Elterngeldbezugs gezahlt bekäme.

Achtung, Firmenwagen: Darf man seinen Firmenwagen auch während des Bezugs von Elterngeld weiterhin privat nutzen, dann muss zum einen der daraus entstehende geldwerte Vorteil womöglich versteuert werden (je nach Gehaltssituation, Bruttolistenpreis des Fahrzeugs und Steuerklasse des Arbeitnehmers) – und zum anderen stellt die Nutzungsmöglichkeit ein Arbeitsentgelt dar. Und dieses ist bei der Elterngeldberechnung zu berücksichtigen. Tipp: Bevor man den Firmenwagen mit in die Elternzeit nimmt, erst mal die Elterngeldvarianten mit und ohne das Fahrzeug berechnen lassen. Sind die Abzüge wegen eines hohen Bruttolistenpreises des Wagens zu hoch, lässt sich mit dem Arbeitgeber eventuell vereinbaren, dass dieser den Firmenwagen während der Elternzeit anderweitig einsetzt (verpflichtet ist er dazu jedoch nicht).

Für Selbstständige gilt dies genauso: Fließen während des Bezugs von Elterngeld Einnahmen aus selbstständiger Tätigkeit auf das Konto, dann erfolgt eine Anrechnung auf das Elterngeld. Dabei gilt das Zuflussprinzip für alle, die ihr Einkommen mit einer Einnahmen-Überschuss-Rechnung nachweisen. Hier werden Einnahmen im Moment des Zahlungseingangs berücksichtigt (selbst wenn die eigentliche Leistung schon früher, also vor dem Elterngeldbezug, erbracht wurde).

Für alle, die bilanzieren, gilt das sogenannte Realisationsprinzip. Dabei werden Einnahmen zu jenem Zeitpunkt berücksichtigt, zu dem der Gewinn entstanden ist (wann die Zahlung eingeht, spielt also keine Rolle).

Somit eventuell zu viel gezahltes Elterngeld kann die Elterngeldstelle zurückfordern. Um derartige Überraschungen zu vermeiden, können Selbstständige (die ihr Einkommen mit einer Einnahmen-Überschuss-Rechnung nachweisen) zum Beispiel dafür sorgen, dass sie während des Bezugs des Elterngelds keine Zahlungseingänge erhalten, etwa durch die gezielte Wahl des Zeitpunktes der Rechnungsstellung. Fallen in einen Monat dennoch hohe Einnahmen, könnte eventuell bei der Elterngeldstelle auch beantragt werden, für genau diesen Monat eine Elterngeldpause einzulegen.

Wie wirken sich Entgeltersatzleistungen während des Bezugs von Elterngeld aus?

Wie oben gesehen wirkt sich Einkommen, das man während des Elterngeldbezugs erhält, reduzierend auf das Elterngeld aus. Aber Achtung, auch Leistungen, die als Ersatz für Erwerbseinkommen gedacht sind (die sogenannten »Entgeltersatzleistungen«), werden auf das Elterngeld angerechnet. Entgeltersatzleistungen sind zum Beispiel Arbeitslosengeld I, Krankengeld oder Kurzarbeitergeld!

Immerhin: Nicht angerechnet werden diese Entgeltersatzleistungen auf den Mindestbetrag von 300 Euro im Basiselterngeldbezug oder auf die 150 Euro beim Bezug von ElterngeldPlus. Diese Mindestbeträge darf man also auf jeden Fall behalten.

Und: Deutliche Verbesserungen gibt es hier seit einiger Zeit für Eltern, die nach der Geburt in Teilzeit arbeiten. Gehen sie zum Beispiel aus der Teilzeit heraus in Kurzarbeit oder erkranken sie für einen längeren Zeitraum und erhalten deswegen Krankengeld, so wird die Entgeltersatzleistung nun nur noch teilweise und in einem recht komplexen Rechenverfahren auf das Elterngeld angerechnet – was normalerweise im Ergebnis dazu führt, dass das Elterngeld ungefähr so hoch bleibt wie zuvor während der Teilzeitarbeit!

Achtung, Stolperfallen

Anrechnung von Mutterschaftsgeld und Arbeitgeberzuschuss

Ebenfalls voll auf das Elterngeld angerechnet werden nach der Geburt Mutterschaftsleistungen, die man für dasselbe Kind bekommt, für welches man das Elterngeld bezieht. Das Elterngeld wird dadurch reduziert. Solche Mutterschaftsleistungen sind zum Beispiel das Mutterschaftsgeld der gesetzlichen Krankenkasse, der Arbeitgeberzuschuss zum Mutterschaftsgeld oder weiterbezahlte Dienstbezüge von Beamtinnen während der Mutterschutzfrist (nicht jedoch das einmalig gezahlte Mutterschaftsgeld des Bundesamtes für Soziale Sicherung).

Hintergrund: Da diese Leistungen demselben Zweck dienen wie das Elterngeld (nämlich dem Ausgleich für nach der Geburt wegfallendes Einkommen), kann Letzteres nicht zusätzlich gezahlt werden. Ergebnis: Sind die Mutterschaftsleistungen höher als das Elterngeld, dann bekommt man wegen der Anrechnung nur die Mutterschaftsleistungen. Falls allerdings das Elterngeld höher ist als die Mutterschaftsleistungen, dann erhält man zusätzlich zu Letzteren den Unterschiedsbetrag in Form von Elterngeld.

Der Trick, das Elterngeld einfach erst ab dem dritten Lebensmonat des Babys zu beantragen, funktioniert leider nicht – denn die Monate, in denen der Mutter für mindestens einen Tag Mutterschaftsleistungen für dasselbe Kind zustehen, gelten automatisch als Basiselterngeldzeiten der Mutter. Mütter, die in den ersten acht Wochen nach der Geburt des Kindes Mutterschaftsleistungen erhalten, verbrauchen also für die davon betroffenen Lebensmonate des Kindes »Basiselterngeld-Monate«, welche ihnen aber wegen der Anrechnung nicht ausgezahlt werden (und zwar egal, ob sie diese Monate als Basiselterngeld-Monate beantragt haben oder nicht).

Unser Tipp Die Mutterschaftsleistungen werden – anders als das Elterngeld – nicht monatsweise, sondern »in Tagen berechnet«. Das kann bei der erwähnten Verrechnung des Elterngelds mit den Mutterschaftsleistungen dazu führen, dass in dem Monat, in dem die Mutter letztmalig Mutterschaftsleistungen bekommt, eventuell bereits für einige Tage ein ergänzender Anspruch auf Elterngeld besteht. Auf einen entsprechenden Elterngeldantrag für diese Tage sollte also nicht verzichtet werden.

Beispiel: Eine vor der Geburt des Kindes erwerbstätige Mutter hat Anspruch auf zwölf Monate Elterngeld, das Kind wird am errechneten Termin geboren (zum Beispiel am 02. Mai). Für den Tag der Geburt und bis zum Ablauf von acht Wochen nach der Geburt (bei Zwillingen oder auf Antrag bei Geburt eines behinderten Kindes: zwölf Wochen) kann ein Anspruch auf Mutterschaftsgeld und Arbeitgeberzuschuss bestehen (hier bis zum 27. Juni). Im zweiten Lebensmonat des Kindes bekommt die Mutter bis zum Ende der achtwöchigen Mutterschutzfrist weiter die Mutterschaftsleistungen (im Beispiel bis zum 27. Juni). Falls nach den acht Wochen aber noch einige Tage bis zum Ende des »Lebensmonats des Kindes« übrig sind, wird für diese Tage anteilig Elterngeld gezahlt (hier vom 28. Juni bis 01. Juli). Ab dem dritten Lebensmonat (im Beispiel ab dem 02. Juli) wird dann das volle Elterngeld bezogen (bis zum Ende des zwölften Lebensmonats des Kindes, also bis zum 01. Mai des Folgejahres).

Am einfachsten ist diese Thematik in den Griff zu bekommen, wenn man beim Antrag für das Elterngeld als Bezugsbeginn schlichtweg »ab Geburt« angibt (und nicht zum Beispiel »ab dem dritten Lebensmonat«). Dann stellt nämlich die Elterngeldstelle automatisch diese Berechnung an und zahlt für solche eventuellen »Resttage« das Elterngeld auch aus.

Eine kleine Besonderheit (die am Ende jedoch auf dasselbe hinausläuft) gilt für privat krankenversicherte Mütter: Je nach Vertrag zahlt ihnen die Versicherung während des Mutterschutzes eventuell ein Krankentagegeld. Monate, in denen man während des Mutterschutzes ein solches Krankentagegeld erhält, gelten ebenfalls automatisch als »Basiselterngeld-Monate«. Und auch hier erfolgt eine Verrechnung mit dem Elterngeld, nur »andersherum«: Durch die Anrechnung des Elterngelds auf das Krankentagegeld wird von diesem nur der Teil ausgezahlt, der höher ist als das Elterngeld.

Spezialfall: Mutterschaftsleistungen für ein zweites Kind
Etwas kniffliger wird die Berechnung, wenn man erneut schwanger wird, während man für das erste Kind noch Elterngeld bezieht. Stehen der Mutter nun für das zweite Kind Mutterschaftsleistungen zu, werden diese wie gehabt zum einen auf das Elterngeld für das zweite Kind angerechnet (vom Prinzip her so wie oben dargestellt). Zum anderen erfolgt aber auch eine Anrechnung dieser Mutterschaftsleistungen (Stichwort »Entgeltersatzleistung«) auf Teile des Elterngelds, das man noch für das erste Kind erhält (immerhin darf man den Anrechnungsfreibetrag von 300 Euro Basiselterngeld oder 150 Euro ElterngeldPlus behalten).

Bei Beamtinnen, die während der Mutterschutzfristen Bezüge für das jüngere Kind erhalten, verhält es sich ähnlich. Zwar gelten diese Bezüge im Hinblick auf das Elterngeld für das erste Kind nicht wie oben dargestellt als Entgeltersatzleistung, sondern als Einkommen, aber das Ergebnis kommt aufs Gleiche heraus (auch hier darf man immerhin mindestens den Anrechnungsfreibetrag von 300 Euro Basiselterngeld oder 150 Euro ElterngeldPlus behalten).

Leider sind diese Berechnungen derart individuell auf die Einzelfallkonstellation bezogen, dass sie kaum pauschal darzustellen sind. Wird man während Elterngeldbezugs erneut schwanger, empfiehlt es sich deshalb auf jeden Fall, sich so früh wie möglich mit der Elterngeldstelle in Verbindung zu setzen, um das Elterngeld eventuell neu zu planen.

Gefahr der Rückzahlung des Partnerschaftsbonus

Eltern, die den Partnerschaftsbonus bekommen, müssen genauestens darauf achten, dass bei jedem von ihnen stets die dafür erforderlichen Voraussetzungen gegeben sind. Denn fällt auch nur bei einem Elternteil eine Voraussetzung weg (etwa, weil er im Monatsdurchschnitt mehr als 32 Wochenstunden arbeitet – aufgepasst bei Überstunden!), so verlieren beide den Partnerschaftsbonus für <u>diesen</u> Monat und der dafür bereits gezahlte Betrag wird zurückgefordert! Die gute Nachricht: Auf die anderen Partnerschaftsbonus-Monate wirkt sich das nicht aus, sofern die Eltern die Voraussetzungen für den Partnerschaftsbonus in mindestens zwei Lebensmonaten erfüllen. Das Geld für die Lebensmonate, in denen alle Voraussetzungen vorlagen, dürfen sie dann behalten.

Sonst noch wissenswert:

Elterngeld unterliegt dem Progressionsvorbehalt

Und Vorsicht, das Elterngeld ist zwar steuerfrei, es unterliegt aber dem Progressionsvorbehalt. Das heißt, es wird für die Berechnung des Steuersatzes zum versteuernden Einkommen dazugerechnet. Das kann zu einem höheren Steuersatz führen, mit dem dann das zu versteuernde Einkommen (ohne Elterngeld) besteuert wird. Es kann somit eventuell zu Steuernachforderungen kommen.

Das Elterngeld muss deshalb in der Steuererklärung auch angegeben werden.

Elterngeld beim zweiten Kind

Für die Berechnung des Elterngelds beim zweiten Kind gilt im Grunde dasselbe wie beim ersten Kind: Es orientiert sich am durchschnittlichen Einkommen der letzten zwölf Monate vor dem Monat der Geburt des zweiten Kindes (beziehungsweise vor dem Monat, in dem der Mutterschutz beginnt – sofern die Mutter nicht per Antrag gewählt hat, dass Mutterschutzmonate in den Bemessungszeitraum mit einfließen sollen). Zu den genauen Bemessungszeiträumen siehe »Aus welchem Zeitraum wird das Durchschnittseinkommen ermittelt?«, Seite 151. Komplexer wird es, wenn man in einigen dieser zwölf Monate aber zum Beispiel noch Elterngeld (Basiselterngeld oder ElterngeldPlus) für Kind Nummer eins in dessen ersten 14 Lebensmonaten* bekommen hat. Dann werden diese Monate von der Elterngeldstelle erst mal

* Über den 14. Lebensmonat hinausgehende Zeiten können unter Umständen berücksichtigt werden, wenn das ältere Geschwisterkind als Frühchen geboren wurde.

standardmäßig bei der Berechnung ignoriert oder bildlicher gesprochen »übersprungen«. Der Bemessungszeitraum verschiebt sich dann einfach um die Anzahl der ignorierten Monate weiter nach hinten in die Vergangenheit. Aber auch hier gilt nun: Falls man nicht will, dass Monate übersprungen werden, kann man mit dem Antrag auf Elterngeld für das zweite Kind gleich mitbeantragen, dass sämtliche (oder auch einzelne) Monate, für die eigentlich eine Ausklammerung vorgesehen ist, bei der Bestimmung des Bemessungszeitraums bitte doch berücksichtigt werden sollen.

Eltern, die selbstständig waren oder neben ihrer Angestelltentätigkeit zusätzlich noch Einkünfte aus selbstständiger Tätigkeit hatten, können in solch einer Konstellation den Bemessungszeitraum möglicherweise sogar noch weiter in die Vergangenheit schieben. Hier empfiehlt es sich, zur Optimierung des Elterngeldes die möglichen Varianten für die individuelle eigene Situation rechtzeitig mit der Elterngeldstelle zu besprechen.

Achtung, Stolperfalle: Monate, in denen man Elterngeld bekommen hat für ein Geschwisterkind, als dieses schon älter als 14 Monate war, werden in der Regel nicht übersprungen!

Ausnahmen hiervon können allerdings gelten, wenn dieses ältere Geschwisterkind als Frühchen geboren wurde – dann können eventuell noch mehr Monate übersprungen werden.

Hier kann es eindeutig hilfreich sein, sich rechtzeitig vor der Geburt des zweiten Kindes an die Elterngeldstelle zu wenden und das Elterngeld für das erste Kind eventuell neu zu planen.

Kamen die beiden Kinder sehr kurz hintereinander zur Welt, kann das unter Umständen dazu führen, dass auch Einkommensmonate zur Berechnung herangezogen werden, die vor der Geburt des ersten Kindes liegen. Entsprechend gilt das natürlich für das dritte und alle nachfolgenden Kinder.

Und natürlich gilt: Bekommt man ein weiteres Kind, während man noch Elterngeld für ein älteres Kind bezieht, kann man für jedes der Kinder Elterngeld bekommen, also zweimal. Allerdings wird das Elterngeld für das ältere Kind dann als sogenannte Entgeltersatzleistung auf das Elterngeld für das jüngere Kind angerechnet. Auch hier darf man aber mindestens den Anrechnungsfreibetrag von 300 Euro Basiselterngeld oder 150 Euro ElterngeldPlus behalten. Und womöglich erhöht sich das Elterngeld um den Geschwisterbonus.

Elterngeld und Elternzeit

Elterngeld und Elternzeit sind zwei voneinander unabhängige Möglichkeiten für Eltern. Es ist keine Voraussetzung für das Elterngeld, dass Elternzeit genommen wird. Nur: Um das Elterngeld bekommen zu können, darf man maximal 32 Wochenstunden (im Monatsdurchschnitt) arbeiten. Also werden allein deshalb die meisten Arbeitnehmer Elternzeit nehmen müssen, um ihre Arbeitszeit reduzieren zu können.

INTERNET

www.familienportal.de Webseite des Familienministeriums, die in der Rubrik ➛ Familienleistungen ➛ Elterngeld umfassende Infos, einen Online-Elterngeldrechner etc. bietet.

www.gesetze-im-internet.de Webseite des Justizministeriums, auf der der Gesetzestext des Bundeselterngeld- und Elternzeitgesetzes (BEEG) zu finden ist.

www.elterngeld-digital.de Über diese Webseite des Familienministeriums sollen zukünftig in allen Bundesländern die Elterngeldanträge digital gestellt werden können. Ein digitaler Assistent hilft zum Beispiel Schritt für Schritt durch den Antrag, prüft die Eingaben oder erklärt Fachbegriffe.

KOSTENLOSE BROSCHÜREN

Elterngeld und Elternzeit Wirklich hervorragende Broschüre des Familienministeriums mit profunden Infos, Erläuterung für Spezialfälle und anschaulichen Beispielen. Echt empfehlenswert! Enthält auch eine Auflistung aller Elterngeldstellen. Zu bestellen auf www.bmfsfj.de (➛ Service ➛ Publikationen ➛ Suchwort »Elterngeld«), auch als Download erhältlich.

Achtung: Für **Geburten VOR/bis zum 31.08.2021** wegen einer Gesetzesreform bitte die speziell hierfür gekennzeichnete Ausgabe (23. Auflage, ihr Titel lautet noch **»Elterngeld, ElterngeldPlus und Elternzeit«**) bestellen.

Hier geht es um das Eltern-Geld, das Eltern-Geld-Plus und die Eltern-Zeit. Ein Heft in leichter Sprache Eine Publikation des Familienministeriums, die zur Abwechslung mal in einfach verständlicher Sprache die Neuregelungen beim Elterngeld und der Elternzeit erklärt. Zum Download auf www.bmfsfj.de (➛ Service ➛ Publikationen ➛ Suchwort »ElterngeldPlus«).

Familienleistungen: informieren, berechnen, beantragen! Dieser praktische kleine Flyer des Familienministeriums gibt einen schnellen Überblick darüber, mit welchen digitalen Angeboten Eltern sich über finanzielle Leistungen informieren und ihren jeweiligen Anspruch berechnen können. Bezug über www.bmfsfj.de (➛ Service ➛ Publikationen ➛ Suchwort »berechnen«), dort auch als Download.

Kindergeld

Was ist das Kindergeld?

Das Kindergeld ist eine staatliche Geldleistung, die Familien bei der Finanzierung des Unterhalts und der Ausbildung ihrer Kinder unterstützen soll, und zwar ganz unabhängig von ihrem Einkommen. Es ist eine Art »Vorauszahlung auf den Kinderfreibeträge-Steuervorteil«.

Wer bekommt das Kindergeld?

Kindergeld bekommen in der Regel

- die Eltern (dazu zählen auch Adoptiveltern) und unter Umständen zum Beispiel auch
- Großeltern
- Stiefeltern oder
- Pflegeeltern.

Voraussetzung ist weiter, dass man deutscher Staatsangehöriger ist und mit seinen Kindern in Deutschland lebt.

Unter gewissen Voraussetzungen ist ein Kindergeldbezug auch möglich für Deutsche, die im Ausland leben, oder für ausländische Staatsangehörige, die in Deutschland leben.

Pro Kind kann immer nur eine Person Kindergeld erhalten. Leben die Eltern zusammen (unerheblich ob verheiratet oder nicht) oder getrennt, aber mit dem sogenannten Wechselmodell, dann können sie untereinander festlegen, wer von ihnen das Kindergeld erhält (das geht ganz einfach auf dem Antragsformular fürs Kindergeld, dort gibt es ein extra Feld dafür). Diese sogenannte Berechtigten-Bestimmung bleibt so lange wirksam, bis sie widerrufen wird.

Ansonsten wird es an den Elternteil gezahlt, bei dem das Kind die meiste Zeit lebt (muss der andere Elternteil Unterhalt zahlen, dann verringert sich der Unterhalt allerdings um die Hälfte des Kindergelds).

Lebt das Kind weder im Haushalt des einen noch des anderen Elternteils, dann bekommt derjenige von ihnen das Kindergeld, der laufend den höheren Barunterhalt für das Kind zahlt.

Wann beantragt man das Kindergeld?

Das Kindergeld kann ab der Geburt beantragt werden.

Tipp: Nach Anmeldung des Babys bei der Meldebehörde (= in der Regel das Standesamt) bekommt man automatisch vom Bundeszentralamt für Steuern eine steuerliche Identifikationsnummer (Steuer-ID-Nummer) für das Baby zugeschickt. Meist dauert das so circa zwei Wochen. Im Anschluss daran erhält man ein paar Tage später automatisch auch ein Begrüßungsschreiben seiner Familienkasse mit einem persönlichen Zugangscode für den Kindergeldantrag.

Vorteil: Verwendet man diesen Code, sind die meisten Angaben bereits vorausgefüllt. Insofern also ganz praktisch, dieses Schreiben abzuwarten, bevor man den Kindergeldantrag stellt.

Generell sollte man das Kindergeld nach der Geburt relativ zügig beantragen, denn

- die Frist für rückwirkend gestellte Kindergeldanträge ist relativ kurz: Nur für die letzten sechs Monate vor Beginn des Monats, in dem der Antrag eingegangen ist, kann man das Kindergeld erhalten
- und eventuell verlangt die Familienkasse sonst weitere Nachweise (zum Beispiel eine Begründung, weshalb der Antrag nicht früher gestellt wurde, oder sie fordert die Vorlage einer Haushaltsbescheinigung der Meldebehörde).

Wo und wie beantragt man das Kindergeld?

Das Kindergeld ist in der Regel schriftlich bei den Familienkassen der Bundesagentur für Arbeit zu beantragen. Immerhin kann das Antragsformular aber schon mal online ausgefüllt und samt Anlagen elektronisch vorab an die Familienkasse geschickt werden (danach muss es aber noch ausgedruckt, unterschrieben und dann per Post geschickt werden).

NEU: Auch die rein digitale Übermittlung des Antrags (also ohne Ausdruck, Unterschrift und Postversand) wird nun als Alternative angeboten. Das geht über die BundID, bei der man sich zum Beispiel mit einem gültigen ELSTER-Zertifikat (ELSTER = ELektronische STeuer ERklärung) oder mit einem digitalen Personalausweis (eID-Funktion mit Ausweis-PIN) identifiziert.

Die zuständige Familienkasse sowie die Antragsvordrucke, Online-Ausfüllhilfen oder die Weiterleitung zum Antrag mit BundID findet man auf der Webseite www.familienkasse.de (→ »Kindergeld-Antrag ab Geburt«) oder auch über www.familienportal.de (→ Rechner & Anträge → Antragsformulare → Kindergeld).

Für Fragen steht das kostenfreie Servicetelefon der Familienkassen von Montag bis Donnerstag, 8 bis 18 Uhr, und Freitag, 8 bis 14 Uhr, unter der Telefonnummer 0800/455 55 30 zur Verfügung (für Anrufe aus dem Ausland: 0049/911/12 03 10 10, kostenpflichtig).

Welche Unterlagen benötigt man für den Antrag auf Kindergeld?
Die Steuer-ID-Nummer des Kindes sowie die Steuer-ID-Nummer des Elternteils, der das Kindergeld beantragt.

Nicht mehr benötigt wird inzwischen für in Deutschland geborene Kinder eine Kopie der Geburtsurkunde oder der Geburtsbescheinigung mit dem Verwendungszweck »Kindergeld«. Diese sind nur noch auf Anfrage der Familienkasse vorzulegen.

Nochmal zur Erinnerung: Das Neugeborene bekommt die besagte Steuer-ID-Nummer automatisch vom Bundeszentralamt für Steuern zugeschickt. Dies geschieht in der Regel innerhalb von zwei Wochen nach Anmeldung des Kindes bei der Meldebehörde (= meistens das Standesamt).

Wie viel und wie lange wird das Kindergeld gezahlt?
Durch gesetzliche Verbesserungen der Familienleistungen wurde das Kindergeld in den letzten Jahren mehrfach erhöht.

Gezahlt werden derzeit (seit 01. Januar 2025) monatlich **255 Euro** für jedes anspruchsberechtigte Kind.

Gezahlt wird in der Regel für alle Kinder bis zum 18. Lebensjahr, für arbeitssuchend gemeldete Kinder bis zum 21. Lebensjahr und für Kinder, die zum Beispiel eine Ausbildung machen, studieren oder Freiwilligendienst leisten, bis zum 25. Lebensjahr.

Über das 25. Lebensjahr hinaus wird das Kindergeld nur unter speziellen Voraussetzungen gezahlt, zum Beispiel in gewissen Konstellationen für Kinder mit einer Behinderung.

Kindergeld und steuerlicher Kinderfreibetrag

Das Kindergeld ist quasi eine Vorauszahlung auf den steuerlichen Kinderfreibetrag (der das Existenzminimum des Kindes von der Einkommensteuer der Eltern befreit). Deswegen prüft das Finanzamt automatisch im folgenden Jahr nachträglich, bei welcher Variante die Eltern einen höheren Steuervorteil haben: ob mit der Auszahlung des Kindergelds oder mit dem Abzug des Kinderfreibetrags (die sogenannte »Günstigerprüfung«). Falls der Steuervorteil durch den Kinderfreibetrag höher (»günstiger«) wäre als das Kindergeld, berücksichtigt das Finanzamt den Kinderfreibetrag bei der Steuerberechnung.

KOSTENLOSE BROSCHÜRE

Merkblatt Kindergeld Diese Publikation des Bundeszentralamts für Steuern und der Familienkasse enthält die ausführlichsten Informationen rund um alle Kindergeld-Konstellationen. Als Download erhältlich auf www.bmfsfj.de (➛ Service ➛ Publikationen ➛ Suchwort »Kindergeld«).

INTERNET

www.familienportal.de Webseite des Familienministeriums, die unter dem Stichwort »Familienleistungen-Kindergeld« viele nützliche und umfassende Infos zum Thema gibt.

www.familienkasse.de Informationsseite der Bundesagentur für Arbeit.

www.gesetze-im-internet.de Das Kindergeld wird geregelt im Bundeskindergeldgesetz (BKGG) und im Einkommensteuergesetz (EstG). Beide Gesetzestexte sind auf dieser Webseite des Justizministeriums zu finden.

Kinderzuschlag

Was ist der Kinderzuschlag?

Der Kinderzuschlag ist eine Sozialleistung des Staates, mit deren Hilfe Kinderarmut bekämpft werden soll. Er wird an Eltern gezahlt, die zwar genug für sich selbst verdienen, deren Einkommen aber nicht oder nur knapp ausreicht, um den ganzen Bedarf der Familie zu decken. Der Kinderzuschlag wird zusätzlich zum Kindergeld gezahlt.

Wer bekommt den Kinderzuschlag?

Eltern, deren Kinder bei ihnen leben und für die sie Kindergeld beziehen, haben Anspruch auf den Kinderzuschlag, wenn sie zwar den eigenen, nicht aber den Kindesunterhalt bestreiten können und weder Bürgergeld noch Sozialgeld beziehen. Die Kinder müssen dabei unter 25 Jahre alt sein und dürfen weder in einer eingetragenen Lebensgemeinschaft leben noch verheiratet sein.

Eine der Voraussetzungen für den Kinderzuschlag ist also das Vorliegen eines gewissen Einkommens. Das heißt, die monatlichen Brutto-Einnahmen der Eltern müssen mindestens 900 Euro (600 Euro für Alleinerziehende) erreichen, dürfen aber andererseits nicht so hoch sein, dass sich der Kinderzuschlag durch die Anrechnung des Einkommens auf null reduziert – denn mit zunehmendem Einkommen verringert sich der Zuschlag, bis er ganz ausläuft. Das hierfür ausschlaggebende Einkommen ist dabei ganz individuell je nach der persönlichen Lebens- und Vermögenssituation zu berechnen und kann deswegen hier leider nicht pauschal angegeben werden. Auch Faktoren wie die Wohnkosten, der Bedarf zur Sicherung des Lebensunterhaltes, die Größe der Familie, das Alter der Kinder etc. spielen eine Rolle. Einen guten Überblick geben hier das »Merkblatt Kinderzuschlag« der Familienkasse der Bundesagentur für Arbeit (Bezugsquelle siehe Seite 183), das Video-Tool »KiZ-Lotse« oder eine Videoberatung der Bundesagentur für Arbeit (siehe Internetadressen auf Seite 182).

Und: Werden bestimmte Einkommensgrenzen überschritten, dann fällt der Kinderzuschlag nicht schlagartig weg, sondern wird erst mal stufenweise gemindert. Die Leistung läuft also mit steigendem Einkommen langsam aus und sorgt auf diese Weise dafür, dass auch Familien bis in mittlere Einkommensbereiche hinein einen reduzierten Kinderzuschlag beziehen können.

Ist man berechtigt, den Kinderzuschlag zu erhalten, wird dieser in der Regel an den Elternteil gezahlt, der auch das Kindergeld erhält.

Wann beantragt man den Kinderzuschlag?
Der Kinderzuschlag sollte so schnell wie möglich beantragt werden, da für die Monate vor der Antragstellung nichts gezahlt wird.

Wo und wie beantragt man den Kinderzuschlag?
Der Kinderzuschlag ist schriftlich oder online bei der zuständigen Familienkasse der Bundesagentur für Arbeit zu beantragen. Beim Onlineantrag (bei dem kein Ausdrucken und Unterschreiben nötig ist) erfolgt die Identifikation über BundID, zum Beispiel über einen digitalen Personalausweis (eID-Funktion mit Ausweis-PIN).

Die zuständige Familienkasse, die Formulare für den schriftlichen Antrag und den Antrag mit Online-Identifikation über BundID findet man auf www.familienkasse.de (»Kinderzuschlag-Antrag«). Kostenfreies Servicetelefon der Familienkasse: 0800/455 55 30, Montag bis Freitag, 8 bis 18 Uhr (Kindergeldnummer bereithalten).

Welche Unterlagen benötigt man für den Antrag auf Kinderzuschlag?
Zusammen mit dem Antrag sind die darin angegebenen Einkommens- und Vermögensnachweise einzureichen.

Achtung: Wer Papierunterlagen einschickt, sollte immer nur Kopien nehmen, da man die Unterlagen nicht zurückerhält.

Wie viel und wie lange wird der Kinderzuschlag gezahlt?

Der **maximal** mögliche Kinderzuschlag beträgt für jedes im gemeinsamen Haushalt lebende Kind seit 01.01.2025 **297 Euro** pro Monat, abhängig von der finanziellen Situation der Familie.

Achtung, eigenes erhebliches Vermögen und Einkommen, aber auch dasjenige des Kindes (zum Beispiel Unterhalt, Unterhaltsvorschuss oder auch Einkommen aus Aushilfsjobs) werden in der Regel in unterschiedlichem Umfang angerechnet und können den Kinderzuschlag verringern.

Bei Vorliegen der Voraussetzungen wird der Kinderzuschlag in der Regel für sechs Monate bewilligt, danach muss er neu beantragt werden. Längstens wird er bis zur Vollendung des 25. Lebensjahres des (unverheirateten) Kindes gezahlt.

Leistungen für Bildung und Teilhabe

Der Kinderzuschlag bringt noch zusätzliche Vorteile: Denn wer ihn bekommt (egal in welcher Höhe), hat auch Anspruch auf die sogenannten Leistungen für Bildung und Teilhabe. Diese bieten Kindern die Möglichkeit, an Aktivitäten teilzunehmen, die sie sich sonst nicht leisten können. So werden zum Beispiel die Kosten für die Schülerbeförderung, für Ausflüge und Mittagessen in Schule oder Kita übernommen, kleine Zuschüsse zu Bildungs-, Sport- oder Freizeitaktivitäten gezahlt oder der Kauf von persönlichem Schulbedarf (Schulranzen, Sportzeug, Hefte, Stifte etc. bis zu 195,00 Euro pro Schuljahr) unterstützt.

Die Leistungen für Bildung und Teilhabe sind bei der zuständigen kommunalen Stelle zu beantragen (also bei der Gemeinde, dem Landkreis oder der Stadtverwaltung). Diese findet man über die Webseite des Arbeitsministeriums (www.bmas.de/bildungspaket). Bei Fragen hilft auch das Team der »Bildung und Teilhabe

(BuT) Beratung« weiter, über die Webseite www.but-beratung.de oder telefonisch unter 030/5771300 40.

Wirkt sich der Kinderzuschlag auf die Kitakosten aus?
Ja. Alle Familien oder Alleinerziehenden, die Kinderzuschlag beziehen, können auf Antrag von den Kitagebühren befreit werden. Beratungshilfe hierzu geben die Jugendämter.

Kinderzuschlag und Wohngeld
Wer den Kinderzuschlag erhält, hat eventuell auch einen Anspruch auf Wohngeld. Es lohnt sich, sich diesbezüglich bei der zuständigen Wohngeldstelle der eigenen Gemeinde, Stadt, Amts- oder Kreisverwaltung zu informieren.

INTERNET

www.kinderzuschlag.de Eltern, die einen Kinderzuschlag beanspruchen möchten, werden über diese Adresse zur Webseite der Bundesagentur für Arbeit geleitet. Dort gibt es einen Überblick der wichtigsten Regelungen.

www.arbeitsagentur.de Mit dem neuen Video-Tool »KiZ-Lotse« lässt sich ermitteln, ob man einen Anspruch auf den Kinderzuschlag hat (➛ Familie und Kinder ➛ KiZ-Lotse: Anspruch auf Kinderzuschlag ermitteln). Außerdem gibt es jetzt auch die Möglichkeit, per Videochat direkt mit einem Berater der Arbeitsagentur zu sprechen (➛ Familie und Kinder ➛ Kinderzuschlag-Antrag ➛ Videoberatung).

www.familienportal.de Webseite des Familienministeriums mit Informationen zum Kinderzuschlag (→ Familienleistungen → Kinderzuschlag und: → Bildung und Teilhabe).

www.but-beratung.de Ausführliche Infos zu den Leistungen für Bildung und Teilhabe mit der Möglichkeit einer kostenfreien Telefonberatung in fünf Sprachen.

www.dgb.de Eine richtig verständlich aufgemachte Übersicht mit guten Beispielen zum Thema Kinderzuschlag gibt der Deutsche Gewerkschaftsbund auf seiner Webseite (→ Service → Weitere Ratgeber → Runterscrollen bis zum Kinderzuschlag).

www.gesetze-im-internet.de Webseite des Justizministeriums, auf der sich der Gesetzestext des Bundeskindergeldgesetzes BKGG (welches in § 6a den Kinderzuschlag regelt) findet.

KOSTENLOSE BROSCHÜRE

Merkblatt Kinderzuschlag Die Broschüre der Familienkasse der Bundesagentur für Arbeit enthält ausführlichste Informationen zu den Voraussetzungen und zusätzlichen Vorteilen des Kinderzuschlags, Download über www.bmfsfj.de (→ Service → Publikationen → Suchwort »Merkblatt Kinderzuschlag«).

Unterhaltsvorschuss

Was ist der Unterhaltsvorschuss?

Der Unterhaltsvorschuss ist eine Leistung des Jugendamts für Kinder von Alleinerziehenden, die keinen, keinen ausreichenden beziehungsweise keinen regelmäßigen Kindesunterhalt vom anderen Elternteil bekommen.

Wer bekommt den Unterhaltsvorschuss?

Anspruch auf den Unterhaltsvorschuss haben Kinder, die bei einem alleinerziehenden Elternteil in Deutschland leben und vom anderen Elternteil zu wenig, nur unregelmäßig oder gar keinen Kindesunterhalt bekommen.

Ein gerichtliches Unterhaltsurteil braucht man dafür nicht, das Einkommen des alleinerziehenden Elternteils spielt keine Rolle, und auch eine ungeklärte Vaterschaft oder der Tod des anderen Elternteils stehen dem nicht entgegen.

Als alleinerziehend gilt der Elternteil dabei nur, wenn er eindeutig die überwiegende Erziehungsverantwortung trägt. Ein Anspruch besteht also nicht, wenn der andere Elternteil in größerem Umfang mitbetreut oder wenn das Kind sogar regelmäßig die Hälfte der Zeit beim anderen Elternteil wohnt (Wechselmodell).

Zahlt der andere Elternteil doch, wird das auf den Unterhaltsvorschuss angerechnet. Zahlt er nicht, übernimmt es der Staat, die gezahlten Vorschüsse von ihm zurückzuverlangen. Heiratet der Alleinerziehende einen neuen Partner, endet der Anspruch.

Wann beantragt man den Unterhaltsvorschuss?

Der Antrag auf einen Unterhaltsvorschuss ist möglichst bald zu stellen, rückwirkend wird bei Vorliegen aller erforderlichen Voraussetzungen nur für den Monat vor Eingang des Antrags gezahlt.

Wo und wie beantragt man den Unterhaltsvorschuss?

Der Antrag ist schriftlich bei der zuständigen Unterhaltsvorschussstelle zu stellen. In der Regel ist dies das Jugendamt, in dessen Bezirk das Kind lebt. Dort gibt es auch die Antragsformulare, meist auch online auf der Webseite des Jugendamts. Auf Wunsch wird einem beim Ausfüllen geholfen. Über www.familienportal.de (➛ Familienleistungen ➛ Unterhaltsvorschuss ➛ Ihre Beratung vor Ort) ist das zuständige Jugendamt herauszufinden.

Welche Unterlagen benötigt man für den Antrag auf Unterhaltsvorschuss?

Je nach Antragsformular sind unterschiedliche Nachweise für die dort gemachten Angaben beizulegen.

Wie viel und wie lange wird der Unterhaltsvorschuss gezahlt?

Der Unterhaltsvorschuss wird bei Vorliegen aller Voraussetzungen bis zum 18. Geburtstag des Kindes gezahlt. Er beträgt nach einer leichten Senkung seit 01.01.2025 monatlich bis zu:

- 227 Euro für Kinder bis zu fünf Jahren.
- 299 Euro für Kinder von sechs Jahren bis zum zwölften Geburtstag.

- 394 Euro für Kinder von zwölf bis 17 Jahren, wenn das Kind (zusätzlich zu den anderen Voraussetzungen) oder der alleinerziehende Elternteil keine Leistungen nach dem Zweiten Sozialgesetzbuch (SGB II) bezieht **oder** durch die Unterhaltsvorschussleistung die Hilfebedürftigkeit des Kindes vermieden werden kann **oder** der alleinerziehende Elternteil ein eigenes Einkommen von mindestens 600 Euro brutto hat und nur ergänzend Leistungen nach dem SGB II erhält.

Achtung: Leistet der andere Elternteil Unterhalt oder erhält das Kind Waisenbezüge oder haben Kinder (die keine allgemeinbildende Schule mehr besuchen) eigenes Einkommen, so kann sich das mindernd auf die Unterhaltsvorschusszahlungen auswirken.

INTERNET

www.familienportal.de Webseite des Familienministeriums mit weiteren Informationen unter ➛ Familienleistungen ➛ Unterhaltsvorschuss.

www.gesetze-im-internet.de Webseite des Justizministeriums, auf der der Gesetzestext des Unterhaltsvorschussgesetzes (UhVorschG) zu finden ist.

KOSTENLOSE BROSCHÜRE

Der Unterhaltsvorschuss Broschüre des Familienministeriums, die über die ausführlichen Informationen zum Unterhaltsvorschuss hinaus noch viele Hinweise zu weiteren Unterstützungsangeboten gibt – am aktuellsten und informativsten ist derzeit das gesondert downloadbare »Merkblatt zum Unterhaltsvorschussgesetz«. Zum Download auf www.bmfsfj.de (➛ Service ➛ Publikationen ➛ Suchwort »Unterhaltsvorschuss«).

Landeserziehungsgeld

Was ist das Landeserziehungsgeld?

Das Landeserziehungsgeld ist eine einkommensabhängige Geldleistung, die im Anschluss an das Basiselterngeld die Möglichkeit bieten soll, das Kind noch einige Zeit (überwiegend) selbst zu betreuen (ein Bezug parallel zum ElterngeldPlus ist übrigens möglich). Es wird nur noch im Bundesland Sachsen gezahlt.

Wer bekommt das Landeserziehungsgeld?

In Sachsen haben Eltern im zweiten oder dritten Lebensjahr ihres Kindes einen Anspruch auf das Landeserziehungsgeld, wenn sie dort ihren Hauptwohnsitz oder gewöhnlichen Aufenthalt haben, mit ihrem Kind in einem Haushalt leben, das Kind selbst betreuen und erziehen, für das Kind keinen staatlich geförderten Platz in einer Kindertageseinrichtung beanspruchen und wenn sie keine oder zumindest keine volle Erwerbstätigkeit ausüben (höchstens

30 Stunden pro Woche). Das Landeserziehungsgeld ist außerdem einkommensabhängig. Überschreitet das Familieneinkommen der Eltern ein Jahresnetto von 24 600 Euro (21 600 Euro bei Alleinerziehenden), so verringert sich das Landeserziehungsgeld entsprechend. Dabei sind Ausnahmen beim zweiten und dritten Kind möglich.

Wann beantragt man das Landeserziehungsgeld?

Der Antrag sollte möglichst frühzeitig gestellt werden – denn rückwirkend wird höchstens ab dem Lebensmonat des Kindes gezahlt, der vor dem Monat der Antragstellung liegt.

Frühestmöglich kann der Antrag allerdings erst drei Monate vor Beginn des gewünschten Leistungszeitraums gestellt werden.

Wie beantragt man das Landeserziehungsgeld?

Der Antrag auf Landeserziehungsgeld ist schriftlich zu stellen. Die Antragsformulare liegen bei den Eltern- und Erziehungsgeldstellen der sächsischen Landratsämter aus (wo sie auch telefonisch oder per E-Mail angefordert werden können) oder finden sich zum Download auf www.amt24.sachsen.de (dort im Suchfeld eingeben: »Landeserziehungsgeld beantragen«).

Wo beantragt man das Landeserziehungsgeld?

Bei der örtlich zuständigen Erziehungsgeld- beziehungsweise Elterngeldstelle der sächsischen Landratsämter, zu finden über die Webseite www.familie.sachsen.de (➛ Leistungen und Förderungen ➛ Leistungen des Freistaates Sachsen ➛ Landeserziehungsgeld ➛ nach unten scrollen: Kontakt zu den Elterngeld- bzw. Erziehungsgeldstellen im Freistaat Sachsen).

Welche Unterlagen benötigt man für den Antrag auf Landeserziehungsgeld?

Welche Unterlagen die Behörde verlangt, unterscheidet sich sehr stark je nach individueller Situation und ist dem Antragsformular sowie dem Merkblatt dazu zu entnehmen.

Wie viel und wie lange wird das Landeserziehungsgeld gezahlt?

Das Landeserziehungsgeld beträgt monatlich 150 Euro für das erste Kind, 200 Euro für das zweite Kind und 300 Euro für das dritte und jedes weitere Kind. Für wie viele Monate das Landeserziehungsgeld gezahlt wird, bemisst sich danach, ob es im zweiten oder dritten Lebensjahr des Kindes bezogen wird, ob das Kind eventuell schon einmal einen staatlich geförderten Betreuungsplatz in Anspruch genommen hat und ob es Geschwisterkinder gibt. Die Bezugsdauer kann von mindestens fünf bis zu maximal zwölf Monaten reichen, längstens wird bis zum vollendeten dritten Lebensjahr gezahlt.

INTERNET

www.familie.sachsen.de (→ Leistungen und Förderungen → Leistungen des Freistaates Sachsen → Landeserziehungsgeld)

Bayerisches Familiengeld

Was ist das bayerische Familiengeld?

Noch können Eltern in Bayern für ihre ein- und zweijährigen Kinder als »Anerkennung der Erziehungsleistung« das bayerische Familiengeld erhalten.

Achtung, Änderung: Im Rahmen von Sparmaßnahmen werden die bayerischen Familienleistungen jedoch deutlich gekürzt:

1) das bayerische Familiengeld wird nur noch für Kinder gezahlt, die vor dem 01.01.2025 geboren wurden und

2) ab 01.01.2026 sollen das bayerische Familiengeld und das bayerische Krippengeld abgeschafft und durch das »Kinderstartgeld« (eine Einmalzahlung von 3 000 EUR zum ersten Geburtstag des Kindes) ersetzt werden.

Wer bekommt das bayerische Familiengeld?

Einen Anspruch auf Familiengeld haben Eltern von vor dem 01.01.2025 geborenen ein- oder zweijährigen Kindern, die ihren Hauptwohnsitz oder ihren gewöhnlichen Aufenthalt in Bayern haben, mit ihrem Kind in einem Haushalt leben und dieses Kind selbst erziehen. Das Familiengeld ist unabhängig vom Einkommen, der Erwerbstätigkeit oder der Betreuungsform.

»Selbst erziehen« bedeutet dabei nicht, dass das Kind durchgehend selbst betreut werden muss. Leben der Familiengeldberechtigte und das Kind zusammen, dann wird davon ausgegangen, dass die Erziehung durch den Berechtigten erfolgt. Das Familiengeld kann also zum Beispiel auch dann bezogen werden, wenn das Kind eine privat organisierte Kinderbetreuung besucht.

Auch Adoptiveltern können Familiengeld bekommen ebenso

eingetragene Lebenspartner oder Personen, die ein Kind ihres Ehe-/Lebenspartners in ihren Haushalt aufgenommen haben. Unter speziellen Umständen können auch Verwandte oder deren Ehe-/Lebenspartner berechtigt sein, wenn diese das Kind erziehen.

Erfüllen beide Elternteile/Lebenspartner die Anspruchsvoraussetzungen, wird das Familiengeld an denjenigen der beiden gezahlt, der von ihnen zum Berechtigten bestimmt wird. Sie dürfen den möglichen Anspruchszeitraum auch untereinander aufteilen. Wer nicht sorgeberechtigt ist, kann das Familiengeld nur erhalten, wenn der Sorgeberechtigte zustimmt.

Entfällt eine der Anspruchsvoraussetzungen (zum Beispiel durch Wegzug aus Bayern), so endet der Anspruch auf Familiengeld mit Ende des Lebensmonats, in dem die Anspruchsvoraussetzung wegfiel.

Wo und wie beantragt man das bayerische Familiengeld?

Ein sehr pragmatischer Aspekt des Familiengelds: Wird oder wurde in Bayern bereits Elterngeld beantragt und bewilligt, so ist kein Antrag auf Familiengeld erforderlich. In diesen Fällen sieht die Behörde den Antrag auf Elterngeld automatisch auch als Antrag auf Familiengeld an und nimmt als Berechtigten zunächst die Person, für die die überwiegenden Monate Elterngeld bewilligt wurden.

In allen anderen Fällen (zum Beispiel beim Zuzug nach Bayern aus einem anderen Bundesland oder Überschreiten der Einkommensgrenze im Elterngeld) kann das Familiengeld beantragt werden über ww.familiengeldantrag.bayern.de oder über www.zbfs.bayern.de (➛ Elterngeld, Familien- und Krippengeld ➛ Bayerisches Familiengeld ➛ Antrag).

Für Fragen rund um das Familiengeld steht das Servicetelefon des Zentrums Bayern Familie und Soziales unter der Telefonnummer 0931/32 09 09 29 von Montag bis Donnerstag von 8 bis 16 Uhr und am Freitag von 8 bis 12 Uhr zur Verfügung.

Wann beantragt man das bayerische Familiengeld?

In den seltenen Fällen, in denen überhaupt ein Antrag auf Familiengeld erforderlich ist (siehe oben), sollte dieser möglichst rechtzeitig gestellt werden. Denn rückwirkend wird das Familiengeld nur für die letzten drei Lebensmonate des Kindes gezahlt, die vor Beginn des Lebensmonats liegen, in welchem der Antrag eingegangen ist. Und wie gesagt nur für Kinder, die vor dem 01.01.2025 geboren wurden.

Frühestens kann der Antrag drei Monate vor dem Beginn des 13. Lebensmonats des Kindes beziehungsweise vor dem gewünschten späteren Leistungsbeginn gestellt werden.

Welche Unterlagen benötigt man für den Antrag auf das bayerische Familiengeld?

Sofern ein Antrag erforderlich ist, ist ihm die Geburtsurkunde des Kindes beizulegen sowie eine Passkopie der Antragsunterzeichnenden, dazu je nach individueller Situation eventuell noch weitere Nachweise (entsprechende Hinweise gibt das Antragsformular). Und beide Elternteile müssen den Antrag unterschreiben.

Wie viel bayerisches Familiengeld wird gezahlt und wie lange?

Familiengeld gibt es für vor dem 01.01.2025 geborene Kinder im Alter von ein bis zwei Jahren, also vom 13. bis zum vollendeten 36. Lebensmonat (für Adoptivkinder gelten je nach individueller Situation eventuell leicht andere Zeiträume).

Gezahlt werden pro Lebensmonat des Kindes:

- 250 Euro für das erste und das zweite Kind und
- 300 Euro für das dritte und jedes weitere Kind.

Es werden dabei die Kinder gezählt, die im Haushalt der antragstellenden Person leben und für die Kindergeld bezogen wird. Es zählen auch Kinder des Ehegatten, des eingetragenen Lebenspartners oder des Partners einer nichtehelichen Lebensgemeinschaft, wenn sie im gemeinsamen Haushalt leben. Familiengeld in Höhe von 300 Euro für das dritte Kind erhält man also, wenn mindestens zwei ältere Kinder mit Kindergeldbezug im Haushalt leben.

Bayerisches Familiengeld und Elterngeld

Das bayerische Familiengeld bekommt man unabhängig davon, ob man Elterngeld erhält oder nicht. Es kann parallel zum Elterngeld (Basiselterngeld, ElterngeldPlus oder dem Partnerschaftsbonus) bezogen werden.

Bayerisches Familiengeld und Sozialleistungen

Das Familiengeld kann auch an Bürgergeldempfänger (früher: Arbeitslosengeld-II / Hartz-IV) anrechnungsfrei ausgezahlt werden.

Bayerisches Familiengeld und Krankenversicherung

Für gesetzlich Pflichtversicherte könnte während des Bezugs des Familiengelds eventuell die beitragsfreie Mitgliedschaft in der Krankenversicherung erhalten bleiben. Da der Spitzenverband Bund der Krankenkassen (GKV-Spitzenverband) dem Bezug des Familiengelds eine »mitgliedschaftserhaltende Wirkung« einräumt, sollte man hier auf jeden Fall mit seiner Krankenkasse sprechen.

Bayerisches Familiengeld unterliegt nicht dem Progressionsvorbehalt
Das Familiengeld ist nicht steuerpflichtig und unterliegt auch nicht dem Progressionsvorbehalt.

INTERNET

www.zbfs.bayern.de Das Zentrum Bayern Familie und Soziales ist die Landesbehörde für soziale Leistungen, die auf ihrer Webseite ausführliche Informationen rund um das bayerische Familiengeld gibt (➛ Elterngeld, Familien- und Krippengeld ➛ Bayerisches Familiengeld).

www.stmas.bayern.de Auch das Bayerische Staatsministerium für Familie, Arbeit und Soziales informiert zum bayerischen Familiengeld unter ➛ Themen ➛ Familie ➛ Familiengeld und Kinderstartgeld.

www.zbfs.bayern.de Hier findet man den aktuellen Gesetzestext des Bayerischen Familiengeldgesetzes (BayFamGG) über ➛ Familie, Kinder und Jugend ➛ Bayerisches Familiengeld ➛ Gesetz.

Bayerisches Krippengeld

Was ist das bayerische Krippengeld?
Noch gibt es in Bayern zusätzlich zum Familiengeld und zum Kindergartenzuschuss auch noch das bayerische Krippengeld.

Achtung, Änderung: Im Rahmen von Sparmaßnahmen sind allerdings starke Kürzungen bei den bayerischen Familienleistungen geplant, ab **01.01.2026 soll auch das bayerische Krippengeld abgeschafft werden** (als Ersatz soll es dann eine Einmalzahlung von 3000 EUR zum ersten Geburtstag des Kindes geben).

Wer bekommt das bayerische Krippengeld?

Einen Anspruch auf Krippengeld haben Eltern von mindestens einjährigen Kindern, wenn diese in Bayern in einer Einrichtung oder von einer Tagespflege betreut werden, welche nach dem Bayerischen Kinderbildungs- und Betreuungsgesetz (BayKiBiG) gefördert wird. Ob eine solche Förderung vorliegt, erfährt man über die Einrichtungsleitung oder über ein entsprechendes Hinweisschild, das in der Einrichtung angebracht ist – beziehungsweise bei Tagespflegepersonen über diese selbst oder über das Jugendamt.

Weitere Voraussetzung ist, dass für die Betreuung Elternbeiträge anfallen, die von den Eltern auch selbst getragen werden (und zum Beispiel nicht etwa von anderen öffentlichen Stellen). Und: Eine Einkommensgrenze von 60000 Euro brutto darf jährlich nicht überschritten werden, ansonsten besteht überhaupt kein Anspruch auf Krippengeld. Leben im Haushalt weitere Kinder, kann die Einkommensgrenze unter gewissen Umständen dadurch etwas hochgesetzt werden. Lebt die antragstellende Person mit dem anderen Elternteil oder ihrem Ehepartner zusammen, ist auf das gemeinsame Einkommen abzustellen. Lebt der antragstellende Elternteil nicht mit dem anderen Elternteil des Kindes oder seinem Ehepartner zusammen, ist nur auf sein Einkommen allein abzustellen.

Für die Bemessung des Einkommens wird dabei auf die Verhältnisse zum Zeitpunkt der Antragstellung abgestellt, also in der

Regel auf dasjenige Kalenderjahr, in welchem das Kind ein Jahr alt wird (Ausnahmen können bei Adoptiv- oder Pflegekindern vorkommen). Einkommensänderungen, die nicht dieses Kalenderjahr betreffen, haben keine Folgen.

Auch Pflegeeltern oder Adoptionspflegeeltern oder andere Personen, denen das Sorgerecht für das Kind übertragen wurde, können das Krippengeld bekommen, sofern sie die Anspruchsvoraussetzungen erfüllen.

Erfüllen beide Elternteile/Lebenspartner die Anspruchsvoraussetzungen, wird das Krippengeld an denjenigen der beiden gezahlt, der von ihnen zum Berechtigten bestimmt wird.

Wo und wie beantragt man das bayerische Krippengeld?

Das Krippengeld muss beantragt werden. Der Antrag kann schriftlich oder online gestellt werden über www.zbfs.bayern.de (➛ Elterngeld, Familien- und Krippengeld ➛ Bayerisches Krippengeld ➛ Antrag stellen).

Die Behörde bietet auch die Möglichkeit eines reinen Onlineantrags an.

Bei Zwillingen oder Mehrlingen muss für jedes Kind ein eigener Antrag gestellt werden.

Für Fragen rund um das Krippengeld vor der Antragstellung steht das Servicetelefon des Zentrums Bayern Familie und Soziales unter der Telefonnummer 0931/32 09 09 29 von Montag bis Donnerstag von 8 bis 16 Uhr und am Freitag von 8 bis 12 Uhr zur Verfügung.

Wann beantragt man das bayerische Krippengeld?

Das Krippengeld kann frühestens drei Monate vor dem beabsichtigten Leistungsbeginn beantragt werden.

Das Krippengeld kann auch später beantragt werden, zum Beispiel wenn man erst etwas später eindeutig weiß, ob das Einkommen unter oder über der Einkommensgrenze liegt. Aber Achtung, ab Antragstellung wirkt der Antrag maximal zwölf Monate zurück. Und: Allerspätestens muss der Antrag am 31. August desjenigen Jahres bei der zuständigen Behörde eingehen, in welchem das Kind drei Jahre alt wird.

Welche Unterlagen benötigt man für den Antrag auf das bayerische Krippengeld?

Dem Antrag ist eine Passkopie der antragstellenden Person beizulegen, ebenso eine Kopie des Betreuungsvertrags oder Gebührenbescheids der betreuenden Einrichtung/Tagespflege. Und beide Elternteile müssen den Antrag unterschreiben (außer bei alleinigem Sorgerecht). Nach Aufforderung durch die Behörde sind eventuell noch weitere Unterlagen oder Nachweise einzureichen.

Wie viel bayerisches Krippengeld wird gezahlt und wie lange?

Das Krippengeld beträgt maximal 100 Euro pro Monat und Kind. Beträgt der Elternbeitrag weniger als 100 Euro pro Monat und Kind, dann wird das Krippengeld auch nur entsprechend dieser niedrigeren Höhe gewährt. Die Zahlung beginnt frühestens ab dem Monat, der auf die Vollendung des ersten Lebensjahres des Kindes folgt (also angenommen, das Kind wird am 16. Juni ein Jahr alt, dann kann das Krippengeld frühestens zum 01. Juli beginnen). Beendet wird die Zahlung spätestens am 31.08. desjenigen

Kalenderjahres, in welchem das Kind das dritte Lebensjahr vollendet. (Hintergrund: Ab dem 01.09. des Jahres, in dem das Kind das dritte Lebensjahr vollendet, wird dann nämlich ein Beitragszuschuss für den Kindergarten gezahlt).

Bayerisches Krippengeld und Eltern-/Familiengeld

Das Krippengeld kann parallel sowohl zum Elterngeld (Basiselterngeld, ElterngeldPlus oder Partnerschaftsbonus) als auch zum Bayerischen Familiengeld bezogen werden.

Bayerisches Krippengeld und Sozialleistungen

Das Krippengeld wird nicht auf Bürgergeld-Leistungen (früher Arbeitslosengeld II / Hartz-IV) angerechnet.

Bayerisches Krippengeld und Krankenversicherung

Bislang wird angenommen, dass aufgrund des Bezugs von Krippengeld alleine keine Pflichtmitgliedschaft in der gesetzlichen Krankenversicherung besteht. Für eine verbindliche Klärung sollte man hier bei Bedarf aber auf jeden Fall mit seiner Krankenkasse sprechen.

Bayerisches Krippengeld unterliegt nicht dem Progressionsvorbehalt

Steuerlich wird das Krippengeld nicht als Einkommen betrachtet und unterliegt auch nicht dem Progressionsvorbehalt.

INTERNET

www.zbfs.bayern.de Das Zentrum Bayern Familie und Soziales ist die Landesbehörde für soziale Leistungen, die auf ihrer Webseite ausführliche Informationen rund um das bayerische Krippengeld gibt (➛ Elterngeld, Familien und Krippengeld ➛ Bayerisches Krippengeld).

www.zbfs.bayern.de Hier findet man den aktuellen Gesetzestext des Gesetzes zur Einführung eines Bayerischen Krippengeldes (➛ Familie, Kinder und Jugend ➛ Bayerisches Krippengeld ➛ Gesetz).

Weitere Gelder

Es lohnt sich zu recherchieren, ob das eigene Bundesland oder die eigene Gemeinde/Stadt eventuell noch weitere Leistungen anbietet. Im brandenburgischen Angermünde beispielsweise erhält jedes Neugeborene 50 Euro Begrüßungsgeld, die Stadt Zwickau zahlt 100 Euro Begrüßungsgeld beim Nachweis der Vorsorgeuntersuchungen U1 bis U7, Hessen bietet die kostenlose und einkommensunabhängige FamilienApp mit vielen Vorteilen (darunter eine kostenlose Unfallversicherung bis zum Abschluss der Grundschulzeit), Saarbrücken gewährt für die ersten drei Jahre einen Windelbonus von 35 Euro pro Jahr, einige vereinzelte Gemeinden übernehmen sogar die Kosten für Krippen und Kindergärten und einige Krankenkassen zahlen zur Geburt ein Baby-Begrüßungsgeld etc.

Krankenversicherung für Eltern und Kind

Krankenversicherung für die Mutter bzw. den Vater

Krankenversicherung während der Mutterschutzfristen vor und nach der Geburt

Der Grundsatz lautet, dass Frauen während des Bezugs von bzw. Anspruchs auf Mutterschaftsgeld in der gesetzlichen Krankenversicherung beitragsfrei versichert bleiben, sofern sie vorher versicherungspflichtig waren. Das gilt auch für freiwillig gesetzlich Versicherte.

> **Unser Tipp** In gewissen Konstellationen ist der Arbeitgeber verpflichtet, einen Beitragszuschuss auch zur privaten Krankenversicherung des Kindes seines Arbeitnehmers zu leisten (Familienzuschuss). Wichtig ist dabei vor allem, dass der Arbeitgeber mit seinem Zuschuss zur privaten Krankenversicherung des Elternteils noch nicht den Maximal-Arbeitgeberanteil (dieser liegt 2025 bei 471,32 pro Monat) erreicht hat. Es kann sich also auf jeden Fall lohnen, sich nach dieser Möglichkeit zu erkundigen.

Frauen, die privat versichert sind, müssen die Krankenversicherung während der Mutterschutzfristen komplett selbst übernehmen, zum bisherigen Beitrag kommt also auch noch der Arbeitgeberanteil dazu. Manche Privatversicherungen sehen allerdings im Leistungskatalog eine Beitragsfreiheit während des Mutterschutzes vor oder ermöglichen für diese Zeit einen Tarifwechsel.

Krankenversicherung in der Elternzeit

Vorab kann man schon mal sagen: Während der Elternzeit bleibt man so krankenversichert wie bisher. Wer also bislang gesetzlich krankenversichert war, bleibt gesetzlich krankenversichert und wer privat krankenversichert war, bleibt privat krankenversichert.* Die große Frage ist nun allerdings: Wie sieht es mit den Beiträgen zur Krankenversicherung während der Elternzeit aus, wer also muss diese zahlen? Dabei kommt es sehr auf die individuelle Einzelsituation an, grundsätzlich aber lässt sich Folgendes sagen:

- Wer bislang **in der gesetzlichen Krankenversicherung pflichtversichert** war, bleibt weiter beitragsfrei versichert. Ausnahmen gelten, falls man neben dem Elterngeld weitere beitragspflichtige Einnahmen hat (zum Beispiel aus Teilzeitarbeit). Und auch wer studiert beziehungsweise eingeschrieben bleibt, muss weiterhin seine Beiträge leisten.

- Wer vor der Elternzeit beitragsfrei **in der gesetzlichen Krankenversicherung familienversichert** war, muss auch während der Elternzeit keine Beiträge zahlen.

- Für alle, die **in der gesetzlichen Krankenversicherung freiwillig versichert** sind, wird es komplexer:
  In der Regel muss man in dieser Konstellation Mindestbeiträge für seine Krankenversicherung zahlen (dafür bekommen freiwillig Versicherte immerhin meist ein leicht höheres Elterngeld, da bei der zur Berechnung des Elterngelds herangezogenen Ein-

* Änderungen können sich ergeben, wenn während der Elternzeit beitragspflichtige Einnahmen bezogen werden (Elterngeld ausgenommen), zum Beispiel durch eine Teilzeittätigkeit.

kommensermittlung keine Pauschale für Versicherungsbeiträge abgezogen wird).
Günstiger wird es eventuell, falls auch der/die Ehepartner/-in gesetzlich krankenversichert ist und man selbst die Voraussetzungen für eine Familienversicherung erfüllt. Letzteres ist in der Regel der Fall, wenn man kein oder nur ein geringes Einkommen erzielt (das Elterngeld gehört dabei nicht zu den anzurechnenden Einkommensarten), seinen Wohnsitz / gewöhnlichen Aufenthaltsort in Deutschland hat, nicht hauptberuflich selbstständig ist etc. Kommt die eigene Krankenversicherung zu dem Ergebnis, dass man während seiner Elternzeit theoretisch bei dem/der Ehepartner/-in familienversichert sein könnte, dann wird man von der Beitragszahlung bei der eigenen Krankenversicherung entsprechend lange freigestellt (man wird also nicht tatsächlich bei dem/der Ehepartner/-in mitversichert, sondern bleibt in der eigenen Krankenversicherung, nun aber beitragsfrei).
Teurer wird es eventuell, wenn der/die Ehepartner/-in privat krankenversichert ist: Unter Umständen muss man in dieser Konstellation sogar deutlich mehr als den Mindestbeitrag zahlen, da die Krankenkasse möglicherweise das Gehalt des privat versicherten Ehepartners zur eigenen Beitragsberechnungsgrundlage ganz oder teilweise hinzurechnet.

- Alle, die **privat krankenversichert** sind, müssen während der Elternzeit die Beiträge selbst zahlen. Und zwar nicht mehr nur die eigene Versicherungsprämie, sondern auch den bisher vom Arbeitgeber übernommenen Anteil! Und das unabhängig von der Versicherungssituation des Ehepartners. Einige Privatversicherungen bieten jedoch in speziellen Tarifen für gewisse

Zeiträume des Elterngeldbezugs eine Beitragsfreiheit an. Und als kleinen Ausgleich bekommen Privatversicherte immerhin in der Regel ein leicht höheres Elterngeld, da bei ihrer Einkommensermittlung keine Pauschale für Versicherungsbeiträge abgezogen wird.

- Für **Beamte/-innen** gelten spezielle beamtenrechtliche Vorschriften, sie sollten sich mit ihrer Beihilfestelle in Verbindung setzen, da sie unter Umständen einen Zuschuss zu ihren Krankenversicherungsbeiträgen erhalten können.

Ganz wichtig: Die für den Einzelfall zutreffende Information kann letztlich nur die Krankenversicherung erteilen. Abweichungen von oben Gesagtem können sich insbesondere ergeben, wenn man neben dem Elterngeld beitragspflichtige Einnahmen hat, zum Beispiel wegen einer Teilzeittätigkeit. Vor der Beantragung der Elternzeit / des Elterngeldes sollte man sich also unbedingt von der eigenen Krankenversicherung beraten lassen.

Krankenversicherung für das Kind

Wahl der Krankenversicherung

Auch das neugeborene Baby braucht bereits eine Krankenversicherung. Wie beziehungsweise wo das Kind zu versichern ist, hängt von der Krankenversicherungssituation der Eltern ab:

- Sind beide Eltern in einer gesetzlichen Krankenversicherung (GKV) versichert, so kann in der Regel das Kind bei einem Elternteil in dessen GKV beitragsfrei familienversichert werden.

Sind die Eltern nicht bei derselben gesetzlichen Krankenkasse, können sie wählen, bei wem das Kind mitversichert sein soll. Selbstverständlich können die Eltern aber auch entscheiden, für ihr Kind eine private Krankenversicherung abzuschließen, zum Beispiel wenn sie sich eine höherwertige Versorgung wünschen.

- Sind die Eltern verheiratet und nur ein Elternteil ist gesetzlich versichert, der andere jedoch privat, kann das Kind privat oder gesetzlich versichert werden. Achtung: Verdient allerdings der privat versicherte Elternteil mehr als der andere und hat er ein regelmäßig höheres Gesamteinkommen als die Jahresarbeitsentgeltgrenze (2025: 73800 Euro), kann das Kind leider nicht beitragsfrei bei dem Elternteil mit der GKV familienmitversichert werden.

- Für nicht miteinander verheiratete Eltern gilt das jedoch nicht. Ist die unverheiratete Mutter also gesetzlich versichert, kann das Kind in ihrer Krankenkasse familienversichert werden, auch wenn der Vater privat versichert ist. Achtung: Heiraten die Eltern später, dann gilt wieder die eingangs beschriebene Situation.

- Kann das Kind nicht in die Familienversicherung, ist es selbst beitragspflichtig. Immerhin hat man die Wahl: Es kann entweder als freiwilliges Mitglied in einer gesetzlichen Krankenversicherung (GKV) versichert werden oder in einer privaten Krankenversicherung (PKV). Da nur sehr wenige der PKVs Kinder aufnehmen, deren Elternteil nicht ebenfalls bei ihnen versichert ist, wird bei der Entscheidung für eine PKV für das Kind die Wahl in den meisten Fällen auf diejenige fallen, in der auch der Elternteil versichert ist. Was wiederum den Vorteil hat, dass die Versicherung das Kind mit dem Tarif versichern muss, den auch der Elternteil hat.

- Sind beide Eltern privat versichert, muss für das Kind zwangsläufig auch eine eigene private Krankenversicherung abgeschlossen werden.

Wann und wie muss das Kind bei der Krankenversicherung angemeldet werden?

Die Anmeldung sollte möglichst bald nach der Geburt erfolgen. Wer länger als zwei Monate wartet, läuft Gefahr, dass die Krankenversicherung eine Gesundheitsprüfung verlangt. Meist genügt ein Anruf bei der Versicherung der Wahl, die daraufhin einen Fragebogen zusendet, den man ausgefüllt und unterschrieben zusammen mit einer Kopie der Geburtsurkunde zurückschickt. Teilweise wird für den Antrag auch die Steuer-ID-Nummer des Neugeborenen verlangt (die auf Anfrage aber meist nachgereicht werden darf, sofern sie zum Zeitpunkt der Antragstellung noch nicht vom Finanzamt vergeben wurde).

Wird das Kind bei der Mutter versichert, reicht oft die Geburtsurkunde des Kindes, die der Kasse zur Beantragung des Mutterschaftsgelds für die Schutzfrist nach der Geburt vorgelegt wird.

Das Kind bekommt dann eine eigene Versichertenkarte der Krankenkasse.

Ab wann greift der Versicherungsschutz?

Mit der Anmeldung ist das Kind in der Regel rückwirkend ab der Geburt versichert.

INTERNET

www.gesetze-im-internet.de Auf dieser Seite des Justizministeriums findet man den aktuellen Gesetzestext des Sozialgesetzbuchs Fünftes Buch Gesetzliche Krankenversicherung (SGB V) oder auch des Versicherungsvertragsgesetzes (VVG), dessen § 198 die Kindernachversicherung regelt.

KOSTENLOSE BROSCHÜRE

Ratgeber Krankenversicherung Broschüre des Bundesministeriums für Gesundheit. Bestellbar oder als Download erhältlich auf www.bundesgesundheitsministerium.de (➛ Service ➛ Alle Publikationen ➛ Suchbegriff »Ratgeber« eingeben).

Versicherungen: Genug oder mehr?

Zugegeben – wer kümmert sich schon gerne um Versicherungen? Aber mit der Ankunft des ersten Kindes sollte man seine bestehenden Versicherungen prüfen, gegebenenfalls anpassen und eventuell weitere abschließen. Ausführliche Recherche und Gespräche mit unabhängigen Beratern und Maklern sind unerlässlich.

Rechtsschutzversicherung

Eine Rechtsschutzversicherung kann dann sinnvoll sein, wenn man befürchtet, dass die Rückkehr in den Job trotz aller Rechte und Versprechungen nicht so problemlos verlaufen könnte wie erhofft. Denn selbst wenn man vor Gericht Recht bekommt, bleibt man meist auf den Anwalts- und Gerichtskosten sitzen. Eine Rechtsschutzversicherung deckt dann diese Kosten ab.

Beim Abschluss einer Rechtsschutzversicherung sollte man darauf achten, dass diese auch den Arbeitsschutz beinhaltet. Denn das ist nicht automatisch der Fall! Der Schutz beginnt aber meist erst nach drei Monaten, deshalb unbedingt darauf achten, die Rechtsschutzversicherung rechtzeitig abzuschließen.

Haftpflichtversicherung

Eine Haftpflichtversicherung sollte jeder haben, denn sie übernimmt sämtliche Personen-, Sach- oder Vermögensschäden, die man anderen im privaten Bereich zufügt. Zieht ein Paar zusammen und besitzen beide eine Haftpflichtversicherung, kann der »jüngere« Vertrag außerhalb der Kündigungsfrist gekündigt werden. Ist man verheiratet, darf keine Doppelversicherung bestehen!

Kinder sind in der Haftpflicht ihrer Eltern automatisch mitversichert (sofern sie keinen Singletarif gewählt haben), allerdings macht es gegebenenfalls Sinn, die Leistungen anzupassen: Kinder unter sieben Jahren sind nicht haftbar für Schäden. Einige Versicherungen bieten aber Policen an, die im Falle eines Falles trotzdem aufkommen.

Private Krankenzusatzversicherungen fürs Kind

Ist das Kind in der Familienversicherung gesetzlich krankenversichert, ist eventuell eine private Zusatzversicherung sinnvoll. Damit kann man das Kind in verschiedenen Bereichen über die Grundversorgung der gesetzlichen Krankenkasse hinaus versichern. Dazu gehören besondere Leistungen bei einem Krankenhausaufenthalt (Chefarztbehandlung, Zweibettzimmer) oder eine Zahnzusatzversicherung.

Kinderunfallversicherung

Es gibt zwar eine gesetzliche Unfallversicherung, diese deckt aber nur Unfälle in staatlich anerkannten Krippen, Kindergärten und Schulen ab sowie auf dem Weg zur und von der Einrichtung. Sobald das Kind aber vom direkten Weg abweicht (um zum Beispiel einen Freund zu besuchen), greift diese gesetzliche Versicherung nicht mehr. Bei der privaten Kinderunfallversicherung werden alle Unfälle abgedeckt. Das Kind hat je nach Versicherung Anspruch auf verschiedene Leistungen, wie Heil- und Behandlungskosten, Rentenzahlungen und Rehabilitation.

Kinderinvaliditätsversicherung

Mit einer Kinderinvaliditätsversicherung decken Eltern vorsorglich den Fall ab, dass das Kind durch einen Unfall sehr krank oder schwerbehindert werden sollte. Diese Versicherung ist im Vergleich zur privaten Kinderunfallversicherung deutlich teurer, da sie neben dem Unfall selbst auch die Folgen einer Krankheit absichert.

Laut Stiftung Warentest (2010) haben sich nur 0,45 Prozent schwerbehinderter Kinder ihre Behinderung durch einen Unfall zugezogen. Allerdings zahlen die meisten Versicherungen erst, wenn dem Kind eine Behinderung von 50 Prozent oder mehr bescheinigt wird. Die Versicherungen bieten Policen mit einer einmaligen Auszahlung oder dauerhaften Rentenauszahlung an.

Berufsunfähigkeitsversicherung

Mit einer Berufsunfähigkeitsversicherung können Eltern vorsorgen, falls sie wegen dauerhafter Erkrankung ihren Beruf aufgeben müssen. In diesem Fall springt die Versicherung mit einer Rentenzahlung über die vereinbarte Laufzeit des Vertrages ein. Da die volle Erwerbsminderungsrente der gesetzlichen Rentenversicherung nur dann gezahlt wird, wenn man täglich nicht mehr als drei Stunden arbeiten kann, sollte man eine private Berufsunfähigkeitsversicherung in Betracht ziehen. Denn selbst die volle Erwerbsminderungsrente fällt nicht besonders hoch aus. Aufgrund der Vielzahl an Angeboten mit unterschiedlichen Vertragsbedingungen ist es gerade hier ratsam, sich von einem Makler oder Berater informieren zu lassen.

Lebensversicherung

Viele Eltern entscheiden sich für eine Risikolebensversicherung, um im Todesfall den überlebenden Elternteil und die Kinder finanziell abzusichern. Anders als bei einer Kapitallebensversicherung zahlt die Risikolebensversicherung nur im Todesfall, es gibt also keine Auszahlung im Alter. Deshalb sind die Beiträge günstiger als bei einer Kapitallebensversicherung. Gerade wenn es nur einen Hauptverdiener in der Familie gibt, kann sie im Ernstfall eine gute Absicherung für die Hinterbliebenen sein.

Riester-Rentenversicherung

Die Riester-Rente ist eine vom Staat geförderte, aber privat finanzierte Rente. Zulageberechtigt sind alle rentenversicherungspflichtigen Arbeitnehmer und Selbstständige, die in der gesetzlichen Rentenversicherung pflichtversichert sind. Der Mindestbetrag, den man in die Riester-Rente jährlich einbezahlen muss, ist abhängig vom Einkommen: Vier Prozent vom Bruttogehalt, maximal aber 2100 Euro abzüglich der staatlichen Zulagen. Der Staat zahlt jedem Riester-Sparer 175 Euro Zulage und für jedes seit 2008 geborene Kind 300 Euro pro Jahr (für vor 2008 geborene Kinder 185 Euro). An der Regelung des Mindestbeitrags ändert sich auch während der Elternzeit nichts. Dadurch ergibt sich folgende besondere Situation: Auch im ersten Jahr der Elternzeit muss der Beitrag wie üblich auf Basis des Vorjahreseinkommens gezahlt werden, um in den vollen Genuss der staatlichen Zulagen zu kommen. Im Jahr darauf wird dann aber nur der Sockelbetrag von 60 Euro fällig, um die Zulagen zu erhalten. Unbedingt beachten: Die Kinderzulage muss beim jeweiligen Riester-Anbieter beantragt werden. Der Antrag kann bis zu zwei Jahre rückwirkend eingereicht werden.

> Unser Tipp Hat man bereits eine Riester-Rente vor Geburt des Kindes abgeschlossen, sollte man unbedingt frühzeitig die Kinderzulage beantragen, da der Prüfungsprozess relativ lange dauert!

INTERNET

www.test.de Stiftung Warentest bietet gegen ein geringes Entgelt personalisierte Analysen zu verschiedensten Versicherungen. Auf der Internetseite im Suchfeld »Analysen« eingeben, dann erfolgt eine Übersicht, für welche Versicherungen der Service verfügbar ist.

www.oekotest.de Viele Informationen zum Thema Versicherungen sowie kostenpflichtige Testergebnisse als Download.

Steuerthemen

Was man in einer Steuererklärung geltend machen kann, ist abhängig von der jeweiligen Lebenssituation: ist man verheiratet oder unverheiratet, angestellt oder selbstständig, wie hoch ist das Einkommen und von vielen weiteren Faktoren. Steuern sind ein sehr komplexes Thema, und da unsere Informationen natürlich keinen Steuerberater ersetzen können, ist es ratsam, sich entsprechend der eigenen Situation damit auseinanderzusetzen. Dennoch soll dieses Kapitel einen kurzen Überblick zum Thema Steuererleichterungen für Eltern geben. Welche Freibeträge gibt es und was kann abgesetzt werden?

Freibeträge

Mit der Einführung der elektronischen Lohnsteuerkarte werden die Kinderfreibeträge automatisch eingetragen. Die Bürgerbüros und Gemeinden melden die Geburt des Kindes den Finanzämtern (Ausnahme: Wenn das Kind nicht am Hauptwohnsitz der Eltern gemeldet ist).

Was sind der Kinderfreibetrag und der Freibetrag für Betreuungs-, Erziehungs- und Ausbildungsbedarf?

Beim Kinderfreibetrag wird ein bestimmter Geldbetrag steuerfrei gestellt. Die Höhe des Kinderfreibetrages wird jährlich angepasst. Ein Anspruch auf den Kinderfreibetrag besteht vom Geburtsmonat des Kindes an, so lange wie auch Anspruch auf das Kindergeld besteht. Das heißt: bis zum 18. Lebensjahr, in bestimmten Fällen auch länger, zum Beispiel bei Kindern in Ausbildung. Eltern, die zusammen veranlagt werden, steht der volle Betrag zu, ansonsten bekommt jeder Elternteil die Hälfte. Bei Trennung oder Scheidung der Eltern kann unter bestimmten Voraussetzungen der Kinderfreibetrag auf einen Elternteil übertragen werden.

Neben dem Kinderfreibetrag gibt es seit 2002 den Freibetrag für Betreuungs-, Erziehungs- und Ausbildungsbedarf, kurz Erziehungsfreibetrag genannt. Auch dieser Freibetrag kann unter bestimmten Voraussetzungen auf einen Elternteil übertragen werden.

Wichtig ist: Die Freibeträge werden erst bei einer Günstigerprüfung in der Steuererklärung vom Finanzamt berücksichtigt. Diese Prüfung wird immer automatisch durchgeführt. Sind die Freibeträge günstiger als das gezahlte Kindergeld, wird die Differenz zwischen Einkommensteuerersparnis aus den Freibeträgen und dem ausgezahlten Kindergeld vom Finanzamt erstattet.

Besteuerung von Elterngeld, Mutterschaftsgeld und Bayerischem Familiengeld/Krippengeld

Elterngeld und Mutterschaftsgeld sind sogenannte Lohnersatzleistungen. Sie sind zwar steuerfrei, erhöhen aber den Steuersatz durch den sogenannten Progressionsvorbehalt. Elterngeld zum Beispiel wird also zum versteuernden Einkommen hinzugerechnet, der sich aus der Steuertabelle ergebende Steuersatz abgelesen und auf das zu versteuernde Einkommen ohne Elterngeld angewendet. Das heißt, das Elterngeld selbst bleibt steuerfrei, beeinflusst aber die steuerpflichtigen Einkünfte. Es kann somit zu Steuernachzahlungen kommen. Das (nur in Bayern gewährte) Familiengeld/Krippengeld wird hingegen nicht als Einkommen betrachtet und unterliegt auch nicht dem Progressionsvorbehalt.

Kinderbetreuungskosten

Die steuerliche Absetzbarkeit von Kinderbetreuungskosten gilt für Aufwendungen für Betreuungsdienstleistungen, wie Kita, Kindergarten oder eine Tagesmutter. Abziehbar sind zwei Drittel dieser Aufwendungen, jedoch maximal 4000 Euro pro Kalenderjahr und Kind. Die Aufwendungen sind als Sonderausgaben abzugsfähig. Die Steuervergünstigung gilt für alle Kinder (leibliche und Pflegekinder) bis zum Alter von 14 Jahren (bei behinderten Kindern unbegrenzt). Voraussetzung für den Abzug in der Steuererklärung ist ein Nachweis der angefallenen Aufwendungen. Die Zahlungen haben auf ein Bankkonto der leistenden Person oder Einrichtung zu erfolgen. Barzahlungen können nicht steuerlich abgesetzt werden. Deshalb Beträge für Kinderbetreuung unbedingt überweisen.

Achtung: Die Kosten für Essens- oder Spielgeld, die eventuell in den Kinderbetreuungskosten enthalten sind, dürfen leider nicht steuerlich abgesetzt werden. Deshalb darauf achten, dass diese in der Rechnung getrennt von den Kosten für die Betreuung ausgewiesen werden.

Unser Tipp Es lohnt sich, mit dem Arbeitgeber zu verhandeln, ob er zusätzlich zum ohnehin geschuldeten Arbeitslohn einen sogenannten Kinderbetreuungskostenzuschuss zahlt, mit welchem er die Kosten der Kinderbetreuung unterstützt oder übernimmt (Stichwort: »steuerfreie Arbeitgeberleistungen zur Kinderbetreuung«). Voraussetzung dafür ist, dass ein nicht schulpflichtiges Kind außerhäuslich betreut wird, zum Beispiel in der Krippe, durch eine Tagesmutter oder im Kindergarten. Weiter darf der Zuschuss ausschließlich zur Abdeckung der Betreuungskosten verwendet werden und muss eine ausgewiesene zusätzliche Leistung zum Bruttogehalt sein. Werden die Voraussetzungen erfüllt, ist der Zuschuss nicht nur steuer-, sondern auch sozialversicherungsfrei. Der Arbeitnehmer spart somit Steuern und Sozialversicherungsbeiträge, und auch der Arbeitgeber spart seinen Anteil an der Sozialversicherung!

INTERNET

www.elster.de Das Internetportal zur elektronischen Lohnsteuerkarte. Alles Wissenswerte rund um die Lohnsteuerkarte sowie Registrierung und Zugriff auf die elektronische Lohnsteuerkarte.

www.finanzamt.de Internetseite des Bundeszentralamtes für Steuern. Informationen und Links zu den Finanzverwaltungen der Länder.

www.familienportal.de Webseite des Bundesministeriums für Familie, Senioren, Frauen und Jugend. Stichwortsuche nach allen relevanten Themen möglich.

KOSTENLOSE BROSCHÜRE

Lohnsteuer 2024 – Ein kleiner Ratgeber. Herausgegeben von den obersten Finanzbehörden der Länder. Ist auf verschiedenen Seiten als Download verfügbar und wird jährlich aktualisiert, deshalb am besten über eine Suchmaschine wie Google o. Ä. suchen.

Geldanlage für das Baby

Wer neben den laufenden Kosten noch Geld übrig hat oder Geldgeschenke für das Baby erwartet und bereits jetzt eine Vermögensanlage oder Ausbildungsfinanzierung aufbauen möchte, dem stehen verschiedene Möglichkeiten offen. Welche Variante man wählt, ist letztlich eine höchst persönliche Entscheidung. Wegen des Zinseszinseffekts gilt jedoch auch in diesem Fall: Je früher mit dem Sparen begonnen wird, desto besser.

Legen die Eltern das Geld auf den Namen des Kindes an, dürfen sie es nicht mehr für eigene Zwecke nutzen, sondern verwalten es, bis das Kind ab dem 18. Lebensjahr frei darüber verfügt. Aber Kinder erhalten einen eigenen Sparerpauschbetrag und somit wird nicht der Freibetrag der Eltern belastet. Hier die gängigsten Modelle in der Übersicht:

Fondssparpläne / ETF-Sparpläne

Diese Form der Geldanlage eignet sich vor allem für eine langfristige Anlage. Bei einem Fondssparplan zahlt man regelmäßig (zum Beispiel monatlich) in einen Fonds ein. Die Einzahlungen können jederzeit beendet werden, da es keine festen Laufzeiten und keine Kündigungsfrist gibt. Man unterscheidet zwischen passiv und aktiv verwalteten Fonds.

Ein von einem Manager aktiv verwalteter Fonds kann aus verschiedenen Einzelanlagen bestehen, wie Aktien, festverzinslichen Papieren, Anleihen oder Immobilien. Durch die breite Streuung in unterschiedliche Papiere und Märkte wird das Risiko von Wertschwankungen reduziert. Neben der Wertentwicklung eines Investmentfonds sollte man die Kosten, wie Ausgabeaufschläge, Depotgebühren und jährliche Verwaltungsgebühren nicht außer Acht lassen. Aktiv verwaltete Sparpläne werden vor allem von klassischen Banken angeboten.

Ein passiv verwalteter Fonds ist ein sogenannter ETF (Exchange Traded Fonds). Bei einem ETF handelt es sich um den Nachbau eines bestimmten Index (wie zum Beispiel des DAX). Gegenüber einem aktiv verwalteten Aktienfonds punktet der ETF mit wesentlich geringeren Gebühren. ETFs werden überwiegend von Direktbanken (Onlinebanken) angeboten und haben den Vorteil geringerer Kontoführungsgebühren – einige verzichten sogar ganz darauf. Die meisten Banken bieten ETF-Sparpläne ab 25 Euro monatlich an. Für eine langfristige Anlage bieten sich ETF-Sparpläne besonders gut an. Studien haben gezeigt, dass passives Investieren über einen langen Zeitraum sogar erfolgreicher ist als aktives (also Fonds, die von einem Fondmanager betreut werden).

Termingelder: Festgeld und Kündigungsgeld

Termingelder sind kurz- bis mittelfristige Geldanlagen mit einer festen Laufzeit. Zu unterscheiden ist zwischen Festgeld und Kündigungsgeld. Bei Festgeld erhält man für einen vorher festgelegten Zeitraum garantierte Zinsen. Gibt man bis zum Ende der Laufzeit keine neue Weisung, verlängert sich normalerweise die Festgeldanlage um die ursprünglich vereinbarte Anlagedauer. Die gutgeschriebenen Zinsen werden natürlich mitverzinst.

Anders als beim Festgeld gibt es beim Kündigungsgeld keine festgelegte Laufzeit, sondern man einigt sich auf eine Kündigungsfrist von üblicherweise 30, 60, 90 oder 180 Tagen. Die Geldanlage läuft also so lange, bis man selber aktiv kündigt. Anders als beim Festgeld sind die Zinsen beim Kündigungsgeld nicht garantiert, sondern werden von der Bank an die Entwicklung des Zinsmarktes angepasst.

Spareinlagen: Sparbuch und Sparbrief

Ein beliebter Klassiker ist das Sparbuch mit einer dreimonatigen Kündigungsfrist und einem vom Geldmarkt abhängigen variablen Zinssatz.

Sparbriefe werden mit den verschiedensten Ausstattungsmerkmalen angeboten. Allen gemeinsam ist aber eine feste unkündbare Laufzeit bei einer festen Verzinsung. Es fallen keine Kosten für den Erwerb, die Verwahrung und Verwaltung an. Aufgrund der geringen Zinsen ist diese Anlageform nicht besonders empfehlenswert.

Ausbildungsversicherung

Die Ausbildungsversicherung ist im Grunde eine Art Kapitallebensversicherung, bei der für das Kind ein Vertrag über eine Laufzeit von 16 bis 25 Jahren abgeschlossen und mit monatlichen Raten bespart wird. Am Ende der festgelegten Laufzeit bekommt das Kind einen Betrag ausgezahlt. Stirbt derjenige, der den Vertrag abgeschlossen hat, werden keine weiteren Beiträge fällig, sondern sie werden von der Versicherung übernommen.

Verbraucherschützer und Versicherungsexperten stehen dieser Art der Absicherung allerdings aufgrund langer Laufzeiten, fehlender Flexibilität, hoher Kosten und geringer Rendite oft kritisch gegenüber.

Bausparverträge

Der Anleger (auch Bausparer genannt) schließt einen Bausparvertrag mit einer Bausparkasse ab. Dieser Vertrag lässt sich in drei Phasen einteilen: die Ansparphase, die Zuteilungsphase und die Darlehensphase. In der Ansparphase zahlt der Bausparer ein; Summe und Zinsen sind abhängig vom gewählten Vertrag. Unter bestimmten Voraussetzungen, wenn zum Beispiel das Mindestsparguthaben oder die Mindestlaufzeit erreicht wurde, ist der Vertrag »zuteilungsreif«. Nun kann der Anleger wählen, ob er das angesparte Guthaben ausgezahlt haben möchte oder ob er das Bauspardarlehen nutzen will. Wie auch die Zinsen in der Ansparphase, sind die Zinsen für das Darlehen vertraglich festgelegt. Aber Achtung, das Darlehen darf nur für sogenannte wohnwirtschaftliche Maßnahmen genutzt werden, wie zum Beispiel den

Kauf eines Eigenheims, von Bauland oder die Renovierung von Wohnraum. Aufgrund der fixen Kosten und niedrigen Gesamtverzinsung raten Experten immer wieder vom Bausparvertrag als Geldanlage für Kinder ab.

BUCH

Madame Moneypenny: Wie Frauen ihre Finanzen selbst in die Hand nehmen können. Natascha Wegelin, Rowohlt, 2018.

INTERNET

www.test.de Auf dem Internetportal der Zeitschrift Stiftung Warentest werden laufend Finanzprodukte getestet. Der Abruf von aktuellen Testergebnissen ist meistens kostenpflichtig.

www.oekotest.de Auf dem Internetportal der Zeitschrift Ökotest werden laufend Finanzprodukte getestet. Der Abruf von aktuellen Testergebnissen ist meistens kostenpflichtig.

www.finanztip.de Informationsdienst mit dem Schwerpunkt Versicherungen, Bankgeschäfte, Immobilien. Mit vielen Erläuterungen, Tipps und Checklisten.

www.verbraucherzentrale.de Auch die Verbraucherzentrale berät und informiert zu Finanzthemen.

KOSTENPFLICHTIGE BROSCHÜRE

Rendite für den Nachwuchs Gegen eine Gebühr von 4,90 Euro kann man bei *Finanztest* einen ausführlichen Artikel zum Thema Sparen für Kinder herunterladen (unter anderem auch zum Thema ETF): www.test.de/Sparen-fuer-Kinder-Die-beste-Rendite-fuer-den-Nachwuchs-4824915-0/

Rund um die Geburt

Die Hebamme

Als wichtige Kontaktperson begleitet, unterstützt und betreut die Hebamme die Frau, die Familie und später auch das Baby während der Schwangerschaft, der Geburt, im Wochenbett und bis zum Ende der Stillzeit. In der Regel beginnt die Arbeit der Hebamme mit der Schwangerschaft, manche Hebammen bieten aber auch schon Beratungen bei Kinderwunsch an.

Welche Leistungen bietet die Hebamme?

Schwangerschaft

Die Hebamme begleitet Mutter und Kind von Anfang der Schwangerschaft an mit Beratungsgesprächen, bietet manchmal sogar Geburtsvorbereitungskurse an und kann bei einer komplikationslos verlaufenden Schwangerschaft auch Vorsorgeuntersuchungen übernehmen. Viele Hebammen haben Zusatzausbildungen in Bereichen wie Akupunktur oder Homöopathie und können damit auch bei der Linderung von Schwangerschaftsbeschwerden helfen.

Geburt

Auch während der Geburt begleitet die Hebamme die schwangere Frau. Im Krankenhaus gibt es dafür angestellte oder mit Belegvertrag dort arbeitende Hebammen. Viele Hebammen bieten aber auch eine individuelle Geburtsbegleitung an. Das heißt, dass einen die Hebamme, die einen schon während der Schwangerschaft unterstützt hat, zur Geburt auch in die Klinik, das Geburtshaus oder eventuell sogar bei einer Hausgeburt begleitet. Der Vorteil einer Beleghebamme/Hausgeburtshebamme ist, dass sie die Schwangere, ihre Sorgen und Wünsche bereits kennt und den gesamten Geburtsprozess begleitet. Achtung: Wegen des immer größer werdenden Hebammenmangels sollte man sich rechtzeitig eine Beleghebamme oder Hausgeburtshebamme suchen.

Wochenbett

Das »Wochenbett« bezeichnet die Zeit nach der Geburt (circa sechs bis acht Wochen danach) und der beginnenden Rückbildung. Je nach Bedarf kommt die Hebamme zu einem nach Hause und überwacht den allgemeinen Zustand der Mutter, kontrolliert die Gebärmutter, die Heilung und das Stillen und gibt Ratschläge und Hilfestellungen, natürlich auch rund ums Baby. Insgesamt steht sie der jungen Familie während aller Veränderungen zur Seite und spricht über die Geburt und die ersten Erfahrungen mit dem Neugeborenen.

Familienhebammen

Eine Familienhebamme verfügt über eine entsprechende Zusatzausbildung und betreut die Mutter bis zum ersten Lebensjahr des Kindes. Die Familienhebamme unterstützt Mütter und Familien mit einem besonderen Hilfebedarf. Dazu zählen Alleinerziehende, Familien mit Mehrlingsgeburten oder Mütter mit psychischen Problemen. Leider gibt es in Deutschland noch keine einheitliche Regelung, wo und wie man eine Familienhebamme findet und wer die Bezahlung übernimmt. In der Regel kommt das Jugendamt, das Sozialamt oder die Gemeinde für die Kosten auf. Am besten erkundigt man sich bei den genannten Stellen, bei seiner Hebamme oder im Internet.

Die Wahl der Hebamme

Folgende Fragen können bei der Wahl einer Hebamme hilfreich sein:

- Wie regelmäßig möchte man den Kontakt mit der Hebamme in der Schwangerschaft? Soll sie zum Beispiel Vorsorgeuntersuchungen ganz oder zusammen mit dem Gynäkologen übernehmen?
- Soll die vertraute Hebamme auch bei der Geburt dabei sein? Dann sollte man eine Beleghebamme wählen, die mit ins Krankenhaus kommt oder die Hausgeburt begleitet.
- Möchte man in einem Geburtshaus entbinden, sollte man sich bei der Wahl der Hebamme direkt an das ausgewählte Geburtshaus wenden.

> Unser Tipp Um von der Hebamme seiner Wahl versorgt zu werden, ist es unbedingt ratsam, sich frühzeitig, am besten schon gleich zu Beginn der Schwangerschaft, auf die Suche zu machen. In vielen Regionen sind Hebammen sehr schnell ausgebucht!

- Bietet die Hebamme auch Geburtsvorbereitungskurse sowie Rückbildungskurse an?
- Werden zusätzliche Leistungen, wie Akupunktur oder Homöopathie, angeboten?
- Wie viele Hausbesuche plant die Hebamme ein? Bis zu welchem Alter des Kindes betreut sie Mutter und Kind? Bietet die Hebamme auch Still-, Beikost- und Ernährungsberatung an?

Um diese Fragen zu klären, kann man sich schon vorab im Internet, per Mail oder bei einem Telefongespräch mit der Hebamme informieren. Um dann alles Weitere zu planen und auch zu sehen, ob man sich sympathisch ist, wird von den Krankenkassen in der Regel pro Schwangerschaft ein Vorgespräch bezahlt.

Wie findet man eine Hebamme?

Neben der Empfehlung des Frauenarztes kann man sich an folgende Institutionen wenden, um eine Hebamme zu finden:

- Krankenhaus/Geburtsklinik
- die Landesverbände der Hebammen
- Krankenkassen
- Gelbe Seiten / Internet

Wer übernimmt die Kosten?

Die Hebamme rechnet bei gesetzlich Versicherten direkt mit der Krankenkasse ab. Zusatzleistungen wie zum Beispiel Akupunktur werden leider in der Regel von der Kasse nicht übernommen. Achtung: Die Beleghebamme bekommt separat eine Rufbereitschaftspauschale, die individuell ausgehandelt wird und je nach Kassenkatalog eventuell selbst übernommen werden muss. Privat Versicherte sollten sich unbedingt vorher bei ihrer Versicherung erkundigen, welche Kosten übernommen werden. Denn bei einigen wenigen Verträgen sind die gesetzlich geregelten Hebammenleistungen ausgeschlossen.

INTERNET

www.hebammensuche.de Suchmaschine für Hebammen im gesamten Bundesgebiet

www.bfhd.de Webseite des Bundes freiberuflicher Hebammen Deutschlands e. V.

www.hebammenverband.de Deutscher Hebammenverband e. V.

www.hebammen.at Webseite des Österreichischen Hebammen-Gremiums

www.hebamme.ch Webseite des Schweizer Hebammenverbands

www.familienhebamme.de Onlineportal für Familienhebammen und werdende Mütter

Doulas

Doulas sind in Deutschland noch relativ unbekannt und ersetzen keine Hebamme. Bei Doulas handelt es sich um Frauen, die bereits selber Kinder haben, die der Schwangeren beziehungsweise dem Paar als emotionale Stütze vor, während und nach der Geburt zur Seite stehen. Im Gegensatz zu Hebammen haben Doulas keine medizinische Funktion. Das Wort leitet sich von dem griechischen »douleuein« ab und bedeutet »dienen« oder »betreuen«. Sie können vor allem für alleinstehende Frauen eine große Hilfe sein oder Frauen begleiten, deren Männer zur Geburt nicht anwesend sein können. Die Kosten einer Doula müssen selbst getragen werden.

INTERNET

www.doulas-in-deutschland.de Webseite der Doulas in Deutschland e. V. Der Verein hat sich zur Aufgabe gemacht, werdenden Eltern mit geringem finanziellem Spielraum eine kostenlose Doula-Geburtsbegleitung zu ermöglichen.

www.doula-info.de Suchmöglichkeit nach Doulas sowie Informationen zu deren Kosten und Leistungen

www.gfg-bv.de Weitere Informationen zu Doulas bei der Gesellschaft für Geburtsvorbereitung – Familienbildung und Frauengesundheit e. V.

www.doula.ch Webseite der Doulas in der Schweiz

www.doula.at Webseite der Doulas in Österreich

Die Geburt: Klinik, Geburtshaus oder zu Hause?

Die meisten Frauen entscheiden sich für eine Entbindung im Krankenhaus. Als eine etwas persönlichere und doch sichere Variante gibt es auch die Möglichkeit einer ambulanten Geburt im Krankenhaus. Wenn medizinische Gründe eine Geburt in einer Klinik nicht zwingend erfordern, sind eine Hausgeburt oder das Geburtshaus eine gute Alternative. Für die Klinik spricht die medizinische Rundum-Versorgung, für das Geburtshaus oder die Hausgeburt die meist viel persönlichere Umgebung. Anders als in der Klinik steht hier die natürliche Geburt immer im Vordergrund.

Entbindung in der Klinik

Die Wahl der Klinik

Folgende Fragen helfen bei der Wahl des Geburtskrankenhauses:

- Ist der Geburtsklinik ein/-e Kinderkrankenhaus/Kinderintensivstation angeschlossen?
- Gibt es eine optimale Versorgung für Frühgeburten?
- Bietet die Klinik neben der klassischen Geburt im Kreißsaal auch Alternativen, wie zum Beispiel eine Wassergeburt oder das Angebot von Geburtshocker, Sprossenwand, Seil etc.?
- Wie viele Geburten werden von einer Hebamme gleichzeitig betreut beziehungsweise wie viele Geburten werden im Jahr von wie vielen Hebammen betreut?

- Handelt es sich um ein stillfreundliches Krankenhaus? Gibt es spezialisierte Stillberaterinnen und ist das Krankenhaus still-zertifiziert?
- Gibt es eher Zweibettzimmer oder Mehrbettzimmer?
- Bietet die Klinik Einzelzimmer oder Familienzimmer?
- Kann man gegen Zuzahlung ein Einzelzimmer bekommen? Was kostet es?
- Befinden sich die sanitären Anlagen im Raum oder auf dem Gang?
- Wie sind die Besuchszeiten geregelt?
- Liegt die Klinik in der Nähe der Wohnung?
- Kann die Beleghebamme die Geburt im Krankenhaus begleiten und auch die Nachsorge dort vornehmen?

Wann sollte man sich in der Klinik anmelden?

Kliniken dürfen Frauen nicht ablehnen, wenn die Wehen bereits begonnen haben. Trotzdem ist es ratsam, sich rechtzeitig in der vom Frauenarzt empfohlenen oder selbst ausgewählten Klinik anzumelden. In der Regel sind circa sechs Wochen vor dem Geburtstermin ausreichend. Gerade in Großstädten gibt es jedoch sehr beliebte Kliniken, für die man sich früher anmelden muss, am besten gleich zu Beginn der Schwangerschaft. Je nach Klinik reicht dafür ein Anruf in der Geburtsambulanz, meist wird zusätzlich ein Anmeldetermin vor Ort vereinbart.

Weshalb ist ein Anmeldetermin in der Geburtsklinik sinnvoll?

Es ist sehr hilfreich, die Infoabende der Krankenhäuser zu nutzen. Neben einer Führung durch die Wochenbettstation erhält man weitere Informationen zur Entbindung und Betreuung und kann sich so ein gutes Bild von der Klinik machen. Hat man sich dann für eine Geburtsklinik entschieden, werden beim Anmeldegespräch alle relevanten Informationen zu Mutter und Kind in Ruhe aufgenommen. Bei einem möglichen oder geplanten Kaiserschnitt werden eventuell klinikeigene Untersuchungen gefordert und ein Gespräch mit dem Anästhesisten geführt. Aber auch Mutter oder Vater können persönliche Fragen zum Ablauf stellen und eigene Wünsche und Erwartungen äußern.

> Unser Tipp Wer will, plant vor der Geburt noch einen Besuch bei Friseur/Pediküre/Maniküre – danach wird's zeitlich erst mal eng.
> Beim Kaiserschnitt ist allerdings zu beachten: Manche Anästhesisten verlangen wegen der OP unlackierte Fingernägel.

Welche Unterlagen sind für eine Anmeldung erforderlich?

In der Regel sind für die Anmeldung mitzubringen:

- Mutterpass,
- Krankenversicherungskarte,
- ggf. eine Überweisung des Frauenarztes (vorher in der Klinik anfragen, ob erforderlich).

Der Hebammenkreißsaal

Seit einigen Jahren bieten manche Kliniken einen sogenannten Hebammenkreißsaal an. Dieser wird von Hebammen geleitet und ähnelt von der Atmosphäre dem Geburtshaus. Er bietet jedoch den Vorteil, die Sicherheit der Klinik in greifbarer Nähe zu haben. Bei Komplikationen kann ohne weite Wege in einen von Ärzten geleiteten Kreißsaal gewechselt werden.

Entbindung in der Klinik, aber ambulant

Für alle, die nicht länger als nötig im Krankenhaus bleiben wollen, gibt es die Möglichkeit, die Klinik schon wenige Stunden nach der Geburt wieder zu verlassen und nach Hause zu fahren. Voraussetzung dafür ist natürlich, dass es Mutter und Kind gut geht und es keinen medizinischen Grund gibt, in der Klinik zu bleiben.

Untersuchungen wie den Stoffwechseltest des Babys kann die begleitende Hebamme auch zu Hause vornehmen. Die weiteren Untersuchungen wie »U2«, Hüftultraschall und Hörtest werden dann ambulant bis zehn Tage nach der Geburt vom Kinderarzt durchgeführt.

Wichtig hierfür: Das Vorhaben schon vorab mit der Hebamme besprechen. Denn für die ambulante Geburt müssen einige Extras rechtzeitig geplant werden, zum Beispiel die Absprache mit dem Kinderarzt. Nur so kann man dann auch wirklich entspannt nach Hause gehen. Die Entscheidung, die Klinik nach der Geburt zu verlassen, muss nicht im Vorfeld angekündigt werden.

> Unser Tipp Um zusätzlichen Stress zu vermeiden, den Weg zur Klinik gemeinsam vorher einmal abfahren!

Geburt im Geburtshaus

Geburtshäuser sind eigenständige außerklinische Einrichtungen, in denen Hebammen Mütter und Paare umfassend während der Schwangerschaft und bei der Geburt begleiten und betreuen. Die Geburt findet meist ambulant statt. Etwa drei bis vier Stunden nach der Geburt kehrt man nach Hause zurück. Einige Geburtshäuser bieten auch einen mehrtägigen stationären Aufenthalt an.

Anmeldung im Geburtshaus

Im Geburtshaus sollte man sich so früh wie möglich anmelden, am besten gleich zu Beginn der Schwangerschaft. Voraussetzung ist, dass die Schwangerschaft unproblematisch verläuft und keine Mehrlinge erwartet werden. In der Regel ist im Geburtshaus kein Arzt anwesend. Möchte man, dass ein/-e Arzt/Ärztin die Geburt begleitet, muss man sich selbst darum bemühen, auch dies so früh wie möglich.

Wer trägt die Kosten?

Die Abrechnung erfolgt direkt mit der Krankenkasse, allerdings kann es zu zusätzlichen Kosten für die Nutzung des Geburtshauses kommen. Deswegen unbedingt vorher mit der Krankenversicherung klären, welche Kosten übernommen werden.

Entbindung zu Hause

Für diese ebenfalls außerklinische Geburtsvariante spricht meist der Wunsch nach einer natürlichen, selbstbestimmten Geburt in der gewohnten Atmosphäre der eigenen vier Wände.

Ob eine Hausgeburt für die Schwangere infrage kommt, liegt primär im Ermessen der betreuenden Hebamme. Diese sollte man sich so früh wie möglich suchen, denn nicht alle Hebammen begleiten Hausgeburten.

Möchte man, dass ein/-e Arzt/Ärztin die Geburt begleitet, muss man sich grundsätzlich selbst rechtzeitig darum bemühen. Auch muss eine Vereinbarung mit einem Kinderarzt getroffen werden, der die nachgeburtlichen Untersuchungen des Babys vornimmt, wie zum Beispiel die »U2«.

Wer trägt die Kosten?

Unbedingt mit der Krankenkasse vorab klären, welche Kosten übernommen werden. (Die sogenannte Rufbereitschaftspauschale wird zum Beispiel nicht von allen Krankenkassen getragen.)

BÜCHER

Hausgeburt und Gebären im Geburtshaus. Christine Trompka, fidibus Verlag, 2011.

Luxus Privatgeburt. Martina Eirich, Caroline Oblasser, Edition Riedenburg, 2012.

Die selbstbestimmte Geburt. Handbuch für werdende Eltern. Ina May Gaskin, Kösel Verlag, 2021.

Die Hebammensprechstunde. Ingeborg Stadelmann, Stadelmann Verlag, 2018.

INTERNET

www.dfh-hebammen.de Deutscher Fachverband des Hebammenhandwerks

www.geburtsallianz.at Webseite der Geburtsallianz Österreich, einer Non-Profit-Organisation, mit Informationen zu Geburtshäusern und Hausgeburten in Österreich.

www.hebammen.at Webseite des österreichischen Hebammengremiums mit Suchfunktion nach Adressen von Hebammen, die Hausgeburten anbieten.

www.hebamme.ch Auf der Internetseite des Schweizer Hebammenverbands finden sich Kontaktdaten von Geburtshäusern sowie Hebammen für die deutschsprachige Schweiz.

KOSTENLOSE BROSCHÜREN

Eltern-Ratgeber »Klinikführer Geburt« Informatives Heft der *Eltern*-Redaktion, das zweimal jährlich mit 25 Regionalausgaben erscheint. Es enthält Tabellen mit den wichtigsten Infos zu Kliniken und Geburtshäusern in der eigenen Umgebung, zudem viele nützliche Artikel zur Schwangerschaft und der ersten Zeit mit dem Baby. Der Ratgeber liegt bei Frauenärzten, Beratungsstellen, Hebammen und Entbindungskliniken aus.

Zu Hause und im Geburtshaus Die Infobroschüre ist zu bestellen bei der Gesellschaft für Qualität in der außerklinischen Geburtshilfe (QUAG) auf www.quag.de. Unter der Rubrik »Publikationen« als PDF zum Download.

Kliniktasche für Mutter und Baby

Ein paar Wochen vor der Geburt sollte man alle für die Klinik benötigten Sachen griffbereit zurechtlegen. Dazu gehören neben den persönlichen Dingen für die Mutter auch Babykleidung sowie wichtige Unterlagen. Hier einige Vorschläge:

Kliniktasche der Mutter

- Bademantel
- Bequeme, weite Kleidung, bevorzugt Oberteile zum Aufknöpfen vorne (fürs Stillen)
- Für die Geburt: warme Socken, weites T-Shirt, Duftöl, eigene Musik
- Eventuell Handtücher (Nicht alle Kliniken stellen welche zur Verfügung.)
- Still-BH, ein bis zwei Nummern größer als die bisherige Größe
- Bei etwas längerem Klinikaufenthalt kann eine Pflegecreme zur Vorbeugung wunder Brustwarzen sehr hilfreich sein (zum Beispiel von Lansinoh, aus der Apotheke oder dem Drogeriemarkt).

- Kosmetik: Duschgel, Haarpflege, Cremes, Zahnbürste, Zahnpasta und evtl. ein bisschen Make-up
- Bürste, Kamm und ggf. Haarbänder und Spangen
- Für einen guten Schlaf im Mehrbettzimmer: Ohropax, Schlafmaske
- Handy und Ladekabel
- Essen(!), Lieblingssnacks, Getränke
- Notizblock und Stift
- Hausschuhe / Flip-Flops
- Bequeme Kleidung für den Weg nach Hause (Größe ungefähr wie im fünften und sechsten Schwangerschaftsmonat)
- Buch / Tagebuch / Musik (Kopfhörer bei Mehrbettzimmer nicht vergessen)
- Praktisch: eine kleine Nachttischlampe für das Stillen in der Nacht, da es in den meisten Kliniken ausschließlich Decken-Neonbeleuchtung gibt (zum Beispiel ein »Stilllicht-Ei« von sympa oder Mediacous oder das Still-Klemm-Licht »Mummy and Me LED«, über den Onlinehandel)

Unser Tipp Für zu Hause vorab handelsübliche saugfähige Binden besorgen (Thema Wochenfluss). Damit fühlt man sich deutlich wohler als in den sehr dicken Vliesbinden der Klinik.

Wichtige Unterlagen für die Klinik

- Mutterpass
- Krankenversichertenkarte
- Personalausweis
- Für Unverheiratete: Vaterschafts-/Sorgeerklärung (sofern vor der Geburt beantragt) sowie die Geburtsurkunde von Mutter und Vater
- Für Verheiratete: Familienstammbuch oder Heiratsurkunde. Einige Kliniken verlangen für die Beantragung der Geburtsurkunde auch bei Verheirateten die Geburtsurkunden der Eltern – und teilweise auch die von Geschwisterkindern.

Erstausstattung für das Baby

Bei der Erstausstattung fürs Baby am besten nur die Kleidung für die Fahrt nach Hause mitnehmen, das heißt je nach Temperatur: Body, Strampler, Mütze und ggf. eine Jacke. Manche Kliniken bieten professionelle Fotoshootings an – dafür kann man ggf. noch ausgesuchte Kleidung und Babys erstes Kuscheltier mitnehmen. Ansonsten ist es praktischer, während des Aufenthaltes auf die Klinik-Babykleidung zurückzugreifen.

Babyschale

Die Babyschale ist für den Transport im Auto oder Taxi notwendig. Es ist ratsam, die Babyschale frühzeitig auszuprobieren und sich mit ihrer Befestigung im Auto und der Handhabung der Gurte (verstellen/anziehen) vertraut zu machen. Nähere Informationen: »Transport per Auto«, Seite 328.

Nabelschnurblut: Spenden oder einfrieren?

Dank zahlreicher Stiftungen und öffentlicher Einrichtungen ist das Thema »Knochenmarkspende« bereits in das Bewusstsein der Öffentlichkeit gerückt. Anders sieht es bislang mit der Nabelschnurblutspende aus. Die Besonderheit hier: Man kann das Blut sowohl in eine öffentliche Nabelschnurblutbank spenden oder für einen etwaigen Eigenbedarf für das eigene Kind einlagern.

Warum das Nabelschnurblut spenden?

Die Stammzellen des Nabelschnurbluts kommen bei der Behandlung schwerer Krankheiten zum Einsatz. Da die Stammzellen im Gegensatz zu denen aus dem Knochenmark flexibler und jünger sind, besteht eine höhere Chance, dass diese vom Körper des Patienten angenommen werden.

Öffentliche Spende

Das Nabelschnurblut kann kostenlos in eine öffentliche Nabelschnurbank gespendet werden, die von Wohltätigkeitsvereinen betrieben werden. Die Daten werden anonymisiert. Leider bietet nicht jede Geburtsklinik eine Nabelschnurblutspende an. Da es bisher keine zentrale Übersicht über die Entnahmekliniken gibt, sollte man sich direkt bei der Geburtsklinik seiner Wahl erkundigen, ob eine Spende möglich ist.

Wie erfolgt die Spende?

Zunächst wird festgestellt, ob man als Spenderin überhaupt infrage kommt. Ausschlusskriterien sind unter anderem akute Infektionen oder die Einnahme bestimmter Medikamente. Vor oder während der Geburt wird bei der Mutter eine Blutprobe entnommen, um unter anderem Infektionen auszuschließen. Nach der Abnabelung wird das Blut aus der Nabelschnur gewonnen – dies ist mit keinerlei Risiken verbunden.

Private Einlagerung in Stammzellenbank

Eltern können die Stammzellen aus dem Nabelschnurblut für einen etwaigen Eigenbedarf privat einlagern lassen. Die Kosten variieren je nach Anbieter. Eine wichtige Voraussetzung für die private Einlagerung ist es, dass die private Nabelschnurblutbank der Wahl auch mit der Geburtsklinik zusammenarbeitet.

Allerdings gibt es bisher keine Garantie, dass das Kind bei einer

Krankheit später davon profitiert. Man weiß noch nicht, wie lange eingefrorene Stammzellen aus der Nabelschnur intakt bleiben.

Die Zahl der Zellen, die man aus dem Nabelschnurblut gewinnt, reicht bisher nur für die Behandlung von Kindern und Jugendlichen, nicht aber für Erwachsene. Außerdem helfen die eigenen Stammzellen nicht bei einer Leukämieerkrankung (zu deren Behandlung am häufigsten Stammzellen zum Einsatz kommen), denn diese können bereits die Veranlagung für die Krankheit enthalten.

Weltweit gibt es erst wenige Fälle, bei denen die eigenen Stammzellen bei der Behandlung von Krankheiten zum Einsatz gekommen sind. Bei der privaten Einlagerung handelt es sich daher um eine mögliche Investition in die Zukunft, die von der weiteren Stammzellenforschung abhängig ist.

Öffentliche Nabelschnurblutbanken

- Zentrales Knochenmarkspender-Register Deutschland: www.zkrd.de
- Nabelschnurblutbank Erlangen: www.transfusionsmedizin.uk-erlangen.de
- Deutsche Stammzellspenderdatei: www.stammzellspenderdatei.de/nabelschnurblut/
- DKMS Nabelschnurblutbank: www.dkms-stemcellbank.de

Rückbildung und Fitness nach der Geburt

Rückbildung nach der Geburt

Während der Schwangerschaft und Geburt leistet der Körper Schwerstarbeit. Und wenn das Baby dann da ist, geht es weiter mit Stillen, Babypflege und häufigem Schlafmangel. Deshalb ist es für die Mutter gerade jetzt besonders wichtig, sich Entspannung zu gönnen und sich zu schonen, sobald sie eine ruhige Minute hat. Erst nach einigen Wochen sollten also die Rückbildungsgymnastik oder leichte Fitnessübungen folgen.

Rückbildung – was ist das eigentlich?

Vor allem die Gebärmutter und der Beckenboden haben während der Schwangerschaft extreme Veränderungen durchgemacht.

Die Gebärmutter ist nach der Geburt immer noch vergrößert und bildet sich erst langsam wieder zum ursprünglichen Umfang zurück. Die Nachsorgehebamme wird dies täglich kontrollieren und bei Bedarf auch Tipps zu unterstützenden Übungen geben.

Der Beckenboden ist ein System aus mehreren Muskeln, die das Becken nach unten hin abschließen und damit den Organen Halt geben, aber zum Beispiel auch die Scheide umgeben. Schon während der Schwangerschaft wird er extrem beansprucht, da mit Gebärmutter, Kind und Plazenta ein Vielfaches des sonstigen Gewichts zu tragen ist. Bei der Geburt wird er sehr gedehnt und eventuell sogar auch verletzt. Bildet der Beckenboden sich nun nicht wieder zu seiner ursprünglichen Form zurück, können zum Beispiel Inkontinenz und Gebärmuttersenkungen, oft auch erst Jahre später, auftreten. In speziellen Rückbildungskursen hilft eine gezielte Gymnastik, die beanspruchten Muskeln und Organe wieder kräftig und elastisch zu machen.

Wo werden Rückbildungskurse angeboten?

Meist kann die eigene Hebamme Tipps dazu geben, wo in der Umgebung Rückbildungskurse angeboten werden, eventuell leitet sie sogar selbst Kurse. Auch bieten viele Pilates- oder Yogastudios Rückbildungsgymnastik an. Praktisch ist, dass die Babys bei den meisten Kursen mit dabei sein dürfen, zur Sicherheit sollte man sich diesbezüglich aber vorher erkundigen. Die Teilnahme ohne Baby ist aber wahrscheinlich etwas effektiver.

Wann sollte mit der Rückbildungsgymnastik begonnen werden?

Grundsätzlich sollte man dies immer mit der Hebamme oder Frauenärztin abstimmen, da nur sie die individuelle Situation der Mutter kennen. Generell gilt aber, dass Frauen mit einer normalen Geburt schon wenige Tage später mit leichten Übungen beginnen können. Frauen mit Kaiserschnitt sollten länger warten, circa vier bis sechs Wochen, und während dieser Zeit auch auf eine Beanspruchung der Bauchmuskulatur verzichten. Wer einen Dammschnitt/-riss hatte, sollte warten, bis dieser verheilt ist.

Wer zahlt die Rückbildungsgymnastik?

Fast alle Krankenkassen zahlen beziehungsweise subventionieren Rückbildungskurse nach der Schwangerschaft. Sicherheitshalber sollte man sich aber bei der eigenen Krankenversicherung erkundigen, ob die Kursleitung anerkannt ist und die Kosten übernommen werden.

Fitness nach der Geburt

Fitnesskurse mit Baby

Inzwischen gibt es sehr viele Fitnesskurse für Mütter, bei denen die Babys mitgebracht werden dürfen. Pilates- oder Yogastudios bieten oft spezielle Mutter-Kind-Kurse an, also Kurse, bei denen das Baby auf jeden Fall dabei sein darf, teilweise aber auch in die Übungen mit eingebunden wird.

Folgende Anbieter bieten deutschlandweit Sportangebote für Mutter und Kind an:

- www.buggyfit.de
- www.fitdankbaby.de
- www.kangatraining.info
- www.laufmamalauf.de

BÜCHER

Beckenboden – Wie Sie den Alltag zum Training nutzen. Irene Lang-Reeves, Nikol, 2016.

KnuddelFit – Rückbildungsgymnastik mit Baby. Tina Schütze, Kösel, 2011.

Vom Wochenbett zum Workout. Juliana Afram, Trias, 2019.

Der kleine Beckenboden-Coach. Franziska Liesner, Trias, 2022.

Babys Ernährung, Pflege und Wohlbefinden

Stillen

Die Muttermilch ist die beste Nahrung fürs Kind, da sie die genau richtige Zusammensetzung von Nähr- und Abwehrstoffen besitzt, um das Baby bestmöglich vor Allergien und Infektionen zu schützen. Stillen kann für Mutter und Kind eine wundervolle Erfahrung sein, auch wenn es am Anfang eventuell etwas Übung bedarf. Neben dem wichtigen emotionalen Band, das zwischen beiden geknüpft wird, ist Muttermilch im Gegensatz zur Flaschennahrung jederzeit verfügbar. Nicht nur dem Baby, sondern auch der Mutter tut das Stillen gut: Nach der Schwangerschaft bildet sich die Gebärmutter schneller zurück, auch die dazugewonnenen Pfunde der letzten Monate verliert man meist leichter. Die Weltgesundheitsorganisation (WHO) empfiehlt übrigens eine volle Stillzeit von mindestens sechs Monaten, in der Regel gilt aber: Solange sich die Mutter wohlfühlt, solange das Stillen nicht zum Stress ausartet, so lange darf und kann gestillt werden.

Die Informationsmöglichkeiten zum Thema Stillen sind zahlreich: Stillkurse, Bücher oder das Internet warten mit allem Wissenswerten zum Thema auf. Viele der Geburtskliniken sind inzwischen sogenannte »stillfreundliche« Häuser, in denen Hebammen besondere Zusatzausbildungen zur Stillberaterin haben. Sie stehen, wie auch die Nachsorgehebamme, für alle Fragen rund um die Muttermilch zur Verfügung, helfen bei den ersten Schritten und greifen bei Problemen gerne unter die Arme. Zusätzlich gibt es in vielen Städten Stillgruppen und Stilltreffs, in denen sich Mütter austauschen können.

> Unser Tipp Nachttischlampen mit »Touch Me Effekt« (von verschiedenen Herstellern erhältlich) oder spezielle Still-Lichter (wie etwa »Mummy and Me LED-Still-Licht«, über den Onlinehandel erhältlich) tauchen das Zimmer in ein weiches, atmosphärisches Licht – leicht zu bedienen und ideal zum Stillen in der Nacht! Ein weiteres schönes Beispiel sind Stilllicht-»Eier« (wie etwa von sympa oder Mediacous): kleine eiförmige Lampen, dimmbar durch Berührung, einstellbar auch in warmweiß und aufladbar per USB-Kabel.

Kleine Hilfen beim Stillen

- **Still-BHs** sind sehr praktisch und sollten circa eine Nummer größer als die normale BH-Größe gekauft werden. Es gibt sie als BHs oder Tops. Sie werden in allen Preisklassen angeboten und sind im Drogeriehandel, den Apotheken oder im Fachhandel erhältlich. Nicht ganz günstig, aber sehr empfehlenswert sind die Modelle der Firma Medela, da sie besonders angenehm zu tragen sind.
- **Stilleinlagen** fangen die Milch auf, die zwischen den Stillphasen austreten kann. Es gibt Stilleinlagen zum einmaligen Gebrauch oder als Seideneinlage zum Waschen. Meist sind die

Markenprodukte aus der Apotheke oder dem Babyfachhandel in Sachen Tragbarkeit und Saugfähigkeit den Eigenmarken der Drogerien doch überlegen.

- **Stillkissen:** Ein weiches Kissen in Bananenform, das man sich während des Stillens um den Bauch legt, um das Baby darauf zu betten. Viele Schwangere benutzen es auch gerne schon vor der Geburt zum Schlafen, um damit den Bauch zu stützen. Stillkissen haben unterschiedliche Füllungen: feste, die weniger nachgeben, oder weiche, die mehr nachgeben.

- **Milchpumpen** gibt es als Handpumpen oder als elektronische Variante. Sie können gerade am Anfang helfen, die Brust zu stimulieren, um die Milchproduktion anzuregen. Viele Frauen nutzen sie, um auf Vorrat Milch abzupumpen. Sie können Müttern per Rezept verschrieben und in der Apotheke ausgeliehen werden. Auch ohne Rezept kann man Pumpen gegen eine geringe Gebühr in der Apotheke leihen.

- **Spucktücher** dienen als Schutz bei Babys Bäuerchen. Natürlich genügen hier normale Spucktücher aus Baumwolle, wer aber von der Optik her weniger langweilige, etwas außergewöhnlichere Modelle bevorzugt, dem sind zum Beispiel die Firmen bellybutton oder aden + anais zu empfehlen. Spucktücher kann man auch mit Babys Namen versehen lassen (ideal auch als Geschenk!) – hier gibt es zahlreiche Anbieter im Internet.

- **Stilltuch/Stillschal:** Erlaubt diskretes Stillen in der Öffentlichkeit. Inzwischen gibt es eine Vielzahl an unterschiedlichen Modellen, zum Beispiel Produkte von Bébé au Lait oder einfach bei Etsy schauen: www.etsy.com

Stillen im Job?

Frauen, die sehr zeitnah nach der Geburt wieder arbeiten, dürfen dank Mutterschutzgesetz in den ersten zwölf Monaten nach der Geburt mindestens zweimal täglich eine halbe Stunde oder einmal täglich eine Stunde zum Stillen verwenden, ohne dass dies zum Verdienstausfall führt. Bei zusammenhängenden Arbeitszeiten von mehr als acht Stunden erhöht sich die Dauer der Stillpausen sogar auf mindestens zweimal 45 Minuten (oder einmal 90 Minuten, sofern in der Nähe des Arbeitsplatzes keine Stillmöglichkeit vorhanden ist).

Diese Stillzeiten müssen von den Müttern nicht vor- oder nachgearbeitet und dürfen nicht auf die festgesetzten Pausenzeiten angerechnet werden.

Zudem gelten für stillende Mütter viele der Schutzvorschriften für Schwangere. So etwa die Pflicht, die stillende Mutter für erforderliche Untersuchungen freizustellen. Oder das prinzipielle Verbot, Nachtarbeit zu leisten oder an Sonn- und Feiertagen zu arbeiten (wobei unter gewissen Voraussetzungen Ausnahmen möglich sind). Oder das Verbot, die stillende Frau Tätigkeiten ausüben zu lassen oder sie Arbeitsbedingungen auszusetzen, in denen eine unverantwortbare Gefährdung ihrer körperlichen oder psychischen Gesundheit besteht (zum Beispiel durch Gefahr- oder Biostoffe, durch Strahleneinwirkung oder durch Akkordarbeit).

Unser Tipp Für die Versorgung des Säuglings mit Vitamin D werden meist Tabletten verschrieben. Praktischer ist die Verabreichung über ein spezielles Öl (zum Beispiel Vigantol-Öl), das einfach auf den Schnuller oder vor dem Stillen auf die Brustwarze getropft wird.

Schnelle Hilfen bei wunder Brust

Gerade am Anfang kann die Brust sehr empfindlich sein und die Brustwarzen können spröde und rissig werden. Entscheidend ist die richtige Stillhaltung, damit es nicht wiederholt zu Problemen kommt.

- **Stillhütchen** aus Silikon werden dazu verwendet, um wunde und strapazierte Brustwarzen während des Stillens zu schonen. Hebammen raten aber eher davon ab (oder höchstens zu einer kurzzeitigen Benutzung), da das Baby die falsche Saugtechnik lernt und die Milchproduktion abnehmen kann.
- **Lanolin** (Wollfett) hilft bei wunden Brüsten. Unbedingt darauf achten, dass es sich um reines Lanolin handelt, damit es ein Naturprodukt ist und somit unbedenklich für das Baby angewendet werden kann. Am besten nach jedem Stillen dünn auftragen.
- **Kaltkompressen** aus dem Kühlschrank (am besten mit einem dünnen Handtuch oder einem Spucktuch umwickelt) kühlen die wunde Brust und sorgen für Schmerzlinderung.

- Kalter **Quark**, aufgegossene und abgekühlte schwarze **Teebeutel** oder **Kohlblätter** aus dem Kühlschrank sind weitere nützliche Helfer.
- Bei **anhaltenden Beschwerden** aber unbedingt an die Hebamme oder den Frauenarzt wenden.

Abstillen

Um die Milchproduktion zu reduzieren, wird empfohlen, allmählich eine Mahlzeit pro Woche durch Beikost (bei Babys unter sechs Monaten durch Flaschennahrung) zu ersetzen. Mit dem Stillen aufzuhören, ist ein langsamer Prozess, der sich, wenn er sanft vollzogen wird, über Wochen hinziehen sollte. Von heute auf morgen mit dem Stillen aufzuhören, ist ohne Medikamente fast nicht möglich, da der Körper eine Weile benötigt, um die Milchproduktion zu reduzieren.

BÜCHER

Stillen: Das Begleitbuch für eine glückliche Stillzeit. Vivian Weigert, Kösel, 2019.

Intuitives Stillen: Dem eigenen Gefühl vertrauen – Die Beziehung zum Baby stärken – Einfach und entspannt. Regine Gresens, Kösel, 2016. Die Autorin ist Hebamme und Stillberaterin und beschäftigt sich sehr einfühlsam, wohlwollend und aufmunternd mit der Frage, wie Mütter und Babys in den Genuss einer entspannten und natürlichen Stillzeit kommen können. Sie ermutigt dazu, dem eigenen Gefühl zu folgen und sich von festen Regeln und Anleitungen zu lösen. Mit vielen Tipps und Informationen, zum Beispiel auch sehr spannend zur Zusammensetzung des »Supercocktails« Muttermilch.

Stillen: Ihre Stillberatung für zu Hause. Mütter berichten: Das hat mir geholfen. Dora Schweitzer, Trias, 2012.

Stillen: Einfühlsame Begleitung durch alle Phasen der Stillzeit. Márta Guóth-Gumberger, Elizabeth Hormann, GU, 2014.

Das Stillbuch. Hannah Lothrop, Kösel, 2016.

INTERNET

www.lalecheliga.de La Leche Liga Deutschland e.V., Infos zum Thema Stillen sowie Stillgruppen- und Stillberaterinnensuche nach Postleitzahl

www.lalecheliga.at La Leche Liga Österreich, Informationen zu Stillberaterinnen und Stillgruppen in Österreich

www.lalecheleague.ch La Leche League Schweiz, Informationen zu Stillberaterinnen und Stilltreffen in der Schweiz

www.afs-stillen.de Arbeitsgemeinschaft freier Stillgruppen, Infos zum Thema Stillen und Stillberaterinnensuche nach Postleitzahl

www.bdl-stillen.de Berufsverband Deutscher Laktationsberaterinnen. Auf der Internetseite sind interessante (Fach-)Zeitungsartikel, Studien, Medienberichte zu finden.

www.stillgruppen.de Infos zum Thema Stillen und Stillgruppensuche nach Postleitzahl

www.stillen.at Internetseite des Verbands der Still- und Laktationsberaterinnen Österreichs mit nützlichen Informationen und Adressen

www.stillen.ch Berufsverband der Schweizerischen Stillberaterinnen mit nützlichen Informationen und Adressen

www.embryotox.de Eine Webseite der Berliner Charité Universitätsmedizin, die sich zwar an medizinische Fachkreise richtet, aber auch für »Normalverbraucher« sehr nützlich ist: Man findet Informationen zu vielen Medikamentenwirkstoffen und eine Einschätzung dazu, wie sicher oder risikobehaftet deren Anwendung während Schwangerschaft und Stillzeit ist, auch mit dem Angebot individueller Beratung über eine Online-Fragebogen

Es gibt zudem zahlreiche Videos auf **www.youtube.de** zum Thema Stillen.

KOSTENLOSE BROSCHÜREN

Das Baby Broschüre (auch als Download) erhältlich bei der Bundeszentrale für gesundheitliche Aufklärung (die seit Anfang 2025 Bundesinstitut für Öffentliche Gesundheit, BIÖG, heißt) unter shop.bioeg.de (im Suchfeld »Das Baby« eingeben).

10 Tipps: So fließt reichlich Muttermilch Zum Download erhältlich bei La Leche Liga, www.lalecheliga.de (➛ Shop ➛ Kostenfreier Downloadbereich).

Trinkt mein Baby genug Milch? Zum Download erhältlich bei La Leche Liga, www.lalecheliga.de (➛ Shop ➛ Kostenfreier Downloadbereich).

Anlegen und Stillpositionen Zum Download erhältlich bei La Leche Liga, www.lalecheliga.de (➛ Shop ➛ Kostenfreier Downloadbereich).

Muttermilch gewinnen und aufbewahren Zum Download erhältlich bei La Leche Liga, www.lalecheliga.de (➛ Shop ➛ Kostenfreier Downloadbereich).

Wunde Brustwarzen Zum Download erhältlich bei La Leche Liga, www.lalecheliga.de (➛ Shop ➛ Kostenfreier Downloadbereich).

Milchstau und Brustentzündung Zum Download erhältlich bei La Leche Liga, www.lalecheliga.de (➛ Shop ➛ Kostenfreier Downloadbereich).

Flaschennahrung

Heutzutage unterliegt Flaschennahrung strengen gesetzlichen Richtlinien. So bekommt das Baby auch hier alle wichtigen Mineral- und Nährstoffe, um groß zu werden.

Welche Säuglingsmilch ist die richtige?

Die sogenannte **Pre-Milch** gleicht der Muttermilch am ehesten und kann so oft gegeben werden, wie es das Baby verlangt. Nach ein paar Monaten kann man auf Folgemilch 1 wechseln, die im Gegensatz zur Pre-Milch mehr Stärke enthält. Diese Umstellung ist nicht zwingend notwendig, auch vertragen manche Babys diesen Wechsel nicht so gut.

Folgemilch 2 darf frühestens parallel zur Beikost eingeführt werden, die meisten Hebammen raten aber davon ab und empfehlen, im ersten Jahr bei der Pre- oder Folgemilch 1 zu bleiben, da sie der Muttermilch am ähnlichsten ist.

Die sogenannte **HA-Milch** (HA steht für »hypoallergen«) ist speziell für allergiegefährdete Babys. Da Milcheiweiß für das Auslösen von Allergien verantwortlich sein kann, ist bei dieser Milch das Eiweiß gespalten und wird somit vom Darm als weniger fremd empfunden. Bitte vom Titel nicht täuschen lassen: Sie stellt keinen absoluten Schutz vor Allergien dar.

Wie so oft gilt: Teuer ist nicht immer auch besser! Magazine wie *Ökotest* und *Stiftung Warentest* testen in regelmäßigen Abständen Milchpulver – es empfiehlt sich, die Testergebnisse genau anzuschauen, bevor man sich für eine Marke entscheidet. Da einige Babys Schwierigkeiten mit Nahrungsumstellungen haben, ist es ratsam, bei einem Milchpulver zu bleiben.

Die Zubereitung von Flaschenmilch

Um Verklumpungen oder falsche Mischverhältnisse (die zu Magenschmerzen bei Kindern führen können) zu vermeiden, sollten die Mengenangaben der Gebrauchsanleitung unbedingt eingehalten werden. Bitte immer darauf achten, Säuglingsnahrung frisch zuzubereiten und nie noch einmal aufzuwärmen – es bilden sich nämlich bei abgestandener Milch sehr schnell Bakterien, die für das Kind schädlich sein können.

Die Flaschen und Sauger sind nach jedem Gebrauch zu reinigen und müssen zusätzlich in den ersten sechs Monaten sterilisiert werden (mit dem Sterilisator oder auskochen). Das Gleiche gilt für das Wasser, mit dem man die Flaschennahrung zubereitet: In den ersten sechs Monaten sollte man das Wasser abkochen oder spezielles Säuglingswasser kaufen.

Unser Tipp Um nachts Zeit zu sparen, kann man das Wasser fürs Milchfläschchen am Abend abkochen, auf die richtige Temperatur abkühlen lassen und in eine Thermoskanne füllen. Bei Bedarf muss man das Wasser dann nur noch in das Fläschchen füllen (am besten mit dem schon portionierten Milchpulver) und fertig ist die Mahlzeit.

Kleine Helfer für die Flaschennahrung

- **Flaschen und Sauger** gibt es in den verschiedensten Ausführungen und Größen. Einige Flaschen bieten Anti-Kolik-Systeme (ein Ventil soll das Luftschlucken verhindern, dadurch werden Blähungen reduziert), andere sind sogenannte Weithalsflaschen, welche die Befüllung etwas erleichtern. Wichtig ist, gerade für den Anfang einen Sauger mit einer kleinen Öffnung zu wählen, ansonsten trinken die Babys zu schnell und schlucken zu viel Luft. Hilfreich ist es, wenn der Flaschenhersteller bei den Saugern genaue Angaben zur Altersstufe macht (wie zum Beispiel bei der Marke »Avent« von Philips). Da es inzwischen verboten ist, Babyflaschen mit dem als gefährlich geltenden Schadstoff Bisphenol A (BPA) herzustellen, ist es eine persönliche Entscheidung, ob man sich für Plastik- oder Glasflaschen entscheidet. Plastikflaschen sind leicht, so kann das Baby sie später problemlos halten, und sie gehen nicht so schnell kaputt. Glasflaschen hingegen bleiben länger ansehnlich, da sie sich nicht verfärben können.

- **Flaschenbürsten** sind spezielle Bürsten für die Reinigung der Babyflaschen. Aus hygienischen Gründen sollten sie ausschließlich dafür genutzt werden.

- **Sterilisatoren** gibt es als elektrisches Gerät oder als Einsatz für die Mikrowelle. Ein Sterilisator kann gerade für die ersten Monate sehr nützlich sein, ist aber nicht zwingend notwendig. Alternativ kann man die Flaschen selber sterilisieren. Dazu legt man alle Teile für drei bis fünf Minuten in kochendes Wasser.

- **Thermometer** helfen dabei, die Temperatur von Babys Milchflasche zu überprüfen. Im Fachhandel sind spezielle Modelle erhältlich, ein Bratenthermometer erfüllt diesen Zweck aber auch.

- **Flaschenständer** dienen zum Abtropfen nach der Reinigung oder gleich als Aufbewahrung für die Flaschen. Eine Anschaffung ist aber nicht zwingend notwendig.
- Eine **Thermoskanne** ist ideal für unterwegs und zu Hause, um abgekochtes Wasser warm zu halten.
- Eine **Milchpulverbox** enthält drei separate Kammern. So kann man die vorher abgemessenen Mengen an Milchpulver praktisch für unterwegs aufbewahren und bei Bedarf direkt in die Flasche geben.

Weitere nützliche Helfer

- Der **»Cool Twister«** von Nip hilft, heißes Milchwasser sofort auf die richtige Temperatur zu bekommen. Man lässt das abgekochte Wasser durch den Cool Twister (sieht aus wie ein Minifässchen) laufen und kann es dadurch in Sekundenschnelle auf 40, 50, 60 oder 70 Grad abkühlen. Dies funktioniert über eine integrierte Kühlspirale – je nachdem welche Temperatur man erreichen will, wird das Gerät mit entsprechend mehr oder weniger Wasser befüllt. Praktisch: Es benötigt keinen Strom, nach dem Gebrauch stellt man den Twister einfach zum »Kälte-Laden« in den Kühlschrank.
- Es gibt bereits spezielle **Wasserkocher**, die über Warmhaltefunktionen und eine elektronische Temperatureinstellung ver-

fügen, sodass das Wasser genau auf die gewünschte Temperatur erhitzt werden kann (zum Beispiel »Precision Control« von Russell Hobbs).

Wickeln und baden

Wickeln

Wickeln, wickeln, wickeln – ist jetzt erst mal das Motto für die nächsten Jahre. Mit der richtigen Ausrüstung, und die muss nicht riesig sein, ist das Thema aber gut und schnell in den Griff zu bekommen, und die Wickelminuten können sogar zu einem innigen Moment für Eltern und Baby gestaltet werden.

Stoff- oder Wegwerfwindeln – oder gar keine?

Ganz zu Anfang steht die Frage, für welche Windelart man sich entscheiden möchte: Stoffwindeln, die man selbst (oder per speziellem Windelservice) wäscht und immer wieder verwendet, oder Einmalwindeln (konventionell oder öko), die nach Gebrauch weggeworfen werden.

Beide haben ihre Vor- und Nachteile:

- Bei **Stoffwindeln** trägt das Baby Naturmaterialien auf der Haut, sie produzieren weniger Abfall und sind trotz der höheren Anschaffungskosten langfristig billiger. Dafür braucht man mehr Zubehör (die eigentliche Windel, dazu eventuell zusätzliche Saugeinlagen plus ein Windelhöschen für darüber), das Baby muss häufiger gewickelt werden (geringere Saugfähigkeit als bei Einmalwindeln), unterwegs muss man schmutzige

Windelpakete mit nach Hause nehmen, das Waschen ist zeitraubend und bei Trocknernutzung steigt der Stromverbrauch. Allerdings hat man bei der Nutzung von Stoffwindeln immerhin diverse eigene Möglichkeiten/Stellschrauben, um seine persönliche Ökobilanz selbst zu beeinflussen.

- **Wegwerfwindeln** dagegen saugen den Urin in einem speziellen Saugkörper auf, sodass Babys Haut heutzutage weitgehend trocken bleibt. Auch kann sich der Urin nicht mit dem Stuhlgang vermischen, was die Entstehung von Ammoniak minimiert und damit die Gefahr von wunden Pos und Hautausschlägen im Windelbereich deutlich reduziert. Weiteres Zubehör ist nicht erforderlich, und Wegwerfwindeln halten besser dicht. Dafür sind sie teurer und produzieren Abfall. Und dem Effekt des »Babys Po bleibt trocken« halten Stoffwindelbefürworter entgegen, dass die Kinder genau dadurch das Gespür dafür verlieren, wann/ob sie etwas in die Windel gemacht haben und der Prozess des Windelfreiwerdens dadurch deutlich länger dauert.
  Es gibt auch Windeln aus biologisch abbaubaren Naturmaterialien, leider aber keine klare, einheitliche Definition, wann sich eine Windel »öko« nennen darf. Man muss also schon die Verpackungsinfos gut durchlesen, um herauszufiltern, wie viel der Windel tatsächlich aus umweltfreundlichen, nachhaltigen Materialien gefertigt ist.
  Und leider darf man gebrauchte Windeln nicht in die Biotonne werfen, sodass sie letztlich doch wieder in der Müllverbrennungsanlage landen. Die Größen der Windeln orientieren sich am Gewicht des Babys, auf der Packung gibt es dazu immer einen Hinweis. Sogenannte Active-Modelle haben einen noch stärkeren Saugkern und bieten sich damit speziell für die Nacht an.

Von der Ökobilanz her scheint kein Windelsystem eindeutig günstiger dazustehen als das andere, denn beide verbrauchen Energie und haben Auswirkungen auf die Umwelt. Leider gibt es zu diesem Thema aber auch nur wenige gute Ökobilanzstudien und selbst diese widersprechen sich teilweise oder sind mittlerweile schon richtig alt, kein leichtes Thema also … Wer sich intensiver mit diesem Thema befassen möchte: zum Beispiel auf www.windelmanufaktur.com gibt es den sehr informativen Artikel »Ökobilanz: Stoffwindeln vs. Wegwerfwindeln«. Zu finden in der Rubrik »Stoffwindel-Ratgeber«.

Und dann gibt es noch die **Windelfrei-Methode,** bei der man versucht, das Kind soweit möglich ohne Windeln aufwachsen zu lassen. Von Anfang an oder nach wenigen Lebensmonaten wird auf die Windel verzichtet, und die Eltern erkennen an diversen Signalen rechtzeitig, wenn das Kind mal muss.

Unser Tipp Spart die Schlepperei von Wegwerfwindeln: Einige Firmen bieten Windelabos an, bei denen in regelmäßigen Abständen Windeln nach Hause geliefert werden (zum Beispiel über große Onlinehändler oder einfach bei Google unter »Windelabo« suchen).

Wickeltisch

Einen extra Wickeltisch zu haben, ist praktisch, aber nicht unbedingt notwendig. Es gibt von vielen Firmen auch Wickelaufsätze aus Holz, die man einfach auf eine Kommode aufsetzt und, wenn das Wickelalter vorbei ist, wieder abnimmt. Auch eine Wickelauflage auf der Waschmaschine oder spezielle Wickelaufsätze für die Badewanne erfüllen den gewünschten Zweck. Wo immer der Platz es erlaubt, ist es auf jeden Fall schön, dem Baby eine möglichst große Wickelfläche zu geben, damit es sich bewegen, drehen und mitmachen kann. Und wer die Möglichkeit dazu hat, der achtet aus Sicherheitsgründen auf etwas höhere Seitenbegrenzungen, um das Baby davor zu schützen, sich von der Wickelfläche runterzurollen.

Ebenfalls kein Muss, aber wirklich praktisch ist es, einen »ständigen Wickelplatz« zu haben, damit man, vor allem wenn's mal schnell gehen muss, nicht immer erst eine Stelle freiräumen muss.

Und: Zur Rückenschonung der Eltern sollte man auf eine ausreichende Höhe der Wickelfläche achten. Angenehm, aber natürlich kein Muss ist fließendes Wasser in der Nähe.

Auf jeden Fall sollte rund um den Wickelort ausreichend Platz sein für alles, was man immer schnell griffbereit braucht:

- frische Windeln
- parfümfreie Feuchttücher oder große Wattepads zum Reinigen und Trockentupfen
- Pflegeprodukte (Po-Wundschutzcreme mit Zinkoxid, bei trockener Haut eine Feuchtigkeitscreme)
- frische Wechselkleidung

Zubehör

- **Wickelauflage:** Dies ist die weiche Unterlage, auf der das Baby beim Wickeln liegt. Es gibt sie in den verschiedensten Größen und Ausführungen, oft sind sie an den Seiten keilförmig erhöht, damit das Kind nicht so leicht wegrollen kann. Damit jedes Malheur schnell zu beseitigen ist, sollte sie mit einem (ab-) waschbaren Bezug überzogen sein (oder einfach ein Handtuch oder eine Einmal-Wickelunterlage drauflegen).

- **Windel-Mülleimer:** Die günstigste Variante ist einfach ein Mülleimer mit Deckel, die hochpreisigere Version ein spezieller Windeleimer, der mit einem Mülltütensystem arbeitet, in das jede Windel einzeln eingedreht und damit quasi geruchsfrei entsorgt wird. Die passenden Müllschläuche müssen allerdings teuer nachgekauft werden und sind wenig umweltfreundlich.
- Es geht aber auch ganz ohne Eimer, zur Geruchsvermeidung knotet man die Windeln in kleinere Mülltüten und entsorgt die einfach öfter.
- **Heizstrahler:** Kleine Babys lieben beim Wickeln die Wärme eines Heizstrahlers. Vor allem auch, weil sie anfangs die Körpertemperatur noch nicht so schnell regulieren können und bei niedrigen Temperaturen rasch auskühlen. Gerade wenn der Raum, in dem gewickelt wird, etwas kühler ist oder das Baby in den Herbst-/Wintermonaten geboren wurde, lohnt sich die Anschaffung (oder das Ausleihen) eines Heizstrahlers für den Wickelplatz. Die gängigen Modelle schraubt man an die Wand (Abstandsvorgaben einhalten!), es gibt aber auch Stand-Wickelheizstrahler (zum Beispiel von reer oder Hartig + Helling). Bei Billigmodellen passiert es immer wieder, dass die An-/Aus-Schnur abreißt. Deshalb lieber in ein Qualitätsmodell investieren.
- **Mobile:** Ein Mobile über dem Wickelplatz fasziniert Babys und ist eine gute Ablenkung, wenn das Wickeln mal als nicht ganz

so spannend empfunden wird. Lässt sich auch leicht selbst machen, indem man an einem Faden aufhängt, was einem gefällt – egal ob kleines Stofftier, bunte kleine Lampions, Origami-Tiere oder Ähnliches.

> Unser Tipp Babys blicken von unten auf das Mobile! Die meisten Modelle sind aber so gemacht, dass zwar die Eltern die Figuren schön sehen, das Kind aber quasi nur den Querschnitt. Also beim Kaufen oder Basteln darauf achten, ein Mobile mit »Baby-Perspektive« zu nehmen. IKEA bietet zum Beispiel ein günstiges Modell in der GULDVÄVARE- oder KLAPPA-Serie an.

Baden

Es gibt viele Möglichkeiten, wo ein Baby gebadet werden kann:

- In der **Baby-Badewanne:** klassisch aus Plastik, wird meist einfach in die große Badewanne gestellt. Gibt's auch mit speziellen Untergestellen (wegen der Höhe rückenschonend für die Eltern) oder als platzsparendes Faltmodell (zum Beispiel die Wanne Flexi Bath der Firma Stokke).
- Im **Bade-Eimer:** Babys fühlen sich in der Enge des Eimers und in Fötushaltung sitzend wohl und können kaum wegrutschen.
- Oder: Von Anfang an nur im **Waschbecken** oder der **Badewanne** baden geht auch ohne Weiteres. Für das Baden im

Waschbecken gibt es sogar extra Einsätze, damit das Baby nicht wegrutschen kann (zum Beispiel die Baby-Badehilfe aus Plüsch »Moby« von Skip Hop oder die Plüschblume Blooming Bath).

Kleine Badehelfer

- **Badewannenthermometer:** nicht unbedingt notwendig, aber praktisch, wenn man sich anfangs wegen der richtigen Temperatur des Badewassers noch unsicher ist (gibt's günstig im Drogeriemarkt).
- **Anti-Rutsch-Wannenmatte:** ebenfalls keine zwingende Anschaffung, gibt einfach etwas mehr Halt beim Baden.
- **Badezusatz:** nicht unbedingt nötig, aber wenn, dann mit rückfettenden Substanzen und möglichst nur mit natürlichen Inhaltsstoffen (auch Muttermilch ist gut geeignet). Haarshampoo braucht man erst später bei richtig dichtem Haar.

BÜCHER

Es geht auch ohne Windeln! Der sanfte Weg zur natürlichen Babypflege. Ingrid Bauer, Kösel, 2004. Die Autorin, die ihren Sohn selbst ab dem vierten Monat ohne Windeln aufwachsen ließ, plädiert für eine natürliche Säuglingspflege und gibt Hilfestellungen für den Alltag mit einem windelfreien Baby. Leider nur noch gebraucht erhältlich.

Windelfrei? So geht's! Lini Lindmayer, tologo Verlag, 2013. Als Grundlage für ein Aufwachsen ohne Windeln wird hier der Aufbau einer intensiven Eltern-Kind-Beziehung beschrieben, ebenso wie das Begleiten der frühkindlichen Entwicklung durch Kommunikation und Körperkontakt. Leider nur noch gebraucht erhältlich.

INTERNET

www.windelmanufaktur.com Diese deutsche Firma hat sich dem Konzept der »Manufakturwindel« verschrieben – Stoffwindeln, die sich baukastenmäßig zusammenstellen lassen und dabei auch noch schön anzusehen sind. Mit großem Ratgeberteil, vielen Produktinformationen und Onlineshop.

www.fratzhosen.de Hier gibt es viel Wissenswertes zum Wickeln mit Stoff-/Naturwindeln, einen großen Shopbereich für jegliches Zubehör sowie eine Suchfunktion, um eine Stoffwindelberaterin in der Nähe zu finden (ganz nach unten scrollen, im Service-Bereich). Sehr informativ ist auch der Artikel »Stoffwindeln vs. Wegwerfwindeln im Vergleich« (im Blog-Bereich).

www.naturwindeln.de Große Infoseite rund um das Thema Stoffwindeln, die nicht gewerblich ausgerichtet ist, sondern einfach Eltern-zu-Eltern-Hilfe gibt.

www.sumobaby.com Webseite der Berliner Firma SUMO, die nachhaltige, komfortable und besonders leistungsstarke Stoffwindeln entwickelt.

www.rabeneltern.org Webseite mit kleinem Forum zur windelfreien Erziehung (➛ Wissenswertes ➛ Windelfrei)

KOSTENLOSE BROSCHÜREN

Babypflege. Kinder schützen – Schadstoffe vermeiden! Übersichtliche Broschüre der WECF (Women Engage for a Common Future), die auf gefährliche Chemikalien und ihre gesundheitsschädigenden Wirkungen in Babypflegeprodukten hinweist und Tipps gibt, wie man diese vermeiden kann. Zum Download auf www.nestbau.info (→ Broschüren).

Das Baby Broschüre des Bundesinstitutes für Öffentliche Gesundheit mit zwar kleinen, aber informativen Kapiteln zum Wickeln und Baden. Bestellung oder Download unter shop.bioeg.de (im Suchfeld »Das Baby« eingeben).

Babys Schlaf

Ob das Baby im eigenen Bettchen oder bei den Eltern schläft oder eventuell erst in der Nacht ins Elternbett wechselt – ein Richtig oder Falsch gibt es dafür nicht und auch keine Garantie für einen ruhigen, durchgehenden Babyschlaf. Die Entscheidung liegt hier allein im Ermessen der Eltern und hängt auch vom individuellen Schlafrhythmus des Babys ab.

Sicherer Babyschlaf

Einige Maßnahmen können allerdings die Sicherheit von Babys Schlaf erhöhen, da sie die Rate des plötzlichen Säuglingstodes in Deutschland in den letzten 20 Jahren deutlich senkten. Dazu gehören:

- Das Baby zum Schlafen immer (auch beim Mittagsschlaf) auf den Rücken legen. Das ist die sicherste und beste Schlafposition, denn so sind Mund und Nase nicht verdeckt und der Brustkorb kann sich frei entfalten.
- Um dabei das Plattliegen des Hinterkopfs zu vermeiden und seine Nackenmuskulatur zu trainieren: das Baby tagsüber, wenn es wach ist, immer wieder mal kurz (und unter Beobachtung) auf den Bauch legen oder in einer Tragehilfe tragen.
- Kann sich das Baby später von alleine drehen, sollte die Schlafposition auch nicht gewaltsam verändert werden.
- Nicht rauchen! Das beginnt schon in der Schwangerschaft und gilt erst recht, wenn das Baby da ist. Weder im Schlafzimmer noch sonst in der Wohnung sollte das Baby Rauch ausgesetzt sein.
- 18 Grad gelten als die beste Raumtemperatur für Babys Schlafzimmer. Die Luft sollte frisch und nicht zu trocken sein, das Bett weder neben einer Heizung noch in Zugluft stehen.
- Der Kopf des Babys darf durch nichts verdeckt sein, was einen Atemrückstau verursachen könnte. Also Schlafsack statt Kissen und Decke, kein Fell.

- Vor allem in den ersten vier Monaten sollte das Baby im eigenen (Beistell-)Bettchen im Elternschlafzimmer schlafen, nicht jedoch im Elternbett, um eine Überwärmung zu vermeiden.
- Im ersten Lebensjahr sollte das Babybett im Elternschlafzimmer aufgestellt sein, denn es wird davon ausgegangen, dass die gleichmäßigen Schlaf-Atemgeräusche der Eltern sich positiv auf die Atemregulation des Babys auswirken.
- Schnuller anbieten.
- Für die Luftdurchlässigkeit der Matratze sorgen, also keine Kunststoffbezüge oder Gummiauflagen als Matratzenschoner verwenden.

Unser Tipp Ob dem Baby warm genug ist, lässt sich am besten testen, indem man die Finger auf seinen Nacken legt – es sollte sich warm, aber nicht verschwitzt anfühlen.

Pucken

Unter Pucken versteht man das enge Einwickeln des Babys in ein Tuch. Es heißt, dass sich viele Babys durch die feste Begrenzung geborgen fühlen und dadurch ruhiger werden. Vor allem Kinderärzte halten das Pucken jedoch zunehmend für gefährlich, da das Baby überhitzen kann, in der freien Atmung behindert oder durch die Bewegungsunfähigkeit frustriert wird.

Schreibabys

Wann spricht man überhaupt von einem Schreibaby? Zur Beantwortung dieser Frage zieht man die sogenannte Dreierregel heran: Das Baby schreit drei Stunden am Tag (nicht am Stück, sondern über 24 Stunden verteilt), an mindestens drei Tagen in der Woche und seit mindestens drei Wochen ohne erkennbaren Grund. Unabhängig von dieser Regel zählt aber auch das individuelle Empfinden der Eltern.

Die Gründe für dieses die Eltern extrem belastende Verhalten können nur vermutet werden. Neben dem Charakter des Kindes werden auch Faktoren wie starke Belastungen während der Schwangerschaft, eine schwierige Geburt oder Wochenbettdepressionen der Mutter genannt.

Betroffene Eltern können sich Hilfe beim Kinderarzt oder in einer Schreiambulanz suchen. Entsprechende Webseiten und Literatur erwähnen wir auf den folgenden Seiten.

BÜCHER

Schlaf gut, Baby! Der sanfte Weg zu ruhigen Nächten für Kinder von 0 bis 6 Jahren. Herbert Renz-Polster, Nora Imlau, GU, 2022. Der langjährige Kinderarzt und die erfahrene Journalistin und Stillberaterin haben sich für dieses Buch zusammengetan. Herausgekommen ist ein wirklich gutes und schönes Werk rund um den Kinderschlaf vom Baby- bis zum Schulalter. Hier geht es nicht um strikte Schlaftrainings oder starre Theorien, vielmehr steht ein liebevolles Miteinander im Vordergrund, die individuelle Wahrnehmung eines jeden Kindes und der Blick darauf, was zu seiner Entwicklung passt. Dazu viele praktische Hilfestellungen und wissenschaftliche Erkenntnisse. Ein Buch, das die festgetretenen Pfade verlässt und mit mutigen Fragen die üblichen Elternängste und Mythen kräftig aufrüttelt.

Mama schläft jetzt durch – So überstehen Sie die ersten 500 Nächte mit Baby und bringen es zum Durchschlafen. Angela Breitkopf, mvg Verlag, 2016. Die Autorin hat sich auf die Suche danach gemacht, wie Babys und Mütter zu ausreichend Schlaf kommen, und zwar ohne Schreienlassen oder mütterliche Selbstaufgabe. Ein sehr warmherziges Buch, das sich vor allem durch seinen offenen und liebevollen Blick auf die ganz individuellen Situationen von Müttern und ihren Babys sehr aufmunternd und erfrischend undogmatisch liest.

artgerecht – Das andere Baby-Buch. Nicola Schmidt, Kösel, 2021. Zeigt, wie man auch in unserer modernen Welt dem biologischen Urprogramm von Kindern und ihren seit der Steinzeit eigentlich unveränderten Bedürfnissen gerecht werden kann. Das Kapitel »Artgerecht schlafen« gibt viele Strategien für ruhige Nächte und erklärt, warum Babys anders schlafen.

Schlafen statt Schreien: Das liebevolle Einschlafbuch. Elizabeth Pantley, Trias, 2019. Die Autorin plädiert dafür, dass Einschlafen auch ohne Schreien möglich ist.

Kinder verstehen. Born to be wild: Wie die Evolution unsere Kinder prägt. Herbert Renz-Polster, Kösel, 2022. Enthält zwei Kapitel zum Thema Schlafen, interessant, da das Schlafen (im Elternbett) unter dem Aspekt der Evolution betrachtet wird.

Ich will bei euch schlafen! (Ein-)Schlafen mit Co-Sleeping. Sibylle Lüpold, Herder, 2019. Die Autorin erklärt, wie man Co-Sleeping (ein gemeinsamer Schlafort der Familie) richtig durchführt und damit zu ruhigen Nächten und starken Kindern kommt, die dann auch im eigenen Bett durchschlafen.

So beruhige ich mein Baby – Tipps aus der Schreiambulanz. Christine Rankl, Patmos, 2024. Die Autorin ist Psychotherapeutin und Mitbegründerin einer Wiener Schreiambulanz. Sie erklärt, wie Schreiprobleme entstehen, und gibt je nach Alter des Babys ganz individuelle Tipps, wie man diese bewältigen kann.

Das glücklichste Baby der Welt: So beruhigt sich Ihr schreiendes Kind – so schläft es besser. Harvey Karp, Goldmann, 2016. Seit Jahren ein Klassiker auf dem Gebiet des sanften und natürlichen Beruhigens von schreienden Babys. Vor allem interessant für die ersten drei Lebensmonate.

Jedes Kind kann schlafen lernen. Annette Kast-Zahn, Hartmut Morgenroth, GU, 2013. Das viel zitierte Einschlafbuch, dessen Methode darauf beruht, das Kind kontrolliert schreien zu lassen und damit in nur wenigen Tagen von ungünstigen Schlafgewohnheiten abzubringen.

INTERNET

www.angelcare.de Hersteller von sogenannten Sensor-Pads – diese werden unter Babys Matratze gelegt und überwachen seinen Schlaf. Registriert das Pad länger als 20 Sekunden keine Bewegung, ertönt ein Alarm auf einer Art Babyphon bei den Eltern. Auf der Webseite in der Rubrik »Schlafüberwachung« zu finden.

www.geps.de Webseite der Gemeinsamen Elterninitiative Plötzlicher Säuglingstod mit Informationen zu Präventivmaßnahmen und viel kostenlosem Infomaterial zum Bestellen oder Downloaden.

www.kinderaerzte-im-netz.de Berufsverband der Kinder- und Jugendärzte, der sich sehr kritisch zum Thema Pucken äußert: »Pucken: Kinder- und Jugendärzte raten davon ab« oder »Pucken ist überflüssig und gefährlich für Säuglinge« (»Kinderaerzte im Netz Pucken« als Suchbegriff direkt bei Google eingeben).

www.elternsein.info Die Webseite des »Nationalen Zentrums Frühe Hilfen« bietet eine Postleitzahlensuche, mit der man eine Schreiambulanz oder Beratungsstelle in der Nähe finden kann (➛ Schreien ➛ Suche Schreiambulanzen).

www.schreibaby.de Private Webseite mit Tipps und Hilfe für Eltern von Schreibabys.

KOSTENLOSE BROSCHÜRE

KURZ.KNAPP. Schreien Ein Faltblatt der BZgA zum Thema Schreien und Hinweise zu Rat und Hilfe, wenn das Schreien zur Belastung wird. Bestellung oder Download unter shop.bioeg.de (im Suchfeld »Schreien« eingeben).

Impfen

Spätestens wenn das Baby sechs Wochen alt ist, müssen sich Eltern mit der Frage auseinandersetzen, ob sie ihr Kind impfen lassen wollen oder nicht. Diese Entscheidung fällt oft nicht leicht. Einerseits können Impfungen bereits Kleinkinder vor vielen Krankheiten schützen. Andererseits werden Impfnebenwirkungen diskutiert und es wird die grundsätzliche Frage gestellt, wie gefährlich denn die Krankheiten überhaupt sind, gegen die man sein Kind impft.

Auch wenn in Deutschland rund 90 Prozent der Kinder geimpft werden, bestand bislang keine Impfpflicht. Seit 2020 gilt jedoch das Masernschutzgesetz. Es schreibt vor, dass alle Kinder ab dem vollendeten ersten Lebensjahr die von der Ständigen Impfkommission empfohlenen Masernimpfungen vorweisen müssen, wenn sie in den Kindergarten oder die Schule kommen oder von einer Tagespflegeperson betreut werden. Zudem gibt es Krippen/Kitas, die gewisse Impfungen zur Aufnahmebedingung machen. Und bereits seit 2015 gilt für alle Eltern aufgrund des Infektionsschutzgesetzes, dass sie bei der Erstaufnahme ihres Kindes in eine Kindertagesstätte zumindest eine ärztliche Impfberatung nachweisen müssen.

Empfehlungen dafür, welche Impfungen wann und für wen sinnvoll sind, gibt die ständige Impfkommission (STIKO, ein Expertengremium, dessen Tätigkeit vom Robert-Koch-Institut in Berlin koordiniert wird) einmal jährlich ab.

Informationen zum Thema Impfen erhält man selbstverständlich auch vom Kinderarzt, dem Bundesinstitut für Öffentliche Gesundheit, von Ärzteverbänden oder aus einschlägiger Literatur.

Wer bezahlt die Impfungen?

Die Impfungen, die die STIKO für Kinder empfiehlt, werden üblicherweise von den Krankenkassen bezahlt.

Impfausweis

Den Impfausweis erhält man vom impfenden (Kinder-)Arzt, der darin jede Impfung einzutragen hat.

BÜCHER

Maßvoll impfen: Risiken abwägen und individuell entscheiden. Stephan Heinrich Nolte, Kösel, 2021. Der Autor ist Kinderarzt und gibt Eltern anhand von medizinischen Informationen, Hintergrunderläuterungen und der Beleuchtung von Sicherheitsaspekten eine Orientierungshilfe beim Thema Impfen.

Impfen Pro & Contra. Martin Hirte, Knaur, 2023. Das Handbuch für die individuelle Impfentscheidung des Kinderarztes Dr. Hirte beleuchtet eher die Kritik am Impfen und gibt einen Überblick über Impfungen, Nebenwirkungen und Alternativen. Das Ganze auch in knapperer Form in seinem Buch »Impfen kurz und praktisch«.

INTERNET

www.rki.de Das Robert-Koch-Institut gibt viele Informationen zu den verschiedenen Impfungen und einen Impfkalender (➛ Themen ➛ Infektionskrankheiten ➛ Impfen), dort findet man auch den Webauftritt der Ständigen Impfkommission (➛ Themen ➛ Infektionskrankheiten ➛ Impfen ➛ Ständige Impfkommission), u. a. mit Reiseimpfungsinfos.

www.individuelle-impfentscheidung.de Verein der »Ärzte für individuelle Impfentscheidung«, der für eine differenzierte Impfberatung eintritt und auf der Webseite wissenschaftliche Informationen zum Thema verständlich darstellt. Unter ➛ Impfberatung ➛ Arztsuche findet man Ärzte, die bei der individuellen Impfentscheidung unterstützen.

www.kinderaerzte-im-netz.de Berufsverband der Kinder- und Jugendärzte, der übersichtlich zum Thema informiert (➛ Impfen).

www.impfen-info.de Webseite des Bundesinstitutes für Öffentliche Gesundheit (BIÖG) mit einer Mediendatenbank über das bundesweite Angebot an Materialien zum Thema Impfen (➛ Mediathek ➛ Printmaterialien), Entscheidungshilfen, Impfkalender etc.

www.pei.de Webseite des Paul-Ehrlich-Instituts (Bundesinstitut für Impfstoffe und biomedizinische Arzneimittel) mit Antworten auf kritische Impffragen, Informationen für Verbraucher, Ärzte und Apotheker, Auflistung aller in Deutschland zugelassenen Impfstoffe und vielem mehr.

www.gesetze-im-internet.de Bietet eine aktuelle Fassung des Infektionsschutzgesetzes (IfSG). Dieses bezweckt die Vorbeugung vor übertragbaren Krankheiten beim Menschen, enthält Bestimmungen zu Impfungen, Impfstoffen etc.

KOSTENLOSE BROSCHÜREN

Impfungen für Kinder – Schutz vor Infektionskrankheiten Ein Faltblatt des Bundesinstitutes für Öffentliche Gesundheit für einen schnellen Überblick und Informationen zu den Impfungen im Kindes- und Jugendalter, inklusive einer Tabelle, wann welche Impfungen empfohlen werden. Auch in zahlreichen anderen Sprachen erhältlich. Zum Download auf shop.bioeg.de (im Suchfeld »Impfungen für Kinder« eingeben).

Impfschutz für die ganze Familie. 20 Fragen – 20 Antworten Eine Broschüre des Bundesinstituts für Öffentliche Gesundheit. Zum Download auf shop.bioeg.de (im Suchfeld »Impfschutz« eingeben).

Beikost

Egal, ob Brei, Obst, Getreide oder Gemüse – als Beikost wird alles bezeichnet, was Babys außer der Muttermilch oder Flaschennahrung bekommen. Frühestens im fünften, spätestens im siebten Monat ist es Zeit für Babys ersten Brei. Der genaue Zeitpunkt ist individuell unterschiedlich, aber wenn Babys verstärkt am Essen anderer interessiert sind (etwa durch Schmatzen oder Mundaufreißen und Gezielt-nach-Nahrung-Greifen), ist der richtige Zeitpunkt gekommen.

Wie wird die Beikost eingeführt?

Seit 2010, zuletzt 2016 überarbeitet, gibt es das aktualisierte Konsenspapier »Ernährung und Bewegung von Säuglingen und stillenden Frauen« des bundesweiten »Netzwerks Junge Familie«, gefördert vom Bundesministerium für Ernährung, Landwirtschaft und Verbraucherschutz. An dem Papier waren viele Fachorganisationen beteiligt, unter anderem »Die Deutsche Gesellschaft zur Ernährung e.V.« und die »World Health Organisation« (WHO). Darin enthalten sind die neusten Empfehlungen zum Thema Einführung der Beikost:

Zuerst füttert man (am besten vor einer Milchmahlzeit) ein paar Löffel reines Gemüse oder Kartoffelbrei. Nimmt das Baby die Nahrung gut an, sollte diese Milchmahlzeit komplett durch einen **Kartoffel-Gemüse-Fleischbrei** ersetzt werden (zum Beispiel am Mittag). Kartoffeln können durch Reis, Nudeln oder andere Getreidearten variiert werden.

Einen Monat später wird die nächste Milchmahlzeit durch einen **Milch-Getreide-Brei** abgelöst (zum Beispiel am frühen Abend). Bitte immer darauf achten, dass Fertigbreis keinen Zucker enthalten!

Ist nun ein weiterer Monat vergangen, ist es an der Zeit, einen **Getreide-Obst-Brei** einzuführen (zum Beispiel am Nachmittag). Ein bis zwei Mahlzeiten (je nach Baby) sollten weiter als Milchmahlzeit gefüttert werden.

Unser Tipp Um Geld zu sparen, kann man genauso gut zu den normalen Markgläschen (Obstmus) greifen. Diese werden häufig auch in Bioqualität angeboten.

Folgende Empfehlungen werden in dem Konsenspapier ebenfalls aufgeführt:

- **Kuhmilch** nur in kleinen Mengen (bis zu 200 ml/Tag) für die Zubereitung eines Breis geben, nicht aber als Trinkmilch vor dem 13. Lebensmonat. Keine Roh- oder Vorzugsmilch verwenden.
- **Fisch** in den Speiseplan aufnehmen (ein- bis zweimal wöchentlich).
- **Beikost** kann selbst gekocht oder fertig gekauft werden, aber es sollte auf Variation geachtet werden (zum Beispiel verschiedene Gemüse- und Obstsorten).
- Den Einsatz von **Zucker, Süßstoffen, Salz, Aromen** und **scharfen Gewürzen** meiden.
- Kein **Honig** im ersten Lebensjahr.

Unser Tipp Wenn es mit der Beikost nicht gleich klappt, ist das Baby vielleicht noch nicht so weit. Einfach ein oder zwei Wochen später noch einmal versuchen – Geduld und Gelassenheit sind hier gefragt! Ab dem ersten Lebensjahr kann das Baby langsam anfangen, mit den Eltern zu essen.

- **Trinkwasser** (Leitungswasser) mit Einführung des dritten Beikostbreis zusätzlich zur Muttermilch bzw. Säuglingsmilch anbieten. **Leitungswasser** so lange laufen lassen, bis kaltes Wasser aus dem Hahn kommt, muss nicht abgekocht werden.
- Um **Karies** vorzubeugen: Kein Dauernuckeln, da die Selbstreinigung durch den Speichel fehlt (das gilt auch, wenn nur Wasser in der Flasche ist!) und keine Milchflasche zum Einschlafen geben.
- **Neue Speisen** sollten auch bei Ablehnung immer mal wieder in den Speiseplan mit aufgenommen werden. Präferenzen für einen bestimmten Geschmack bilden sich durch wiederholtes Probieren.

Unser Tipp Zwei-Löffel-Methode:
Manche Babys greifen während des Fütterns immer wieder nach dem Löffel, um ihn festzuhalten. Man kann dem Kind getrost den Löffel überlassen – und mit einem zweiten in Ruhe weiterfüttern.

Kleine Hilfen

Lätzchen sind eine unerlässliche Hilfe bei Babys Fütterung. Ob man nun eine Baumwollvariante oder eine leicht abwaschbare Plastikvariante wählt, bleibt jedem selbst überlassen. Wer nach dezenten Modellen sucht, wird zum Beispiel bei IKEA oder aden

+ anais fündig. Lätzchen mit Klettverschluss oder Magnet sind besonders praktisch.

- **Babys erstes Geschirr:** Babys neigen zu unkontrollierten Bewegungen – ein echtes Problem für das teure Porzellangeschirr. Plastikgeschirr ist deshalb quasi eine Pflichtanschaffung, wenn die Beikost eingeführt wird. Sobald die Babys beginnen, eigenständig zu essen, kommt man um den Kauf (zum Beispiel von Rice oder Skip Hop) sowieso nicht mehr herum.
- **Babykostwärmer** werden zum Aufwärmen von Gläschen verwendet. Ein Kochtopf für das Erwärmen im Wasserbad oder die Mikrowelle reichen aber vollkommen aus.
- **Warmhaltebox für Brei** hält Babys Nahrung unterwegs warm. Gibt es zum Beispiel aus Edelstahl unter anderem von der Firma reer.

> Unser Tipp Karottenflecken aus Babys Kleidung bekommt man am besten wieder raus, wenn man das Kleidungsstück in die Sonne legt. Das Sonnenlicht bleicht den Fleck aus.

- **Zauberstab / Flotte Lotte:** ein nützliches Utensil zum Pürieren, sofern man Babys Brei selbst zubereiten möchte.
- **Babynahrungszubereiter** sind Multifunktionsgeräte, die sowohl dampfgaren als auch mixen können, wie zum Beispiel von der Firma Philips Avent. Eine andere Variante gibt es von Béaba, die zusätzlich auch noch die Funktionen Auftauen und

Aufwärmen hat. Und wer das ganz Besondere sucht und bereit ist, dafür zu zahlen, sollte sich den Thermomix von Vorwerk ansehen.

- **Baby-led Weaning** (BWL) ist eine relativ neue, alternative Methode zur Entwöhnung von Milch hin zu fester Nahrung. Das Baby füttert sich dabei eigenständig mit altersgerechtem Fingerfood. Der richtige Zeitpunkt ist gekommen, wenn das Kind Interesse am Essen zeigt, mehr oder weniger sitzen sowie das Essen selbst zum Mund führen kann. Befürworter sehen den Vorteil im stressfreien Übergang, da das Kind selbst vom Teller auswählt, was es zu sich nehmen möchte. Gegner stellen allerdings infrage, ob bei dieser Methode die Versorgung mit Nährstoffen (vor allem Eisen) ausreicht. Der Berufsverband der Kinder- und Jugendärzte (BVKJ) rät deshalb von dieser Methode ab und weist darauf hin, dass ein motorisch ungeschicktes Kind ggf. nicht richtig satt wird oder es sich verschlucken könnte.

BÜCHER

Kochen für Babys – Gesundes Essen einfach selbst machen. Sonja Sammüller, Edition XXL, 2021.

Die besten Breie für Ihr Baby. Anne Iburg, Trias, 2018.

Das große Kochbuch für Babys und Kleinkinder. Dagmar von Cramm, GU, 2021.

Kochen für Babys. Dagmar von Cramm, GU, 2019.

Baby-led Weaning – Das Grundlagenbuch. Gill Rapley und Tracey Murkett, Kösel, 2021.

Breifrei für Babys. Lena März, Annina Schäflein, GU, 2020.

Das große GU Breifrei Kochbuch. Lena März, Annina Schäfflein, GU, 2021.

INTERNET

www.gesund-ins-leben.de Sehr informative Internetseite mit vielen Informationen zum Thema Stillen und Ernährung des Babys. Dort wird auch die kostenlose App **Baby & Essen** vorgestellt.

www.kindergesundheit-info.de Zahlreiche Informationen zu den Themen Beikosteinführung, Ernährung, Schlafen, Spielen, Mediennutzung und so weiter. Vom Bundesinstitut für Öffentliche Gesundheit.

KOSTENLOSE BROSCHÜREN

Ernährung und Bewegung von Säuglingen und stillenden Frauen – Aktualisierte Handlungsempfehlungen von »Gesund ins Leben – Netzwerk Junge Familie« Als Download auf www.gesund-ins-leben.de erhältlich (➤ Fachkreise ➤ Handlungsempfehlungen ➤ Erstes Lebensjahr).

KURZ.KNAPP. Der erste Brei Ein Faltblatt des Bundesinstituts für Öffentliche Gesundheit, als Download erhältlich unter shop.bioeg.de (im Suchfeld »Brei« eingeben).

Das Baby Broschüre des Bundesinstituts für Öffentliche Gesundheit, als Download oder als Broschüre zum Bestellen unter shop.bioeg.de (im Suchfeld »Das Baby« eingeben).

Das beste Essen für Babys Als Download unter www.gesund-ins-leben.de (➛ Für Fachkreise ➛ Erstes Lebensjahr).

Bewegung und Förderung: Von Babymassage bis Krabbelgruppe

Kurse für Eltern mit Babys boomen. Bewegung und Austausch sollen nicht nur Babys Wohl fördern, sondern erlauben vor allem auch einen Austausch unter Eltern. Allgemein wird geraten: Zwei Kurse pro Woche oder einer alle drei Tage ist vollkommen ausreichend, ansonsten könnte das Baby mit Reizen überflutet werden. Hier die gängigsten Angebote:

- **PEKiP (Prager Eltern-Kind-Programm):** Das Konzept wurde von dem tschechischen Psychologen Dr. Jaroslav Koch in den 1960er-Jahren entwickelt. In kleinen Gruppen von möglichst gleichaltrigen Babys gemeinsam mit Mutter oder Vater sollen die Babys durch ganzheitliche Spiel- und Bewegungsangebote angeregt werden. Besonders ist hierbei, dass sich die Babys ohne Kleidung und Windeln bewegen. Einstiegsalter ist ab dem vierten Monat, die Kurse finden unter der Leitung einer ausgebildeten Gruppenleiterin statt.

- **Babymassage:** Hier verwöhnen Eltern ihre Babys mit leichten Streichelmassagen nach Anleitung. Die Massagen basieren je nach Kursausrichtung auf indischen oder schwedischen Massagetechniken. Beginnen kann man ab der sechsten Lebenswoche. Nach dem sechsten Monat wird es schwieriger, weil Babys dann meist nicht mehr stillhalten wollen.

- **Babyschwimmen:** Babyschwimmen findet in kleinen Gruppen in einem gut geheizten Schwimmbecken statt. Mit Schwimmenlernen hat dieser Kurs allerdings wenig zu tun. Es wird gesungen, und mithilfe von Gießkannen, Schwimmnudeln und Matten werden ganz nebenbei spielerisch die Muskeln gestärkt. Sobald das Baby seinen Kopf eigenständig halten kann, meist im dritten Monat, kann man beginnen. Zum Schwimmen zieht man den Babys Schwimmwindeln oder spezielle Schwimmhöschen an, die im Fachhandel oder Drogeriemarkt erhältlich sind.

- **Baby-Yoga:** Beim Baby-Yoga steht die Entspannung im Vordergrund. Es gibt sowohl Übungen für die Mutter als auch fürs Baby, diese werden fließend, rhythmisch und der Atmung entsprechend ausgeführt. Die Mutter hilft dem Baby mit sanften Bewegungen in verschiedene Positionen. Hier gibt es verschiedene Angebote: für Neugeborene oder für Babys, die sich bereits drehen können.

- **Krabbelgruppe:** Krabbelgruppen werden entweder privat oder zum Beispiel von Kirchen und Familienzentren organisiert. Diese Gruppen sind vor allem auch für den Erfahrungsaustausch unter Müttern interessant. Hier gibt es keinen speziellen Zeitpunkt, der für den Beginn empfohlen wird, man kann jederzeit einsteigen.

- **Musikgarten:** Das Konzept der frühkindlichen musikalischen Förderung stammt von Dr. Lorna Lutz Heyge und kam Mitte der 1990er-Jahre nach Deutschland. Es wird gemeinsam getanzt und gesungen. Die erste Kurseinheit (Musikgarten für Babys) richtet sich an Säuglinge bis 18 Monate. Die Kurse werden unter anderem in Musikschulen oder Familienbildungsstätten angeboten.

Neben diesen Angeboten gibt es zahlreiche weitere Kurse, die auf verschiedensten Konzepten frühkindlicher Förderung basieren:

- **Baby-Shiatsu:** Hier handelt es sich um eine japanische Methode, bei der die Mutter durch angeleitete Griffe, mit Hand- und Fingerdruck, die Meridiane des Babys stimuliert. Energieblockaden können so gelöst werden.
- **DELFI** ist ein Konzept evangelischer Familienbildung mit Bewegungs- und Wahrnehmungsübungen. Kurse werden für Babys (in Begleitung ihrer Eltern) angeboten, die zum Kursbeginn sechs bis zwölf Wochen alt sind, aber auch ein späterer Beginn ist möglich.
- **FABEL** ist ein Konzept, das von der Gesellschaft für Geburtsvorbereitung-Familienbildung und Frauengesundheit-Bundesverband e.V. entwickelt wurde. Die Kurse werden angeleitet und richten sich an Eltern mit Babys im ersten Lebensjahr.
- **FenKid:** Das Konzept basiert auf verschiedenen wissenschaftlichen Erkenntnissen sowie pädagogischen Konzepten. Kernstück des Kurses ist aber freies Spielen mit einem anschließenden Austausch der Beobachtungen und Fragen der Eltern.

- **Pikler:** Bei Kursen, die nach der Kinderärztin Emmi Pikler ausgerichtet sind, steht das selbstständige Spielen im Vordergrund. Anders als in anderen Kursen werden den Kindern keine konkreten Spielangebote gemacht.

BÜCHER

PEKiP – Die 50 schönsten Spiele. Anne Pulkkinen, GU, 2012. Tischaufsteller mit Ringbindung, kann so neben das Baby auf den Boden gestellt werden: für Spiele mit dem Baby zu Hause.

PEKiP. Babys spielerisch fördern. Anne Pulkkinen, GU, 2014.

Schmetterling und Katzenpfoten – Sanfte Massagen für Babys und Kinder. Margarita Klein, Ökotopia, 2014. Ein Plus ist ein beigefügtes Poster mit Kurzanleitungen.

Sanfte Hände: Die traditionelle Kunst der indischen Baby-Massage. Frédérick Leboyer, Kösel, 1999.

Babymassage. Christina Voormann, Govin Dandekar, GU, 2015.

Bindung durch Berührung: Schmetterlingsmassage für Eltern und Babys. Mechthild Deyringer, Leutner Verlag, 2016. Inklusive einer Begleit-CD.

babySignal – Mit den Händen sprechen: Spielerisch kommunizieren mit den Kleinsten. Wiebke Gericke, Kösel, 2019. Mithilfe von Zeichnungen und Fotos lernt man das Wichtigste zur Babygebärdensprache und wie man so spielerisch mit seinem Baby kommunizieren kann.

Zehn kleine Krabbelfinger. Marianne Austermann, Gesa Wohlleben, 2015, Kösel. Tolle Anregungen für verschiedenste Arten von Spielen für Babys erste Jahre.

365 Babyspiele für jeden Tag. Susannah Steel, Dorling Kindersley Verlag, 2020.

INTERNET

www.pekip.de Auf dieser Seite erhält man alle relevanten Informationen zu PEKiP und Kursangeboten in der Nähe.

www.dgbm.de Eine Informationsseite der Deutschen Gesellschaft für Baby- und Kindermassage e. V. mit Suchfunktion nach Kursen nach Postleitzahlen.

www.ifem.info Eine Seite des Instituts für elementare Musikerziehung mit Informationen zum »Musikgarten«.

www.delfi-online.de Informationen zum DELFI Konzept, zu Gruppen und Fortbildungen.

www.fenkid.de Weiterführende Informationen zum FenKid-Konzept.

www.fabelbaby.de Alles Wissenswerte zu den Fabel-Kursen.

www.pikler.de Eine Webseite der Pikler Gesellschaft Berlin e. V. mit Informationen zu Dr. Emmi Pikler und Seminarangeboten.

Baby-Hausapotheke

Schon eine kleine, aber gut sortierte Baby-Hausapotheke hilft bei vielen Erkrankungen und kleinen Verletzungen. Und da Babys und Kleinkinder ja gern mal über Nacht oder am Wochenende krank werden, spart man sich so oft den Gang zur Notdienst-Apotheke.

Alle Kosten für Kindermedikamente trägt übrigens die Krankenkasse, sofern sie vom Arzt verschrieben wurden.

> Unser Tipp In fast allen Städten werden Erste-Hilfe-Kurse speziell für Kindernotfälle angeboten, siehe weiter unten bei den Tipps unter »Internet«, auf Seite 292. Manchmal dürfen die Babys/Kleinkinder zum Kurs sogar mitkommen.

Grundausstattung

- **Fieberthermometer:** Bei den klassischen Thermometern für die rektale Messung sind digitale Modelle schnell und genau. Praktisch, weil oft einfacher und schneller zu handhaben: Es gibt auch digitale Infrarot-Thermometer, mit denen die Temperatur im Ohr gemessen werden kann. Hier wird manchmal kritisiert, diese würden zu ungenau messen. Kinderärzte empfehlen aber, einfach dreimal zu messen und daraus einen Mittelwert zu nehmen. Auch Schnuller mit eingebautem Fieberthermometer sind erhältlich, zum Beispiel von reer. Ebenso »kontaktlose

Fieberthermometer«, die die Temperatur mit Infrarot-Technologie in Sekundenschnelle auch auf Distanz messen (zum Beispiel Modelle von Braun oder reer, im Drogeriemarkt oder Onlinehandel).

- **Pflaster**, zwei sterile **Kompressen, Verbandpäckchen, Leukoplast**
- **Pinzette** zum Entfernen von Splittern etc.
- **Desinfektionsmittel** für Schnitt- oder Schürfwunden (zum Beispiel »Medigel Wundreinigungsspray«)
- **Körner-/Kerne-Wärmekissen** (bei Wärmflaschen könnte Verbrühungsgefahr durch auslaufendes Wasser bestehen)
- **CoolPack** (am besten gleich immer zwei im Kühlschrank aufbewahren)
- **Sonnencreme** mit hohem Lichtschutzfaktor
- Eine Liste mit den örtlichen **Notruf- und Giftnotruf-Telefonnummern** und den persönlichen Rufnummern für Not- oder Krankheitsfälle, wie zum Beispiel die von Kinderarzt, Hausarzt, dem nächsten (Kinder-)Krankenhaus, der Apotheke, Krankentransport etc.
- **Erste-Hilfe-Handbuch** speziell für Kindernotfälle (vorher lesen, im Notfall hat man keine Zeit zum Nachschlagen)

Unser Tipp Kinder-Inhalationsgeräte sind teuer und werden nur von wenigen Krankenkassen bezahlt. Eine günstige und sinnvolle Alternative sind Leihgeräte, die viele Apotheken oder auch Kinderärzte anbieten. Mit entsprechendem Rezept des Arztes tragen im Allgemeinen die Krankenkassen die Leihgebühren.

Medikamente, Globuli & Co.

Welche Medikamente man in seine Baby-Hausapotheke aufnimmt, wird natürlich stark geprägt vom individuellen Befinden des Kindes sowie der Einstellung der Eltern oder des Hausarztes. Unsere Aufzählung kann ein guter Grundstock für den Anfang sein, der dann im Laufe der Zeit individuell ergänzt wird.

Wie immer gilt natürlich auch hier: **Wenden Sie die vorgeschlagenen Mittel nur nach Rücksprache mit einem Arzt oder Apotheker an.**

- Zinksalbe gegen wunden Po, zum Beispiel Mirfulan
- Baby-Nasentropfen mit abschwellender Wirkung
- fiebersenkende und schmerzstillende Zäpfchen für Babys, zum Beispiel mit dem Wirkstoff Paracetamol
- Zäpfchen gegen starkes, akutes Erbrechen, zum Beispiel Vomex
- Elektrolyt-Lösung zum Ausgleich von Flüssigkeits- und Elektrolytverlust bei starkem Durchfall/Erbrechen. Als Pulver zum Auflösen in der Apotheke erhältlich, lässt sich aber auch ganz einfach selbst herstellen: in 500 ml Wasser fünf Teelöffel Zucker und einen halben Teelöffel Salz auflösen.

- Bei Verdacht auf Ohrenschmerzen: Besser als Ohrentropfen hilft oft Wärme oder ein Zwiebelsäckchen (Zwiebeln kleinschneiden, etwas erwärmen, in ein Säckchen / eine Socke geben und mindestens eine halbe Stunde auf das betroffene Ohr legen, gegebenenfalls mit Stirnband/Mütze fixieren). Wenn die Schmerzen länger bestehen als 24 Stunden, stärker werden oder Fieber dazukommt: natürlich unbedingt einen Arzt aufsuchen.
- Linderung gegen Zahnungsbeschwerden: Osanit-Globuli
- Für Kleinkinder: Apis Belladonna Globuli gegen Halsschmerzen

> Unser Tipp Manche Medikamente wie Nasentropfen, Hustensäfte etc. sind nach Anbruch nur für eine gewisse Zeit haltbar. Deshalb das Öffnungsdatum am besten gleich auf die Packung schreiben. Ebenso hilfreich: die Dosierung auf dem Medikament notieren, falls der Arzt eine vom Beipackzettel abweichende empfohlen hat.

BÜCHER

Gesundheit für Kinder: Kinderkrankheiten verhüten, erkennen, behandeln: Moderne Medizin, Naturheilverfahren, Selbsthilfe. Dr. Herbert Renz-Polster, Dr. Nicole Menche, Dr. Arne Schäffler, Kösel, 2022. Das Buch zeigt, wann bei Kinderkrankheiten Naturheilkunde oder Hausmittel eingesetzt werden können und wann eine schulmedizinische Behandlung nötig ist. Dazu viele

Informationen zur Entwicklung des Kindes plus ausführliche und anschauliche Beschreibungen von Krankheitsbildern.

Wenn der Rotz läuft und der Pups drückt. Dr. Vitor Gatinho, GU, 2022. Der auf Instagram als @kids.doc.de bekannte Kinderarzt beantwortet die häufigsten medizinischen Fragen in den ersten drei Jahren mit Kind. Die Fragen sind nach Alter und Themen geordnet, der Schreibstil ist verständlich, kompetent und humorvoll.

Schnelle Hilfe für Kinder – Notfallmedizin für Eltern. Janko von Ribbeck, Kösel, 2023. Kindernotfälle nach Symptomen geordnet. Mit vielen Fotos und einem Spezialteil zu Vergiftungen und Giftpflanzen.

Erste Hilfe für Babys und Kinder: So reagieren Sie im Notfall richtig. Herausgegeben vom Malteser Hilfsdienst, Dorling Kindersley, 2019. Von Wiederbelebungsmaßnahmen bis Erste Hilfe bei Stromverletzungen, Verbrennungen, Vergiftungen und so weiter, mit vielen anschaulichen Illustrationen.

Das Kinder Gesundheitsbuch – Kinderkrankheiten ganzheitlich vorbeugen und heilen. Jan Vagedes, Georg Soldner, GU, 2013. Die Autoren sind Kinderärzte mit anthroposophischem Ansatz und vereinen Erkenntnisse moderner Medizin mit einem ganzheitlichen Blick auf das Kind.

Quickfinder Homöopathie für Kinder. Markus Wiesenauer, GU, 2018.

Bäuchlein-Öl und Zwiebelsocken: Kindgerechte Hausmittel Schritt für Schritt. Claudia Schauflinger, facultas/maudrich, 2022. Die Autorin nennt eine Vielzahl traditioneller Hausmittel, gibt praktische Tipps und Rezepte, die mit einfachen Mitteln selbst herzustellen sind. Natürliche Helfer für Babys und Kleinkinder bei Erkältungen, in der Zahnungsphase, bei Fieber, Bauchweh et cetera.

INTERNET

www.patienteninfo-service.de Im Falle nicht mehr auffindbarer Beipackzettel: Dieser Dienst bietet einen Onlinezugriff auf die Packungsbeilagen einer Vielzahl von Medikamenten.

www.johanniter.de (➤ Dienste & Leistungen ➤ Medizinische Hilfe ➤ Erste Hilfe ➤ Erste Hilfe für Privatpersonen ➤ Erste Hilfe am Kind und Baby), **www.malteser-kurse.de** (➤ Erste Hilfe ➤ Erste Hilfe am Kind) oder **www.erste-hilfe-fuer-kinder.de** (letztere nur in München und Berlin, aber: es gibt auch einen kostenpflichtigen, sehr kurzweiligen Onlinekurs – auch einen auf Englisch und einen speziell für Babysitter!). Auf diesen Seiten finden Sie Erste-Hilfe-Kurse für Kindernotfälle, über Postleitzahlensuche werden Angebote in der Nähe gezeigt.

www.kinderaerzte-im-netz.de Der Berufsverband der Kinder- und Jugendärzte bietet auf seiner Webseite eine Kinderarztsuche nach Postleitzahlen, Informationen zu Krankheiten von A bis Z und viele weitere Infos.

KOSTENLOSE BROSCHÜRE

WALA »Ratgeber Kindergesundheit«, Flyer »Die natürliche Babyapotheke«, Flyer »Reiseapotheke«. Sehr gut aufgemachte Broschüre/Flyer der Firma WALA, deren Arzneimittel auf der anthroposophischen Medizin basieren. Die Broschüre enthält auch das kleine Kapitel »Haus- und Notfallapotheke für Kinder«. Zum Download auf www.walaarzneimittel.de (➛ Service [ganz unten auf der Webseite] ➛ Broschüren ➛ Themenflyer)

Babys Ausstattung und Sicherheit

Babys Garderobe

Die Shopping-Möglichkeiten in Babygeschäften, im Internet, in Secondhandläden oder bei den großen Textilketten sind vielfältig, vom günstigen Body-Fünfer-Pack über das Kaschmirmützchen bis zum Mini-Converse-Turnschuh ist alles geboten. Für die ersten Wochen und Monate reicht aber auch eine ganz einfache Grundausstattung. Das meiste kann nach und nach besorgt werden, dann weiß man schon besser, was wirklich gebraucht wird und nützlich ist.

> Unser Tipp Nach dem Kauf die ganze Babykleidung am besten vorab einmal waschen, um Imprägnierungen oder Farbüberschüsse zu entfernen.

Erste Grundausstattung

Die besorgt man sicherheitshalber lieber früher als später, da manche Babys weit vor dem errechneten Geburtstermin zur Welt kommen. Je nach persönlicher Vorliebe und Jahreszeit entscheidet man sich beim Material der Babykleidung für Baumwolle, Wolle oder ein Wolle-Seide-Gemisch. Am besten wählt man keine Kunstfasern, sondern atmungsaktive natürliche Materialien für den Kontakt mit Babys Haut.

Mit diesen Basic-Teilen ist man für den Anfang sehr gut ausgestattet:

- vier bis sechs **Bodys** (sie sind die »unterste Bekleidungsschicht« und haben keine »Beine«): mit Druckknöpfen im Schritt und je nach Jahreszeit mit langen oder kurzen Ärmeln. Tipp: Am einfachsten kann man Säuglingen sogenannte Wickel-Bodys anziehen, die muss man nicht über den Kopf ziehen, sie werden seitlich zugebunden/-geknöpft. Neugeborenen Babys passt in der Regel die Größe 50–62.
- vier bis sechs **Strampler** (mit oder ohne Füßchen), sie haben im Unterschied zu Bodys »Beine« und können auch als Schlafanzug verwendet werden. Strampler sind bei Neugeborenen klassischerweise die »zweite Schicht« über dem Body – sehr viel einfacher geht das Anziehen aber ehrlich gesagt, wenn man stattdessen über den Body eine Kombination aus Oberteil und Leggings anzieht.
- zwei bis vier **Oberteile** (als optionale zweite Schicht über dem Body)
- zwei bis vier **Strumpfhosen** oder **Leggings** (mit oder ohne Füßchen)
- ein bis zwei **Baby-Mützchen** für draußen – das Wichtigste dabei ist, dass die Mütze die Ohren bedeckt.
- ein bis zwei (Strick-)**Jäckchen**. Praktisch, weil sie sich zur Wärmeregulierung relativ schnell an- und ausziehen lassen.

- vier Paar **Babysöckchen** (dicke und dünne) zum Warmhalten der Füße. Schuhe brauchen Babys erst, wenn sie anfangen, sich aufzurichten, also circa ab zehn Monaten.

- **Baby-Schlafsack** ohne Ärmel (ideal sind zwei, damit man wechseln kann, wenn das Baby spuckt oder die Windel nicht dicht hält). Schlafsäcke sind für Babys sicherer als Bettdecken, da das Kind Decken eher wegstrampeln kann und dann nicht mehr gewärmt wird oder die Gefahr besteht, dass es sich die Decke über das Gesicht zieht und womöglich nicht mehr genug Luft bekommt.

- **Baby-Deckchen** aus Fleece oder Wolle, ist einfach immer und überall praktisch – zum Einwickeln, als Unterlage usw.

- in der kühleren Jahreszeit ein Outfit zum Ausgehen/-fahren, zum Beispiel eine **wärmere Jacke, Mütze, Handschuhe** und **Schal**. Die Anschaffung eines Schneeanzugs ist nicht notwendig, wenn man einen warmen Fell- oder Daunensack für den Kinderwagen hat oder das Baby in der Tragehilfe unter einer gemeinsamen Hülle trägt.
  Auch für den Babyschalen-Autositz gibt es extra Fleece-Decken, in die man das Baby warm einwickeln kann, natürlich mit extra Schlitzen für die Haltegurte (zum Beispiel die Autositz-Einschlagdecke von Hoppediz).

Unser Tipp Viele Secondhandläden, Kindergärten oder Kirchen bieten mehrmals jährlich Basare für Kinderkleidung an, auf denen man nicht nur günstig Sachen erwerben, sondern die nicht mehr benötigte eigene Kinderkleidung auch verkaufen kann. Auch online gibt es entsprechende Möglichkeiten, zum Beispiel die App »Vinted«. Gerade Säuglingsbekleidung ist wegen der kurzen Tragzeit meist sehr gut erhalten. Und einige Teile der Garderobe kann man natürlich auch selbst nähen, stricken oder häkeln, wenn man Lust und Zeit hat.

Größentabelle

Die Zahlen der Kleidergrößen beziehen sich auf die Körperlänge des Babys. Hier eine Größentabelle für das erste Jahr:

Größe	50	56	62	68	74	80
Körperlänge in cm	45–50	51–56	57–62	63–68	69–74	75–80
Alter in Monaten	1	2	3–4	5–7	8–10	11–15

BÜCHER

Hej. Babymode – Erstausstattung im Skandi-Look nähen. JULESNaht, EMF Verlag, 2022. Wickeljäckchen aus Musselin, Bodys, Zwergenjacke oder Babynest: Das Buch zeigt, wie man Erstausstattung in den Größen 44–92 und Babyzubehör selber nähen kann, alles im skandinavischen Stil und mit interessanten Stoffarten.

Stricken für Jungs und Mädels. Julie Jaeken, Südwest Verlag, 2016. Viele einfache Modelle für Babys und Kinder bis zu zwölf Jahren. Praktisch: In zahlreichen Detailbildern werden die Strickbasics (wie zum Beispiel Maschenaufnehmen, Abketten und so weiter) Schritt für Schritt gezeigt.

Nordic. Stricken für die Kleinsten: Skandinavisches Design für Kinder im Alter von 0–6 Jahren. Trine Frank Påskesen, TOPP, 2019. Die dänische Autorin zeigt Strickanleitungen für Pullis, Jäckchen, Mützen, Röckchen et cetera im skandinavischen Stil.

Einfach schnittig: Nähen für Babys und Kleinkinder. Andrea Potocki, Gräfe und Unzer, 2017. Das Buch zeigt, wie man schöne Kinderkleidung wie zum Beispiel Wickeljäckchen, Strampler, Bademantel oder Kleidchen, aber auch Accessoires wie eine Krabbeldecke oder Rassel selbst fertigen kann.

INTERNET

www.nestbau.info Auf der Webseite der Organisation »Women Engage for a Common Future« findet man Informationen, auf die beim Kleiderkauf in Bezug auf Schadstoffe geachtet werden kann. Sehr informativ ist vor allem der downloadbare Ratgeber »Bekleidung – Kinder schützen, Schadstoffe vermeiden« (→ Broschüren → Ratgeber Bekleidung).

www.dm.de dm führt online und in einigen Filialen unter der Marke Alana Babykleidung. Fast alles aus Biobaumwolle und zu vernünftigen Preisen.

www.smallable.com Der von einer Französin gegründete Family Concept Store bietet Mode, Pflege- und Dekoartikel an. Ziel: die schönsten und interessantesten Marken für die Kleinen auszuwählen.

www.zara.com / www.hm.com Die bekannten Ketten bieten auch online ein Babysortiment an.

www.hessnatur.com Onlineshop für Babybekleidung in Bioqualität.

www.tchibo.de Tchibo bietet jahreszeitentypische Sonderaktionen an, die oft günstige Babybekleidung beinhalten. Auch später, wenn das Baby etwas größer ist, sind die Angebote interessant, zum Beispiel für Gummistiefel, Matschhosen, Schneeanzüge und vieles mehr.

www.vertbaudet.de Großes Angebot an Babybekleidung der französischen Kindermarke.

www.mamarella.com Umfangreiches Babykleidung-Sortiment, darunter viel aus Natur- oder Fair-Trade-Textilien.

www.bodendirect.de Babykleidung des englischen Modelabels, im hochpreisigen Segment. In Schlussverkaufszeiten lohnt sich ein Blick auf die Sale-Seite.

www.baby-walz.de Babymode in großer Auswahl.

Wiege, Stubenwagen, Bett & Co.

Beistellbett, Gitterbett, Wiege oder Stubenwagen? Wer nicht von Familie oder Freunden ein Exemplar geliehen bekommt, steht vor der Frage, wo das Baby schlafen soll. Im ersten Lebensjahr bevorzugen es viele Eltern, das Babybettchen im Elternschlafzimmer aufzustellen. So hat man eine bessere Kontrolle über Babys Wohlbefinden und spart sich vor allem nachts das Aufstehen und so manche Laufstrecke. Daneben gibt es noch die Möglichkeit, das Kind im Familienbett schlafen zu lassen. Hier einige Informationen, die bei der Entscheidungsfindung helfen können:

Wiege

- **Vorteil:** kleiner als ein Bett. Das spart Platz, und viele Babys fühlen sich in kleinen, begrenzten »Schlafräumen« und bei schaukelnden Bewegungen sehr geborgen. Die Eltern können auch mal im Sitzen oder Liegen schuckeln, ohne umherlaufen zu müssen. Neben den klassischen Modellen gibt es auch welche, die an der Decke oder einem Stativ aufgehängt werden (zum Beispiel »Hängewiege Leander«) oder wie eine Art Mini-Hängematte an einer speziellen Metallfeder aufgehängt werden – diese Federwiegen sind sogar mit einem kleinen Motor erhältlich, sodass das Baby auch ohne Elternhilfe konstant mit sanften Auf- und Abbewegungen geschaukelt wird (zum Beispiel von Nonomo, swing2sleep, Hobea, Wunderwiege, Membantu oder Elvent).
- **Nachteil:** Sie ist nur eine kurzfristige Lösung, denn nach circa fünf Monaten wird das Baby mobiler und versucht, sich in der Wiege aufzurichten. Dann wird's gefährlich, und man muss auf ein Gitterbett umsteigen.

Stubenwagen

Vielleicht ist der Stubenwagen ein bisschen aus der Mode gekommen, aber dieses »Babykörbchen auf Rädern« wird immer noch gern verwendet. Vor allem, wenn es ein Erbstück gibt, in dem schon viele Babygenerationen der Familie geschlafen haben.

- **Vorteil:** Der Wagen hat Rollen und kann so in jedes Zimmer mitgenommen werden.
- **Nachteil:** Wie die Wiege ist auch der Stubenwagen nur eine Lösung für die ersten Monate.

> Unser Tipp Beim Kauf darauf achten, dass die Möbel schadstoffgeprüft sind. Folgende Siegel können eine Orientierungshilfe sein: TÜV, GS oder Der blaue Engel.

Beistell-/Anstellbett

Diese meist halbrunden Bettchen haben nur an drei Seiten Gitterstäbe und sind an der vierten Seite offen. Mit der offenen Seite wird das höhenverstellbare Beistellbett ans Elternbett geschoben (zum Beispiel von babybay, Fillikid, Roba oder Treppy, das Modell »Iora« von Maxi-Cosi ist bei Bedarf sogar faltbar und damit auch als Reisevariante verwendbar). Günstigere Alternative zu Spezialmodellen: Je nach Beschaffenheit des eigenen Bettes kann man auch einfach eine Längsseite vom Kinder-Gitterbett weglassen (sofern das Modell es statisch erlaubt) und es ans Elternbett schrauben.

- **Vorteil:** Man hat das Baby nachts nah bei sich und muss zum Stillen oder bei Schnullerverlust nicht jedes Mal aufstehen, sondern holt das Kind einfach zu sich rüber.
- **Nachteil:** Nicht jedes Beistellbett passt nahtlos an das Elternbett. Und sobald das Baby sich selbst fortbewegen kann, sollte

man Sicherheitsvorkehrungen treffen, da es auf das Elternbett krabbeln und von dort eventuell herunterfallen könnte.

Familienbett

Als eine Variante des sogenannten Co-Sleepings kann man das Kind auch im Bett der Eltern mitschlafen lassen. Viele Kinder schlafen auf diese Weise ruhiger und entspannter, da sie die Nähe zu den Eltern lieben. Auch das Stillen in der Nacht ist so praktischer. Es gibt diverse Studien für und gegen das Schlafen im Familienbett – letztlich hängt die Entscheidung dafür ganz von der Einstellung und den Bedürfnissen der Familie ab.

Allerdings wird bei Neugeborenen bis circa zum Alter von vier Monaten das Schlafen im eigenen (Beistell-)Bettchen empfohlen, um eine Überhitzung und damit eine Risikoerhöhung für den plötzlichen Kindstod zu vermeiden.

Gitterbett

Ein Bett, das an vier Seiten Gitterstäbe hat, bei manchen Modellen sind auch bis zu drei Seiten geschlossen. Praktisch ist es, wenn der Lattenrost des Betts höhenverstellbar ist. Die höhere Einstellung schont in den ersten Monaten den Rücken der Eltern, weil man sich nicht so weit nach unten bücken muss. Sobald sich das Kind an den Stäben hochzieht, legt man die Matratze tiefer. Einige Betten haben Türchen oder eine herausnehmbare Gitterseite/Gitterstäbe. Das wird dann interessant, wenn das Kind so groß ist, dass es selbst ins Bett ein- und aussteigen kann und darf. Die

Gitterstäbe im Bett sollten einen Abstand von maximal 6,5 Zentimeter haben, damit der Kopf des Babys nicht dazwischengeraten kann. Um die Gitterstäbe für das Baby etwas abzupolstern, kann man an der Innenseite der Stäbe eine niedrige, umlaufende und wattierte Stoffbahn befestigen, meist »Babynest«, »Randschutz« oder »Bettumrandung« genannt (zum Beispiel von IKEA, Nobodinoz, Julius Zöllner oder Numero 74).

- **Vorteil:** Das Gitterbett begleitet das Kind länger als Wiege und Stubenwagen und ist insofern die preiswerteste Variante.
- **Nachteil:** Die Weite/Größe des »Schlafraums« finden manche Babys unbehaglich. Das oben erwähnte »Babynest/Bettumrandung« kann hier aber helfen, ein bisschen mehr Gemütlichkeit zu schaffen.

Matratze

Matratzen für Babys gibt es in vielen Varianten, etwa Federkern-, Schaumstoff-, Latex- oder Allergiker-Matratzen. Wichtig ist, dass die Matratze noch nicht durchgelegen ist, damit das Baby eben liegt. Sie sollte fest, aber nicht zu hart und am besten schadstoffgeprüft sein. (www.oekotest.de veröffentlicht immer wieder Testergebnisse für Babymatratzen.) Ein Stück Molton, sogenannte »wasserdichte Betteinlagen«, ein textiler Matratzenschoner oder ein Handtuch unter dem Spannlaken schützen die Matratze, falls die Windel mal nicht dicht hält oder das Baby die Milch wieder ausspuckt. Es gibt auch Matratzen mit einem abnehm- und waschbarem Rundum-Bezug, was praktisch für die Reinigung ist. Neue Matratzen sollten nach dem Auspacken erst mal lange gut gelüftet werden. Beim Kauf einer möglichst schadstoffarmen Matratze können Gütesiegel helfen. Zum Beispiel das QUL-Siegel des »Qualitätsverbandes für umweltverträgliche Latexmatratzen« (garantiert Sicherheit vor Pestiziden, Schwermetallen und flüchtigen organischen Verbindungen) oder das TOXPROOF-Label des TÜV Rheinland.

Bettwäsche

Babys brauchen weder Bettdecke noch Kopfkissen. Denn zur Vorbeugung gegen den »Plötzlichen Säuglingstod« gilt es als die sicherste Art zu schlafen, wenn das Baby lediglich in seiner Nachtkleidung und in einem Baby-Schlafsack ins Bett gelegt wird.

INTERNET

www.nestbau.info Diese Internetseite gibt Informationen zum Thema »Kinderzimmer renovieren und einrichten«. Alles unter dem Aspekt, wie man schadstoffhaltige Materialien vermeiden kann (➛ Produkte ➛ Renovieren).

www.lolaloo.com Für alle Eltern, die des Kinderwagen-Schuckelns müde sind, hat die Berliner Firma Lolaloo einen Stab entwickelt, der per Klettverschluss am Wagen befestigt wird und akkubetrieben vor sich hin vibriert – nahezu geräuschlos – und damit den Wagen schaukelt.

www.sleepytroll.com Der Sleepytroll ist ein »smarter« Kinderwagen-, Babyschalen- oder Babybettschaukler: Das Innovative ist hier die anwählbare Sensorfunktion, die den Schaukler aktiviert, sobald Babygeräusche oder Bewegungen wahrgenommen werden.

www.bennisnest.com Mal ein etwas anderes Bett für kleine Babys: »Bennis Nest« ist eine tragbare Holzbox, in der das Baby schläft. Das Besondere daran: Sie ist komplett aus Zirbenholz gefertigt, ein Material, dem beruhigende und erholsame Wirkung zugesprochen wird. Leider extrem hochpreisig, immerhin aber später als Spielzeugkiste oder Kindersitzbank weiterzuverwenden.

Kindersicherung im Haushalt

Spätestens, wenn der Nachwuchs das erste Mal nach der Vase auf dem Sideboard greift oder die Pfannen aus der Küche schleift, fallen einem die Gefahrenherde in der Wohnung auf, die schleunigst aus dem Weg geräumt werden müssen. Hier folgen einige nützliche Tipps, wie man potenzielle Schwachstellen schon im Vorfeld erkennt und beseitigt!

Sicherheitshinweise für die gesamte Wohnung

- Alle **Steckdosen** mit speziellen Kindersicherungen versehen: Diese sind in jedem Drogerie- und Babyfachmarkt erhältlich und lassen sich in Sekundenschnelle anbringen.

- Die **Griffe an den Fenstern** gegen abschließbare Griffe austauschen: Zwar benötigt man dann zum Öffnen einen Schlüssel, das Kind kann das Fenster aber nicht selbst aufmachen.
- **Türstopper besorgen:** Diese Plastikhörnchen werden an die Seite der Tür geklemmt und verhindern, dass sich Babys die Finger einklemmen.
- **Treppen und Zimmer sichern:** Gittertüren versperren den Weg zu Treppenauf- und -abgängen und Zimmern, die das Baby nicht betreten soll. Da es zahlreiche Modelle mit unterschiedlichen (und beweglichen!) Breiten gibt – unbedingt vorher die entsprechenden Stellen ausmessen (oder ein flexibles Modell wählen, zum Beispiel KiddyGuard Treppenschutzgitter)!
- **Schränke, Kommoden und Regale überprüfen:** Da sich Babys gerne an die Einrichtung hängen und klettern, sollte man sicherstellen, dass diese nicht kippen können. Im Zweifelsfall im Baumarkt eine Wandhalterung besorgen und anbringen!
- **Regelmäßig die Wohnung absuchen:** Parkettleisten können sich lösen und Nägel freilegen, Putz kann sich (gerade im Altbau) lösen, Gesteinsteile können locker werden. Regelmäßig einen Kontrollgang durch die Wohnung machen, um gefährliche Stellen frühzeitig zu erkennen. Keine verschluckbaren Kleinteile herumliegen lassen!
- **Gas- oder Holzkamine sperren:** Möchte man nicht auf die Wärme verzichten, so kann man im Fachhandel nach geeigneten Absicherungsmöglichkeiten fragen.
- **Unbedingt Rauchmelder installieren,** vor allem im Kinderzimmer: In den meisten Bundesländern sind Rauchmelder be-

reits Pflicht, da zu spät entdeckte Brände immer wieder Todesopfer fordern. So sind bereits vier Atemzüge in einem verrauchten Zimmer lebensgefährlich. Die nützlichen Lebensretter sind im Fachhandel günstig erhältlich.

- **Keine heißen Getränke herumstehen lassen** und besonders sorgsam in Babys Nähe damit umgehen, um die Gefahr von lebensgefährlichen Verbrennungen und Verbrühungen zu vermeiden.
- **Scharfe Ecken und Kanten absichern,** zum Beispiel mit speziellen Kappen aus dem Fachhandel.
- **Lampen und Kabel sichern** (nicht nur im Kinderzimmer).
- **Auf Pflanzen in der Wohnung achten,** zum Beispiel bei giftigen Früchten oder Blättern.

Sicherheitshinweise für das Kinderzimmer

- Keine **Kuscheltiere** und **Kissen** im Bett!
- **Lampen ausreichend sichern** (etwa durch Wandmontage), Kabel verstecken: Babys ziehen blitzschnell an allem, was ihnen vor die Augen kommt. Um zu vermeiden, dass die Lampe vom Regal fällt, unbedingt das Kabel so gut es geht verlegen.
- **Keine schweren Gegenstände:** Es sollten keine Schalen, Schüsseln oder sonstigen schweren Einrichtungsgegenstände im Kinderzimmer stehen. Die Gefahr, dass den Kindern etwas auf den Kopf fällt oder umfällt, ist einfach zu groß.
- **Wickeltisch:** Falls möglich, die Wickelunterlage auf den Boden legen oder nur auf einer breiten, abgesicherten Fläche wickeln.

Sicherheitshinweise für die Küche

- **Herd sichern:** Einige Modelle haben einen eingebauten Schutz, damit die Kinder die Herdplatten nicht einschalten können. Alternativ sind im Fachhandel spezielle Sicherungen erhältlich. Keine Gegenstände auf den Herdplatten stehen lassen!
- **Griffe von Pfannen und Kochtöpfen immer zur Wand nach hinten drehen:** So vermeidet man, dass Kinder etwas zu fassen kriegen.
- **Putz- und Spülmittel außer Reichweite halten:** Entweder man besorgt sich einen Regalstopper (der verhindert, dass Kinder die Schubladen öffnen), oder man bringt die Reinigungsmittel von vornherein nur dort unter, wo Kinder nicht hinkommen.
- **Geschirrspülmaschinen nie offen stehen lassen:** Besonders beim Besteckkasten ist die Verletzungsgefahr groß.
- **Kinder nur in die Küche lassen, wenn nichts zubereitet wird:** Bei kochendem Wasser, Kaffee, Tee oder spritzendem Fett besteht ernsthaftes Verletzungsrisiko (Verbrühungen!).

BUCH

MOM HACKS: Die genialsten Tipps & Tricks für Eltern zum Selbermachen Julia Lanzke, Gräfe und Unzer, 2017. Ein unterhaltsames Buch, das neben vielen nützlichen Hacks rund ums Essen, Spielen, Aufräumen etc. auch das kleine Kapitel »Kindersicher« enthält.

INTERNET

www.rauchmelder-lebensretter.de Sehr informative Seite zum Thema Brandschutz zu Hause, vor allem zum Thema Rauchmelder.

www.kindergesundheit-info.de informiert unter der Rubrik »Sicher aufwachsen ➛ Sicherheit im Alltag« zu Unfallschwerpunkten und wie man die häusliche Umgebung sicher macht. Dahinter steht das Bundesinstitut für Öffentliche Gesundheit.

www.kindersicherheit.de Eine sehr gute Webseite der Bundesarbeitsgemeinschaft Mehr Sicherheit für Kinder e. V. zu Unfallrisiken in Haus und Garten, dazu Tipps zur Sicherheit.

www.cleankids.de Diese Webseite informiert Eltern umfangreich zum Thema Sicherheit, Schadstoffe, Produktrückrufe usw.

www.nestbau.info Tipps zum Einrichten ohne Schadstoffe sowie Infos zur Vermeidung von Schadstoffen in Spielzeug, Putzmitteln und Produkten zur Körperpflege.

KOSTENLOSE BROSCHÜRE

Kinder schützen – Unfälle verhüten Elternratgeber zur Unfallverhütung im Kindesalter, herausgegeben vom Bundesinstitut für Öffentliche Gesundheit, als Download oder Broschüre erhältlich unter shop.bioeg.de (im Suchfeld »Kinder schützen« eingeben).

Mit dem Baby unterwegs

Mobil zu Fuß, mit Kinderwagen, Rad und Auto

Die Frage »Wie transportieren wir das Baby?« begleitet Eltern in vielen Phasen. Das beginnt bereits vor der Geburt mit der Auswahl von Kinderwagen und Babyschale und geht dann weiter mit den Möglichkeiten, das Baby am Körper zu tragen oder per Auto, Taxi oder Fahrrad mitzunehmen.

Das Baby am Körper tragen

Tragehilfen

Babys lieben die Nähe, Geborgenheit und den Körperkontakt der Eltern, wenn sie getragen werden. Für die Tragenden selbst gibt es zur Unterstützung Tragetücher oder andere Tragehilfen, die eine bequemere und rückenschonendere Haltung ermöglichen, als wenn das Baby auf dem Arm getragen würde. Zudem hat man die Hände frei, was alle Tätigkeiten daheim und außer Haus erleichtert.

Tragetücher

Ein Tragetuch ist ein großes spezielles Stofftuch (teilweise bis zu fünf Meter lang), mit dem das Kind in verschiedenen Varianten an den Körper des Tragenden gebunden wird. Es gibt Bindeweisen vor dem Bauch des Erwachsenen, auf der Seite oder auf seinem Rücken. Das Erlernen der unterschiedlichen Bindetechniken erfordert manchmal etwas Geduld. Es gibt jedoch viele Anleitungen dazu (auch Video-Tutorials). Zudem helfen spezialisierte Trageberaterinnen oder die Hebamme gern weiter.

> Unser Tipp Das Tragenetzwerk zeigt auf seiner Webseite www.tragenetzwerk.de Videos zu den gängigen Bindemethoden (→ Tragen → Trageweisen).

Andere Tragehilfen

Neben den Tragetüchern gibt es noch viele weitere Tragehilfen, die nicht gebunden werden müssen, sondern mit Klett- oder Klickverschlüssen arbeiten und je nach Modell rucksackähnliche, teils gefütterte Schultergurte haben. Das Kind hockt dabei in einer Art Beutel und wird durch das Straffen der Schultergurte gestützt. Je nach Verstellmöglichkeiten der Stegbreite, Rückenteillänge und Kopfstütze wachsen die Tragehilfen eine Zeit lang mit. Im Allgemeinen wird das Anlegen einer Tragehilfe von vielen Eltern als einfacher empfunden als das Binden eines Tragetuchs.

Wie findet man die richtige Tragehilfe?

Der wichtigste Tipp ist hier: Die Tragehilfe sollte vor dem Kauf unbedingt anprobiert werden. Am besten zusammen mit dem Baby, damit man sieht, ob es gut in der Tragehilfe sitzt oder sich vielleicht gar nicht wohl darin fühlt. Dabei sollte auf folgende Kriterien geachtet werden:

- Das Baby sitzt in der für die Entwicklung von Hüfte und Wirbelsäule so wichtigen »Spreiz-Anhock-Haltung«, das heißt, es hockt bequem, die Beinchen hängen nicht gerade herunter, sondern sind leicht angezogen, die Knie befinden sich circa auf Höhe des Bauchnabels. Dabei sind die Beinchen leicht gespreizt, circa 60 Grad bis maximal 90 Grad zwischen den Oberschenkeln.
- Der Stoff unter dem Popo des Kindes (»Steg«) reicht von Kniekehle zu Kniekehle.
- Der Rücken des Babys ist gut gestützt und dabei leicht gerundet – die Tragehilfe sollte also den Rücken des Kindes nicht flach drücken (was vor allem dann passiert, wenn die Schultergurte seitlich am Rückenteil befestigt sind). Das Gesicht des Babys sollte dem tragenden Erwachsenen zugewendet sein. In dieser Haltung ist es, anders als wenn es mit dem Rücken zum Erwachsenen gewendet getragen würde, weniger optischen Einflüssen ausgesetzt. Denn diese können für Babys sehr verwirrend und damit einfach »zu viel« sein. Zudem wird die Wirbelsäule des Kindes in dieser Haltung überstreckt und die Beine baumeln.
- Erwachsener und Baby sind gleichmäßig von der Tragehilfe umschlossen, sodass das Baby auch beim Gehen oder Vorbeugen nicht umherschwanken oder herausrutschen kann.
- Der Kopf des Babys muss bei Bedarf durch die Tragehilfe gestützt werden können, denn neugeborene oder schlafende Babys sind nicht in der Lage, ihren Kopf selbst zu halten.
- Der Erwachsene kann eine aufrechte Haltung einnehmen und sich frei bewegen, das Gewicht des Kindes sollte gut verteilt sein.

- Die Tragehilfe darf nirgends drücken oder scheuern, und auch das Material sollte angenehm sein.
- Der Erwachsene empfindet das An- und Ablegen der Tragehilfe als einfach.

Eine Auswahl gängiger Tragehilfe-Modelle

- **Tragetücher:** Gewebte Tragetücher bieten etwas festeren Halt, elastische Tragetücher sind besonders für leichte Babys und Einsteiger-Trageeltern geeignet.
  Tragetücher gibt es zum Beispiel von Didymos (Tragetücher aus kontrolliert biologischem Anbau, darunter auch ein Bonding-Top für Frühgeborene. Per Anleitungsheft wird jeder Schritt der Bindeweise ausführlich erklärt. Gegen Gebühr kann man sich auch für zehn Tage ein Tragetuch zum Probieren ausleihen, »DidyTry«), Storchenwiege (ausschließlich in Deutschland produzierte Tragetücher mit der Garantie einer schadstofffreien Textilherstellung in verschiedenen Farben und Mustern, die alle mit einer Bindeanleitung geliefert werden), HänschenKlein oder Hoppediz.
- **RingSling:** Ein speziell genähtes Tragetuch mit großen Metallringen, durch die das Tuchende gefädelt wird – zwar weniger vielseitig als ein klassisches Tragetuch, dafür aber schneller anzulegen. Zum Beispiel von Didymos (DidySling), Storchenwiege, Kokadi oder Hoppediz.
- **Wrap Conversion:** Eine aus Tragetuchstoff gefertigte Tragehilfe, die ungepolsterte, dafür aber breit auf der Schulter aufliegende auffächerbare Träger hat. Modelle zum Beispiel von

Didymos (DidyTai), Hoppediz (Hop-Tye) oder Madame Jordan (Wrap Conversion).

- **Mei Tai:** Eine Tragehilfe nach asiatischem Vorbild, bei der der Hüftgurt und die Träger gebunden werden. Zum Beispiel von Girasol (MySol).
- **Halfbuckle:** Eine Tragehilfe, bei der der Hüftgurt mit Klettverschluss oder einer Schnalle geschlossen wird und die Träger zum Binden sind. Modelle zum Beispiel von Hoppediz (Bondolino), Storchenwiege (BabyCarrier) oder Kokadi (TaiTai).
- **Fullbuckle:** Bei Fullbuckle-Tragehilfen werden sowohl der Hüftgurt als auch die Träger mit Klettverschluss oder Schnallen geschlossen. Modelle gibt es zum Beispiel von Manduca, Marsupi (dank Klettverschluss-System super einfach und flexibel anzulegen – und hat sogar Minimodelle als Puppentrage für die Geschwister), Kokadi (Flip), Buzzidil oder BabyBjörn (bei BabyBjörn wird allerdings immer wieder kritisiert, dass das Kind hier weder in der Spreiz-Anhock-Haltung sitzt noch der Steg von Knie zu Knie reicht).
- **Hüftsitze:** Für alle, die das Kind daheim immer wieder klassisch seitlich auf die Hüfte setzen und davon schon Rückenschmerzen haben, gibt es zur Erleichterung sogenannte Hüftsitze/Hüftgurte. Der Erwachsene schnallt sich einen breiten Gurt um die Hüfte, an welchem sich eine Art kleine Plattform befindet, auf die das Kind gesetzt werden kann – zum Beispiel der Wemk Baby Hüftsitz oder der Hippychick Hipseat.

Tragen bei Wind und Wetter

Auch bei Regen, Wind oder Schnee kann das Baby am Körper getragen werden. Damit es schön warm bleibt und von der Körperwärme des Erwachsenen profitieren kann, gibt es für den Tragenden spezielle Tragejacken oder Jackenerweiterungen oder auch Überzüge für die Tragehilfe. Das Kind braucht dann bis auf eine Mütze und wärmende Schühchen im Grunde keine spezielle Winterkleidung.

BÜCHER

artgerecht – Das andere Baby-Buch. Nicola Schmidt, Kösel, 2021. Ein Buch, das zeigt, wie man auch in unserer modernen Welt dem biologischen Urprogramm von Kindern gerecht werden kann. Dem Thema Tragen ist dabei ein eigenes Kapitel gewidmet.

Auf der Suche nach dem verlorenen Glück – Gegen die Zerstörung unserer Glücksfähigkeit in der frühen Kindheit. Jean Liedloff, C. H. Beck, 2023. Ein interessanter, wenn auch leicht verklärter Bericht, wie ein Indianerstamm seine Kinder aufwachsen lässt, unter anderem mit viel Tragen der Babys und Kleinkinder.

INTERNET

www.tragenetzwerk.de Netzwerk für professionelle Trageberatung mit einer Liste von bundesweiten Trageberaterinnen, Tragetipps und vielen interessanten Fachartikeln zum Thema.

www.mamalila.de Mamalila stellt spezielle Trage-Bekleidung für Erwachsene her, also Funktionsmäntel, Jacken oder Überzüge, unter denen der Tragling geschützt ist, die aber dank eines herausnehmbaren Einsatzes auch ohne Baby getragen werden können.

www.didymos.de Webseite der gleichnamigen Firma, die dort zum Beispiel verschiedene Bindeanleitungen, Größenberater und viele interessante Hintergrundinformationen zum Tragen gibt (➛ Trage-Ratgeber).

Das Baby im Kinderwagen

Die Anschaffung des Kinderwagens gehört zu den teuersten Investitionen für Eltern. Dass es unzählige verschiedene Modelle für die verschiedensten Anforderungen gibt und es deshalb nicht ganz leichtfällt, sich schnell einen Überblick zu verschaffen, macht die Entscheidung nicht einfacher. Die Informationen in diesem Kapitel sollen für mehr Klarheit sorgen: Kinderwagen kann man in verschiedene Kategorien einteilen, und ein Fragenkatalog hilft zusätzlich bei der Wahl des richtigen Kinderwagens.

> **Unser Tipp** Manche Hersteller haben Lieferzeiten von bis zu zehn Wochen – der Kinderwagen sollte also rechtzeitig ausgesucht und bestellt werden.

Kinderwagen – die verschiedenen Typen

Im Grunde lassen sich die Modelle in sechs verschiedene Typen einteilen:

- **Standard-Kinderwagen:** Das ist der klassische Kinderwagen für die ersten Lebensmonate des Babys, in denen es nur liegend im Kinderwagen transportiert wird. Das Kind liegt in einer rundum geschlossenen Schale, ein Verdeck im Kopfbereich schützt vor Sonne, Wind und Regen. Mittlerweile gibt es sogar auch Modelle mit Elektro-Unterstützung (der »e-Priam« oder »e-Gazelle« von Cybex, sogar mit eine integrierter »Schaukelfunktion«!).

- **Sportwagen:** Der Wagen für das Baby, das bereits selbstständig aufrecht sitzen kann. Es blickt dabei in Fahrtrichtung oder zum Schiebenden. Die Rückenlehne ist oft in Sitz-, Halbschräg- und Liegeposition verstellbar. Die Füße können auf eine Fußraste aufgesetzt werden.

- **Kombiwagen:** Zwei in einem – ein Wagen, der zuerst Standard-Kinderwagen ist und sich später (ungefähr, wenn das Baby sechs Monate alt ist und aufrecht sitzen will und kann) in einen Sportwagen umbauen lässt. Somit spart man sich die Anschaffung von zwei verschiedenen Wagen. Kombiwagen haben zuerst eine Liegeschale, die dann zum Sportsitz umgebaut wird. Dieser ist idealerweise in verschiedene Positionen zu kippen (aufrechte Sitzposition, waagrechte Schlafposition plus schräge Position für Babys, die noch nicht ganz aufrecht sitzen können) und hat Gurte zur Sicherung des Kindes.

- **Buggy:** Der Buggy ähnelt dem Sportwagen – er ist aber schmaler, klein zusammenfaltbar (praktisch für schnelles Ein- und Ausladen ins Auto oder sogar ins Lastenrad), hat in der Regel Doppelräder und nur selten eine Federung oder eine verstellbare Rückenlehne. Er ist daher eher als Zusatzwagen für kurze Strecken gedacht und kann einen Sportwagen nicht ersetzen, da das Kind darin weniger bequem sitzt und längeres Schieben abseits von Asphaltflächen wegen der kleinen Räder anstrengend ist.
- **Jogger:** Der Jogger ist für Eltern gedacht, die mit dem Wagen auch joggen oder inlineskaten wollen oder viel in unebenem Gelände unterwegs sind. Er hat meist nur drei Räder, diese sind größer als die normalen Kinderwagen-Räder, die Bremse befindet sich am Schiebebügel. Das Kind sitzt in einem Sportsitz (es gibt aber auch Modelle mit Kinderwagen-Aufsätzen) und ist mit einem Fünfpunkt-Gurt bei schnelleren Fahrgeschwindigkeiten bestens gesichert. Nachteil: In öffentlichen Verkehrsmitteln nicht wendig und zusammengeklappt braucht er viel Platz. Neu auf dem Markt sind hier auch Modelle, die nicht wie ein klassischer Kinderwagen zum Schieben aussehen, sondern wie ein Anhänger mit einer Art langen Deichsel, welche die Eltern sich mit einem Gurt am Bauch befestigen können: So wird freihändiges Joggen oder sogar Skifahren ermöglicht, bei dem die Eltern das Kind im Anhänger hinter sich ziehen (zum Beispiel »Zeno Hands-free Running Kit« oder »Zeno Skiing Kit« der Firma Cybex).

- **Geschwisterwagen:** Ein Wagen, in dem zwei Kinder Platz finden. In den einen Modellen sitzen sie dabei nebeneinander, in den anderen hinter- oder übereinander. Einige Modelle lassen sich zuerst auch nur für ein Kind nutzen und später für das zweite Kind verbreitern (➤ »Zwillingswagen«, Seite 367).

Wie findet man den richtigen Kinderwagen?

Die Beratung in einem Fachgeschäft lohnt sich, dort können verschiedene Modelle gezeigt und in der Handhabung erklärt werden. Schiebt man den Wagen selbst herum, bekommt man bereits ein sehr gutes Gefühl dafür, welches Modell einem mehr liegt.

Die folgenden Fragen und Kriterien helfen bei der Wahl des richtigen Wagens:

- Sind Geschwister geplant oder hat man bereits ein Kleinkind? Dann kann es sinnvoll sein, sich nach Wagen zu erkundigen, die sich zu einem Geschwisterwagen erweitern lassen oder an denen man ein sogenanntes Kiddyboard befestigen kann, auf dem das ältere Kind stehend/sitzend mitfährt.

- Wo wird der Kinderwagen hauptsächlich benutzt? Wer mehr auf unebenem Terrain unterwegs ist (Feldwege, grobes Kopfsteinpflaster), fährt mit großen und breiten, feststellbaren Vorderrädern mit Profil besser. In der Stadt hingegen (ebene Fahrbahn, enge öffentliche Verkehrsmittel, Bordsteinkanten und so weiter) ist man mit schwenkbaren Vorderrädern und einem kleinen Wendekreis des Wagens besser beraten.

- Wohnt man in einem höheren Stockwerk ohne Lift? Es gibt Modelle, bei denen die Liegeschale wie eine Tragetasche vom Wagen abgenommen werden kann. Ist das Kind eingeschlafen, wenn man heimkommt, muss man es nicht aus dem Wagen nehmen und weckt es eventuell auf, sondern trägt es in der Tragetasche hoch.

- Zur Bremse: In bergigem Gelände oder wenn der Wagen zum Joggen benutzt wird, sollte man sich für eine Handbremse am Griff des Wagens entscheiden, da sie leichter zu bedienen ist als eine Fußbremse. In jedem Fall sollte die Bremse den Wagen sicher fixieren und einfach in der Handhabung sein.
- Kann die Babyschale, also der Baby-Kindersitz fürs Auto, mit Adaptern auf das Fahrgestell des Kinderwagens geklickt werden? Das ist praktisch, wenn das Kind während der Autofahrt eingeschlafen ist, man danach zum Beispiel aber noch zum Kinderarzt oder zum Einkaufen muss.
- Lässt sich der Wagen leicht zusammen- und wieder auseinanderklappen?

Unser Tipp Auf Internetplattformen wie Ebay, Kleinanzeigen, Vinted oder Quoka bieten viele Eltern ihre gebrauchten Kinderwagen oder deren Zubehör an. Darunter finden sich oft auch Markenwagen in sehr gutem Zustand, speziell, wenn sie nur selten oder als Zweitwagen genutzt wurden. Und die sind damit eventuell sogar besser als ein qualitativ geringwertigeres Billigmodell.

- Lässt sich die Sitzrichtung ändern?
- Gibt es Testergebnisse (etwa von Stiftung Warentest) zu Sicherheit, Schadstoffen im Material etc. für das favorisierte Modell?
- Passt der Kinderwagen ins Auto?
- Passt der Wagen durch einen Türrahmen normaler Breite?
- Soll der Wagen von unterschiedlich großen Personen geschoben werden? Dafür gibt es Modelle mit höhenverstellbaren bzw. kippbaren Griffen.
- Hat der Wagen ein GS-Zeichen (»Geprüfte Sicherheit«)? Daran erkennt man, dass er durch eine neutrale Institution (zum Beispiel den TÜV) nach speziellen gesetzlichen Vorgaben auf seine Sicherheit geprüft wurde.
- Muss Zubehör wie Matratze, Regenschutz, Sonnenschirm dazugekauft werden oder ist es im Preis inbegriffen?
- Hält die Achse die Benutzung eines sogenannten Kiddyboards durch ein größeres Kind aus?
- Und, nicht ganz unwichtig: Bietet der Wagen genug Stauraum für Einkäufe, Regenüberzug, Sandspielzeug?

> **Unser Tipp** Mit Reflektoren, Schutzlichtern oder Leuchtstreifen versehen wird der Kinderwagen auch nachts besser sichtbar (zum Beispiel über den Onlinehandel, dort »Kinderwagenlicht« eingeben – oder einfach die kleinen Lämpchen, die man an Fahrräder spannen kann).

Kinderwagen-Schaukel-Helfer

Für alle Eltern, die des Kinderwagen-Schuckelns müde sind, gibt es kleine Geräte, die per Klettverschluss am Wagen befestigt werden können. Die vibrieren akkubetrieben vor sich hin und schaukeln damit den Wagen (zum Beispiel der »Schaukelstab« der Berliner Firma Lolaloo oder der »Baby Rocker« von Sleepytroll – letzterer sogar mit Sensorfunktion, die ihn reaktiviert, sobald Babygeräusche oder Bewegungen wahrgenommen werden).

Transport per Fahrrad (Fahrradsitz, Fahrradanhänger, Lastenfahrrad)

Fahrradsitz

Ein Fahrradsitz kann verwendet werden, sobald das Kind sicher eigenständig sitzen kann. Die meisten Testergebnisse zeigen auf, dass der Transport hinten auf dem Fahrrad sicherer ist als vorne. Damit der Sitz an die Größe des Kindes angepasst werden kann, sollte man beim Kauf auf verstellbare Gurtsysteme und Fußhalterungen achten.

> *Unser Tipp* Um das Ein- und Aussteigen des Kindes zu erleichtern, empfiehlt es sich, das Fahrrad gegebenenfalls auf einen stabilen Ständer umzurüsten. Man sollte niemals das Kind alleine im Fahrradsitz lassen, durch plötzliche Bewegungen könnte es umfallen!

Eine Auswahl gängiger Anbieter von Fahrradsitzen

- **Bobike:** www.bobike.com
- **Britax Römer:** www.britax-roemer.de
- **Hamax:** www.hamax.com/de/fahrradsitz
- **Thule:** www.thule.com (das sind die »Yepp«-Fahrradsitze)
- **WeeRide:** www.weeride.co.uk

> Unser Tipp Nicht jedes Fahrrad ist kindersitztauglich, am besten man nimmt das Fahrrad zum Kauf mit!

Fahrradanhänger

Fahrradanhänger sind zwar kostspieliger als Kindersitze, gelten aber im Allgemeinen als sicherer, wie Tests der Stiftung Warentest zeigten. Denn stürzt der Fahrradfahrer, bleibt der Anhänger normalerweise mit allen Rädern am Boden. Zu unterscheiden ist zwischen Ein- und Zweisitzern. Auch Babys können im Anhänger transportiert werden, allerdings müssen hier entsprechende Radanhänger-Babyschalen vom Anbieter erworben werden. Bei einigen Modellen lassen sich per Adapter (vom Anbieter zu erwerben) die gängigen Autobabyschalen montieren. Fahrradanhänger bieten den Vorteil, dass Kinder vor Fahrtwind und Wetter gut geschützt sind und bequem während der Fahrt schlafen können. Allerdings sind sie den Autoabgasen ausgesetzt! Man sollte einen Rückspiegel am Fahrrad montieren, so hat man den Verkehr und das Kind immer im Blick. Wie beim Fahrradsitz gilt auch hier: Ein

Doppelständer am Fahrrad verhindert, dass dieses beim Ein- und Aussteigen des Kindes umkippt. Die meisten Modelle lassen sich abgekoppelt vom Fahrrad separat als Buggy (vier Reifen) oder Jogger (drei Reifen) nutzen.

Eine Auswahl gängiger Anbieter von Fahrradanhängern

- **Burley:** Ein- und Zweisitzer. Der Anhänger kann auch separat als Buggy/Jogger genutzt werden. www.burley.com
- **Thule Chariot:** Ein- und Zweisitzer. Der Anhänger kann auch separat als Buggy/Jogger genutzt werden. www.Thule.com
- **Croozer:** Ein- und Zweisitzer. Der Anhänger kann auch separat als Buggy/Jogger genutzt werden. www.croozer.com
- **Kindercar:** Zweisitzer (Besonderheit: Wenn nur ein Kind transportiert wird, kann es in der Mitte sitzen, was für optimale Stabilität sorgt). Der Anhänger kann auch separat als Buggy/Jogger verwendet werden. www.kindercar.de
- **Tout Terrain:** Einsitzer. Der Anhänger hat nur einen Reifen und ist damit auch für Mountainbike-Touren geeignet. www.tout-terrain.de

Lastenfahrrad

Lastenfahrräder, oft auch Familienräder oder Transporträder genannt, werden immer beliebter. Im direkten Vergleich zum Fahrradanhänger sind diese aber auch deutlich kostspieliger. Bis zu vier Kinder können, je nach Ausführung, transportiert werden. Dabei unterscheidet man zwischen folgenden Typen: In der klassischen Variante mit drei Rädern sitzen die Kinder vor dem Fahrer in einer kleinen »Kabine«, die fest auf die Achse des Rads montiert ist. Beim sogenannten Longjohn (Frontloader) sitzen die Kinder ebenfalls vorne, hier gibt es aber nur zwei Reifen. Das Longtail, ebenfalls mit zwei Rädern, transportiert die Kinder auf einem langen Heck, während der Fahrer vorne sitzt. Egal, für welches Modell man sich entscheidet: Testfahrten sind dringend zu empfehlen! So lässt sich schnell der Favorit aus den unterschiedlichen Modellen und Anbietern herausfinden.

Unser Tipp Viele Gemeinden fördern elektrische Lastenfahrräder für den privaten Gebrauch. Bitte unbedingt auf kommunaler Ebene informieren, ob es einen Zuschuss gibt.

Eine Auswahl gängiger Anbieter von Lastenfahrrädern

Lastenrad (klassische Variante)

- **Babboe:** www.babboe.de (Aufgrund von Sicherheitsmängeln wurde Babboe im Februar 2024 der Verkauf ihrer Lastenräder untersagt – bitte unbedingt die aktuelle Entwicklung verfolgen!)
- **Bakfiets:** www.bakfiets.de
- **Butchers & Bicycles:** www.butchersandbicycles.com
- **Chike e-kids:** www.chike.de
- **Christiania:** www.christianiabikes.de

- **Johnny Loco:** www.johnnycargo.de
- **Nihola:** www.nihola-de.com
- **trioBike:** www.triobike.com
- **Winther Kangaroo:** www.winther-bikes.com

Longtail Lastenrad

- **BTWIN Cargobike:** www.Decathlon.de
- **Cannondale Cargowagon:** www.cannondale.com
- **Centurion Vario:** www.centurion.de
- **Cube Longtail:** www.cube.eu
- **Elops:** www.decathlon.de
- **Mulittinker:** www.r-m.de/de/bikes/
- **Tern:** www.ternbicycles.com
- **Quadriga Cargoline:** www.kettler-alu-rad.de
- **Vello Sub:** VELLO BIKE – Go Urban, Go Light
- **Xtracycle:** www.xtracycle-deutschland.de
- **Yuba:** www.yubaeurope.com

Longjohn Lastenrad

- **Bakfiets:** www.bakfiets.nl/de
- **Batavus Fier:** www.batavus.de/

- **Carqon Classic:** www.carqon.com
- **Dolly Bike:** www.dolly-bikes.com
- **Justlong:** www.bicicapace.com
- **Maki Travel:** www.gazelle.de
- **Muli:** www.muli-cycles.de
- **Packster:** www.r-m.de/de/bikes/
- **Urban Arrow:** www.urbanarrow.com/de/

> Unser Tipp Egal, ob man das Kind im Fahrradsitz, Anhänger oder im Lastenfahrrad transportiert, es sollte angeschnallt sein und einen Fahrradhelm tragen! Anders als in Deutschland besteht in Österreich bis zum zwölften Lebensjahr eine Helmpflicht.

Transport per Auto

In Deutschland ist gesetzlich geregelt, dass Kinder im Auto bereits ab der Geburt mit einer sogenannten Kinderrückhalteeinrichtung gesichert sein müssen. Übersetzt heißt das: es gilt eine Kindersitzpflicht.

Für Babys gibt es dafür die sogenannte Babyschale, für größere Kinder bis zum Alter von 12 Jahren dann Kindersitze (in jeweils zum Kind passenden Größen).

Babyschalen

Will man das Baby im Auto transportieren, ist eine sogenannte Babyschale Pflicht dafür. Diese kann auf der Rückbank befestigt werden oder, sofern sich der Airbag ausschalten lässt, auch auf dem Beifahrersitz.

Wichtig: Den Sitz immer gegen die Fahrtrichtung montieren! Der rückwärtsgerichtete Transport gilt als sicherster Weg, weil die Aufprallenergie über eine größere Fläche verteilt wird und die noch nicht ganz ausgebildete Nackenmuskulatur des Babys so besser geschützt ist. Der ADAC empfiehlt, Kinder bis zum Alter von mindestens zwei Jahren rückwärtsgerichtet zu transportieren (in der Babyschale – oder wenn sie für die zu groß geworden sind, dann in einem sogenannten Reboarder = rückwärtsgerichteter Kindersitz).

Experten raten auch, die Babyschale so lange zu nutzen, wie es möglich ist. Dabei gilt: Solange der Kopf nicht über die Schale ragt, kann sie verwendet werden!

Für die meisten Babyschalen gibt es übrigens Frottee-Schutzüberzüge – die haben eine bessere Saugkraft, wenn das Kind schwitzt, und lassen sich bei kleinen Missgeschicken schneller abziehen und reinigen als der Hauptbezug.

Autositze

Ist das Baby der Schale entwachsen (was meistens so ab einer Körpergröße von 75cm der Fall ist), steigt man auf Kleinkindersitze mit integriertem Gurtsystem um (für eine Körpergröße von circa 70 bis 105 cm. Die gibt es auch als Modelle, die weiterhin entgegen der Fahrtrichtung im Auto platziert sind, sogenannte Reboarder), danach auf Folgesitze (für Kinder zwischen 100 und 150 cm) oder eventuell sogenannte Sitzerhöhungen.

Sicherheitsstandards

Für alle Varianten gilt: sie müssen vor allem zu Alter, Gewicht und Größe des Kindes passen – aber auch den gesetzlichen Vorgaben in Sachen Sicherheit und technischem Standard entsprechen.

Bei den gesetzlichen Vorgaben gibt es momentan in der EU drei parallel gültige Kindersitz-Normen:

- die UN Reg. 129 Norm (oft »i-Size-Norm« genannt)
  Diese neue Regelung setzt schärfere Sicherheitsstandards für noch größeren Schutz von Kindern bei Autofahrten: die Einteilung der Kindersitzklassen erfolgt anhand der Körpergröße des Kindes, Babys dürfen außerdem bis zum Alter von 15 Monaten nicht in Fahrtrichtung transportiert werden (egal, wie groß oder schwer sie sind – denn rückwärts/seitwärts fahren bedeutet mehr Schutz im Kopf- und Halsbereich), i-Size-Kindersitze müssen dazu einen Seitenaufpralltest bestehen und mit dem Isofix-System ausgestattet sein. Isofix ist ein standardisiertes Befestigungssystem, bei dem der Kindersitz nicht mehr mit dem Fahrzeuggurt befestigt wird, sondern einfach in die Isofix-Haken des Autos eingeklickt wird. Das erhöht die Wahrscheinlichkeit, dass man ihn korrekt installiert.
- die UN ECE Reg. 44/03 und die Reg. 44/04 Norm
  Das sind ältere Regelungen, die sich zur Einteilung der verschiedenen Modelle noch am Gewicht des Kindes orientierten. Das war jedoch, wie sich herausstellte, eine unzuverlässige Messgröße für die Bestimmung des passenden Sitzes. Denn Kinder gleichen Alters können sich stark im Gewicht unterscheiden (und Eltern schwererer Kinder neigten deswegen oft dazu, zu früh auf einen zu großen Sitz zu wechseln).

Beachte: Kindersitze, die diesen Normen entsprechen, dürfen in der EU seit 01.09.2024 nicht mehr im Fachhandel verkauft werden! Allerdings: Eltern, die bereits einen Kindersitz haben, der entsprechend diesen alten Normen zugelassenen wurde, dürfen ihn noch weiterhin verwenden.

Achtung: Kindersitze nach den noch älteren Normen ECE Reg. 44/01 oder Reg. 44/02 sind seit 2008 überhaupt nicht mehr zugelassen. Sie dürfen weder verkauft noch genutzt werden.

Welcher Norm eine Babyschale/Kindersitz entspricht, lässt sich am angebrachten Prüfsiegel erkennen. Man findet es in der Regel an der Seite oder Rückseite des Sitzes. Meistens ist es ein oranger Aufkleber, der den Hersteller und das Sitzmodell nennt, dazu die zulässige Körpergröße, die Prüfnorm, nach der der Sitz zugelassen ist und das Land der Zulassung (letzteres durch ein »E« mit Ziffer in einem Kreis – »E1« bedeutet zum Beispiel, dass die Genehmigung in Deutschland erteilt wurde).

Unser Tipp Für einige Babyschalen ist eine zusätzliche Basis erhältlich, die fest im Auto installiert wird. So lässt sich die Schale leicht und schnell festklicken.

Eine Auswahl gängiger Anbieter von Babyschalen

- **Britax Römer:** www.britax-roemer.de (Führt bereits mehrere Babyschalen, die den Anforderungen der i-Size-Norm entsprechen. Zum Beispiel Modell »BABY SAFE 3 i-Size«, welches sich zudem in eine flache Liegeposition stellen lässt!)

- **Bugaboo:** www.bugaboo.com (Der Kinderwagenhersteller führt auch Babyschalen fürs Auto. Zum Beispiel das Modell »Turtle Air by Nuna«, welches vom ADAC gute Testnoten erhielt und i-Size-konform ist.)
- **Cybex:** www.cybex-online.com
- **Kiddy:** www.kiddy.de (Das Modell »Evoluna i-Size 2« ist eine der wenigen Babyschalen, die sich auch im Auto in eine flache Liegeposition stellen lässt.)
- **Maxi-Cosi:** www.maxi-cosi.de
- **Nuna:** www.nunababy.com (Das Modell »PIPA urbn« wurde vom ADAC 2024 als eine der beiden besten Babyschalen beim Kindersitztest bewertet. Es hat ein integriertes Isofix System, kann also ohne zusätzliche Basisstation im Auto installiert werden.)

Autositze

Ist das Baby der Schale entwachsen, steigt man entweder auf den Autositz der Gruppe I (9 bis 18 Kilogramm), der Gruppe II (15 bis 25 Kilogramm) oder der Gruppe III (22 bis 36 Kilogramm) um.

> Unser Tipp Bei allen Transportvarianten gilt: Vor dem Kauf sollte man sich per aktuellem Testbericht, zum Beispiel vom ADAC oder der Stiftung Warentest, genau über die neusten Modelle und deren Sicherheit informieren.

INTERNET

www.adac.de Die Webseite des ADAC bietet regelmäßig Testergebnisse zu Kinderautositzen, dazu viele allgemeine Informationen rund um die Sicherheit von Kindern im Auto und Tipps zum Kindersitzkauf. Unter anderem auch das sehr gute und ausführliche Spezial »Kindersitzberater« (➛ Verkehr ➛ Verkehrssicherheit ➛ Kindersicherheit ➛ Kindersitzberater).

www.kindersitzprofis.de Ein Verbund von Eltern, der gute Infos und Hilfestellungen zum Thema Kindersitzwahl gibt. Hier findet man auch profunde und übersichtliche Artikel zu den Kindersitz-Zulassungsvorschriften (➛ Wissen ➛ Rechtliche Bestimmungen).

www.test.de Die Stiftung Warentest hält eine Datenbank mit Ergebnissen zu Autokindersitz-Tests bereit und veröffentlicht regelmäßig neue Ergebnisse.

Reisedokumente

Aufgrund der Regelung »Eine Person – ein Pass« brauchen selbst Babys bei Reisen ins Ausland ihr eigenes Reisedokument. Wir zeigen, welche Varianten es dabei gibt, wo man sie beantragt und welche Unterlagen dafür benötigt werden.

Für welche Art von Reisedokument man sich entscheidet, hängt maßgeblich davon ab, in welches Land man mit dem Baby reisen möchte. Da jedes Land selbst entscheidet, welches Dokument es als Einreisevoraussetzung bestimmt, sollte man sich unbedingt rechtzeitig vor Reisebeginn entsprechend informieren, zum Beispiel beim Auswärtigen Amt (www.auswaertiges-amt.de) oder bei der Botschaft des jeweiligen Landes.

Achtung: Einige Länder verlangen, dass das jeweils benötigte Reisedokument bei der Einreise noch eine bestimmte Mindestanzahl von Monaten, manchmal sogar Jahren, gültig ist! Also gegebenenfalls rechtzeitig um eine Verlängerung des Dokuments kümmern.

> Unser Tipp Bei vielen Ämtern, bei denen im Wartebereich eine Nummer gezogen werden muss, bekommt man mit Baby eine Extranummer und wird mit dieser vorrangig aufgerufen!

Personalausweis

Für Reisen innerhalb der EU, Norwegen, Island, Liechtenstein, in die Schweiz und die Türkei genügt ein Personalausweis. Aufgrund seiner eingeschränkten »Reichweite« und da man erst ab 16 Jahren wirklich verpflichtet ist, zumindest ein Identifikationsdokument einen zu haben, ist er für Babys und Kinder in der Regel nicht so interessant. Auf Wunsch der Eltern können jedoch auch Babys und Kleinkinder bereits einen erhalten. Er kostet 22,80 Euro, ist sechs Jahre gültig und kann nicht verlängert werden. Achtung: Eventuell kann der Ausweis auch schon früher automatisch ungültig werden, wenn mit der Zeit das Baby nicht mehr so aussieht wie auf dem Passfoto, siehe ausführlicher dazu gleich unten beim ePass.

Elektronischer Reisepass (ePass)

- **Vorteil:** Der ePass gilt weltweit und nicht nur in der EU. Er enthält einen Chip für die Speicherung biometrischer Daten (und ist damit zum Beispiel auch zur Einreise in die USA mit der digitalen Reisegenehmigung ESTA geeignet).
- **Nachteil:** Der ePass ist etwas teurer als der Personalausweis. Die Ausstellung dauert nach der Beantragung mehrere Wochen, und zur Abholung muss man ein zweites Mal zur Behörde (Hintergrundinfo: Erwachsene können sich ihr fertiges Ausweisdokument neuerdings auch per Post zusenden lassen – für Kinderdokumente gilt aber weiterhin, dass die Eltern sie bei der Behörde abholen müssen. Denn nur so kann die Abholvollmacht gut geprüft werden). Wer nicht so lange warten kann, kann gegen einen Aufpreis von 32 Euro eine Express-Bestellung aufgeben.
- **Kosten:** 37,50 Euro
- **Wie lange gültig:** Auch der ePass für Kinder ist sechs Jahre gültig und wird danach nicht verlängert, sondern muss erneut beantragt werden.
  Achtung: Bei Babys und Kleinkindern verändert sich das Gesicht ja so rasch, dass manchmal schon nach kurzer Zeit von einem »neuen Aussehen« gesprochen werden kann. Weicht deshalb irgendwann das Passfoto stark vom aktuellen Aussehen ab, dann wird das Reisedokument automatisch ungültig (auch wenn das aufgedruckte Gültigkeitsdatum noch gar nicht abgelaufen ist)! Es muss dann ein neuer Pass mit aktuellem Bild beantragt werden. Hat man also irgendwann Zweifel an

der Tauglichkeit des Passfotos, dann empfiehlt das Innenministerium den Eltern, »ihrem Bauchgefühl nachzugeben und ein neues Reisedokument zu beantragen«. Das Ziel muss sein, dass Kontrollbehörden das Kind eindeutig anhand des Bildes erkennen können.

Kinderreisepass

Bis Ende 2023 war es noch möglich, für Kinder unter 12 Jahren einen »Kinderreisepass« zu beantragen. Der war deutlich billiger als der elektronische Reisepass, hatte aber nur die sehr kurze Gültigkeitsdauer von einem Jahr und wurde deshalb ab Anfang 2024 abgeschafft. Die gute Nachricht: Wer für sein Kind schon einen gültigen Kinderreisepass hat, kann diesen noch bis zum Ende seiner regulären Ablauffrist weiter verwenden.

Wo beantragt man die Reisedokumente?

Alle genannten Reisedokumente beantragt man bei der zuständigen Passbehörde. Informationen dazu geben die Stadt/Gemeinde, das Bürgeramt, das Kreisverwaltungsreferat oder zum Beispiel www.behoerdenfinder.de.

Welche Unterlagen sind für die Beantragung erforderlich?

- **Passbild:** Die Vorgaben hierfür sind standardisiert, allerdings bei Kindern bis zu fünf Jahren insofern etwas vereinfacht, als keine Prüfung der Biometrietauglichkeit erforderlich ist. Was aber auch für sie gilt: Standardmaß 35 x 45 mm, frontale Aufnahme, neutraler Ausdruck, kein Schnuller, keine Kopfbedeckung, Eltern oder Schmusetiere dürfen auch nicht sichtbar sein und so weiter.
  Neuregelung: Ab 01.05.2025 sind keine »papierbasierten Passbilder« mehr für die Beantragung von Ausweisdokumenten zugelassen!
  Die Passbilder können ab dann nur noch
  - entweder vom Fotostudio in digitaler Form gesichert elektronisch ans Bürgeramt übertragen oder
  - direkt bei der Beantragung vor Ort im Bürgerbüro elektronisch aufgenommen werden.

  Tipp: Vorher beim zuständigen Bürgeramt erkundigen, ob man dort schon mit der entsprechenden Lichtbildtechnik ausgestattet ist!
- **Geburtsurkunde** (bei Neubeantragung) oder eventuell bereits vorhandene **alte Ausweisdokumente** (wenn man zum Beispiel von Personalausweis auf elektronischen Reisepass umstellen will)
- **Beide Eltern mit eigenem Ausweis**
- Falls ein Elternteil alleine kommt: Eine **schriftliche Einverständniserklärung des Partners** (Vorlage meist bei der Pass-

behörde downloadbar) sowie dessen Ausweis (zum Unterschriftsvergleich)

- Falls nur die beantragende Person sorgeberechtigt ist: **Sorgerechtsnachweis** mitnehmen
- Und natürlich das **Baby** persönlich
- Da die Passbehörden in Zweifelsfällen weitere Unterlagen verlangen können, ist es am sichersten, sich vorher telefonisch zu erkundigen, welche Dokumente gefordert werden und ob eventuell eine Terminvereinbarung notwendig ist.

> Unser Tipp Wir kennen einen Fall, bei dem Mutter und Baby bei einem innerdeutschen Flug von der Airline nicht mitgenommen wurden, da das Baby kein Reisedokument dabeihatte. Sicherheitshalber also auch bei nationalen Flügen den Babypass/-ausweis immer mitnehmen bzw., falls man noch keinen hat, sich rechtzeitig vorher bei der Airline entsprechend erkundigen.

INTERNET

www.auswaertiges-amt.de Ausführliche Hinweise zu Reise- und Sicherheitsinformationen des gewünschten Urlaubslandes. Vor allem aber lohnt ein Blick in die jeweils landesspezifischen Einreisebestimmungen hinsichtlich der benötigten Reisedokumente und ihrer vorgeschriebenen Gültigkeitsdauer (➛ Sicher Reisen ➛ Ihr Reiseland ➛ gewünschtes Land anwählen ➛ Einreise und Zoll).

www.bmi.bund.de Die Webseite des Bundesministeriums des Innern gibt Infos zu allen Reisedokumente-Themen: ➛ Themen ➛ Moderne Verwaltung ➛ Ausweise und Pässe ➛ Reisepass für Kinder bzw. ➛ Reisepass

www.personalausweisportal.de Eine weitere Webseite des Innenministeriums, sie bietet ausführliche Informationen rund um den Personalausweis.

www.gesetze-im-internet.de Auf dieser Webseite des Justizministeriums findet man die aktuellen Fassungen des Passgesetzes (PassG), der Passverordnung (PassV) und des Personalausweisgesetzes (PAuswG).

Reisen mit dem Baby

In der Elternzeit gemeinsam für einige Zeit nach Asien reisen, die Großeltern an der Nordsee besuchen oder eine Woche am Mittelmeer urlauben: Reisen mit Baby ist machbar. Natürlich muss man sich nach Babys Tagesablauf richten und in vielen Dingen flexibler sein als vorher. Aber das ist in den eigenen vier Wänden ja genauso. Und was bleibt, ist, viel Zeit gemeinsam als Familie zu haben, Abstand vom Alltag nehmen und unvergessliche Erinnerungen, wenn das Baby das erste Mal das Meer sieht, italienische Mammas bezaubert oder mitten auf Stockholms Marktplatz gewickelt werden muss …

Tipps für die Planung und das Reisen

- **Reisedokument:** Auch das Baby braucht eines, ausführliche Infos dazu im Kapitel »Reisedokumente«.
- **Impfpass** des Kindes mitnehmen, er gilt weltweit.
- **Visum:** Ist eins für die Einreise in das Urlaubsland erforderlich?
- **Auslandskrankenversicherung:** Haben alle, auch das Baby, eine?
- **Reiserücktritts- und Reiseabbruchversicherung:** Gerade bei teuren Reisen rechtzeitig den Abschluss erwägen, um finanzielle Verluste in Grenzen zu halten, wenn das Baby zum Beispiel kränkelt und man deshalb die Reise gar nicht erst antreten kann oder abbrechen muss.
- **Kontaktdaten** wichtiger Ansprechpersonen zu Hause mitnehmen, ins Handy einspeichern oder sich selbst als E-Mail schicken, zum Beispiel die des Kinderarztes, der Krankenversicherung, des ADACs etc.
- Eventuell **Kontaktdaten von Kinderärzten** oder -krankenhäusern am Urlaubsort in Erfahrung bringen.
- Braucht man vor Ort einen **Kinderwagen, Buggy, eine Autobabyschale** (zum Beispiel fürs Taxi vom Flughafen) oder eine Tragehilfe? Achtung: Manche Kindersitze lassen sich ausschließlich mit der Isofix-Vorrichtung befestigen (und nicht auch mit dem Sicherheitsgurt des Autos). Nimmt man bei Flug- oder Bahnreisen den eigenen Autokindersitz in den Urlaub mit, dann

also sicherstellen, dass auch Mietwagen, Taxi etc. vor Ort eine Isofix-Vorrichtung haben.

- Bei Reisen in ferne Länder rechtzeitig mit dem Arzt oder einem Tropeninstitut klären, ob dafür **Impfungen** erforderlich sind und diese auch für Babys infrage kommen.
- Länder mit **hohem Krankheitsrisiko** meiden.

Unser Tipp Verreist nur ein Elternteil mit dem Kind ins Ausland, sollte man sich unbedingt vorher mit den jeweiligen Einreisebestimmungen vertraut machen. Denn einige Länder verlangen in dieser Konstellation das Mitführen einer Einverständniserklärung des anderen (nicht mitreisenden) Elternteils, so zum Beispiel Griechenland, Großbritannien, Kroatien oder Serbien. Der ADAC stellt auf seiner Webseite eine Mustervorlage für eine solche Einverständniserklärung in elf Sprachen bereit (www.adac.de – im Suchfeld »Reisevollmacht für Kinder« eingeben). Je nach Land werden jedoch teilweise noch weitere Voraussetzungen gefordert, wie zum Beispiel eine Übersetzung, amtliche Beglaubigung, gleichzeitiges Mitführen einer Kopie der Geburtsurkunde oder andere Formvorgaben der Vollmacht. Also rechtzeitig nach den jeweiligen Landesvorgaben erkundigen, am besten bei der entsprechenden Botschaft oder dem Konsulat.

Und: Seit August 2021 können auf Antrag beider Elternteile in den Reisepass des Kindes die Namen aller Sorgeberechtigten eingetragen werden, wenn sich der Familienname des Kindes vom Familiennamen eines Sorgeberechtigten unterscheidet. Dadurch ist bei Kontrollen im Flughafen / bei Grenzüberschreitungen leichter erkennbar, wer zur Familie gehört. Wichtig: Eine solche Eintragung ersetzt aber nicht die schriftliche Einwilligung des anderen sorgeberechtigten Elternteils, wenn man mit dem Kind allein reist!

Tipps für das Reisegepäck

Welche Basics für das Gepäck bei Reisen mit Babys allgemein hilfreich sind, zeigen wir in der folgenden Auflistung. Und spezielle Tipps für die Reise per Auto, Flugzeug oder Zug gibt es im Anschluss daran.

- **Windeln, Wickelutensilien, Spucktücher, Essen und Getränke für das Baby,** zumindest für die Anreise (Stau, Streiks auf Autobahnen und Flughäfen oder Zug- und Flugverspätungen können die Reisezeit unerwartet verlängern) und die ersten Tage. Vor Ort findet man je nach Reiseland dann meist das übliche Angebot an Babynahrung und Utensilien. In Frankreich aber zum Beispiel keine Einmalwickelunterlagen oder Breipulver, in Italien dafür Gläschen mit Pferdefleisch ...
- Sofern man Platz und Tragekapazitäten hat, kann man ein **Reisebett** mitnehmen, falls am Urlaubsort keines vorhanden ist. Das Angebot unterscheidet sich stark in Größe, Gewicht, Montage und Preis (große Auswahl zum Beispiel im Onlinehandel). Es gibt zusammenklappbare Reisebettchen oder – deutlich leichter – Faltmodelle (zum Beispiel das Modell Baby Luxe von Deryan) oder Reisezelte (zum Beispiel das Nomad Kids Travel Bed; gibt's bei Outdoor-Ausstattern oder im Onlinehandel) oder Luftmatratzen mit rundum laufendem erhöhtem Seitenrand (zum Beispiel das Kidz Travel Bed Set von Intex).

> **Unser Tipp** Uns persönlich gefallen Reisebetten wie das »Iris« von Maxi-Cosi oder das »Light« von BabyBjörn. Schnell und einfach auf- und abzubauen und mit nur 6 Kilo inklusive Transporttasche sehr leicht (die meisten restlichen Modelle wiegen in der Regel ab 10 Kilo aufwärts).

- Statt Kinderstuhl: Praktisch sind **Sitze**, die man einfach an stabile Tischplatten klemmen kann (zum Beispiel der Tischklemmsitz »Fast« von Inglesina). Auch im Restaurant ist so ein Klemmsitz sehr praktisch.
- **Reiseapotheke** (sicherheitshalber auch mit Mitteln gegen Reiseübelkeit aufstocken und in Griffnähe haben)
- Geht es in sonnige Gebiete, sollte unbedingt an den **Sonnenschutz** gedacht werden. Neben Cremes mit hohem Lichtschutzfaktor aus Drogeriemarkt oder Apotheke bietet auch spezielle UV-Badekleidung Schutz für Babys und Kleinkinder (zum Beispiel über www.uv-fashions.com, www.laessig-fashion.de oder den Onlinehandel).
- **Moskitonetz** oder/und **Mückenschutzmittel**. Achtung: Für Babys unter einem Jahr gibt es leider quasi keine Mittel (wegen der teilweise enthaltenen ätherischen Öle, die bei Babys Atemnot auslösen können, oder anderer gesundheitsbedenklicher Substanzen), am besten in der Apotheke nachfragen.
- **Lieblingsspielzeug** und **Schnuller**
- evtl. ein **Babyphon** (über einschlägige Apps können auch Handys oder Tablets als Babyphon verwendet werden)

- Klingt etwas albern, hilft aber: Rechtzeitig eine **Pack- und To-do-Liste** anlegen, um einen Überblick darüber zu haben, was in den Koffer soll. Speichert man sie als Datei ab, ist sie auch für den nächsten Urlaub wieder nützlich.

> Unser Tipp Praktisch für den Strandurlaub: Ein aufblasbares Planschbecken mit an den Strand nehmen und mit Meerwasser füllen. Das Kind hat Spaß im Wasser, und die Eltern müssen nicht die ganze Zeit am Ufer sein.

Baby im Auto

- Es gibt Fläschchen-/Gläschenwärmer oder auch Kühltaschen mit einem Adapter für die Auto-(USB)-Steckdose.
- Ersatzkleidung, falls das Kind Essen/Getränke verschüttet oder mal spuckt, dazu Haushaltsrolle, Feuchttücher und Mülltüten, um Babys Hände abzuwischen etc.
- Sonnenschutz für das Baby: die klassischen Sonnenblenden mit Saugnapf (großes Angebot zum Beispiel bei großen Onlinehändlern), kleine Rollos (mit Saugknopf oder in einigen Automodellen schon vorinstalliert), getönte Scheiben oder zur Not Tücher in die Scheibe klemmen. Sonnenblenden oder Ähnliches sollten am besten die Größe der Fensterscheibe haben, damit möglichst wenig Sonnenstrahlen an der Seite reinblenden. Babyschalen für das Auto haben meist bereits ein Sonnensegel integriert, das am Bügel eingehakt werden kann.

- Für die meisten Kindersitze gibt es Frottee-Schutzüberzüge – die haben eine bessere Saugkraft, wenn das Kind schwitzt, und lassen sich bei kleinen Missgeschicken schneller abziehen und reinigen als der Hauptbezug.
- Ein Nachteil, wenn man die Babyschale auf dem Rücksitz installiert, ist ja, dass der Fahrer das Baby nicht sehen kann und umgekehrt (da das Baby ja entgegen der Fahrtrichtung sitzt). Ist man allein mit dem Baby unterwegs, sind dafür spezielle »Babyschalenspiegel«/»Rückspiegel für Babyschalen« praktisch, die an der Rückbank befestigt werden und so einen Blickkontakt auch ohne gefährliches Nach-hinten-Drehen ermöglichen (generell über den Onlinehandel oder zum Beispiel der Kinder-Rücksitzspiegel von Maxi-Cosi).
- Für windelfreie Kleinkinder gibt es spezielle Reisetöpfchen (Potette Plus). Deren kleine WC-Brille wird entweder auf ein großes WC aufgesetzt oder mit einer speziellen Plastiktüte überzogen, die dann samt Inhalt einfach weggeworfen wird. Praktisch für unterwegs, wenn Toiletten fern oder nicht hygienisch sind.
- Reisegepäck sicher verstauen, sodass auf keinen Fall Gegenstände auf das Baby fallen können.

Baby im Flugzeug

Aus Sicht der Airlines dürfen Babys bereits ab einem Alter von ein bis zwei Wochen mitfliegen, manche erlauben es bereits im Alter von 48 Stunden und manche verlangen bei besonders frühen Reisen ein Attest. Fliegt man also mit sehr jungen Babys, dann auf jeden Fall rechtzeitig bei der Fluggesellschaft nach den jeweiligen Vorgaben erkundigen.

Aus ärztlicher Sicht sollten Kinder nur in Ausnahmefällen vor einem Alter von sieben Wochen fliegen, da eventuell ihre Lunge vorher noch nicht vollständig entwickelt und auch die Sauerstoffsättigung in der Flugzeugkabine geringer ist*.

In den ersten beiden Lebensjahren sitzen Babys und Kleinkinder im Flugzeug auf dem Schoß der Eltern. In deren Sicherheitsgurt fädelt man einen extra Babygurt, den sogenannten Loop Belt, ein, mit dem das Kind angeschnallt wird. Diese Methode ist nicht unumstritten (und in einigen Ländern sogar verboten), denn wird der Erwachsene mit voller Wucht nach vorne geschleudert, quetscht er sein Kind dabei ein, und der Babygurt drückt sich tief in den Bauch des Kindes.

Die sicherere Alternative dazu ist die Buchung eines separaten Platzes für das Kind, auf dem man einen Kindersitz befestigt. Problem: Für den Extraplatz fallen Kosten an, zudem stellen nur wenige Fluggesellschaften Kindersitze zur Verfügung, und das eigene Modell darf nicht ohne Weiteres mit an Bord gebracht werden. Meist sind an Bord Kindersitze zugelassen, die das TÜV-Siegel »for use in aircraft« tragen. Sicherheitshalber sollte man sich aber vorher bei der gewählten Airline erkundigen, ob das eigene Modell den Anforderungen der Fluggesellschaft entspricht und ob der Kindersitz dann auch installiert werden darf.

* Pressemeldung des Berufsverbandes der Kinder- und Jugendärzte e.V. vom 15.08.2018

Für Langstreckenflüge stellen die Fluggesellschaften spezielle Babybettchen (auch cots oder bassinets genannt) zur Verfügung. Das sind kleine Körbchen, die an der Wand vor dem Sitzplatz der Eltern eingehängt werden und in denen das Baby schlafen kann (je nach Airline bis zu einem Gewicht von circa 10 Kilogramm und einer Körpergröße von circa 80 Zentimetern). Da nur eine begrenzte Anzahl dieser Babykörbchen zur Verfügung steht, müssen diese rechtzeitig reserviert werden. Je nach Airline gibt es manchmal auch noch Gewichts- oder Altersbeschränkungen.

Für Zwillingseltern empfiehlt es sich, vorab bei der Airline anzufragen, ob die Eltern mit den Babys nebeneinandersitzen können. Leider ist dies nämlich nicht bei jeder Fluggesellschaft möglich.

Fast alle Airlines führen Babynahrung mit, oft kann eine spezielle Sorte bereits im Vorfeld bestellt werden. Dennoch ist es empfehlenswert, Babys ganz spezielle Kost selbst mitzunehmen. Das Aufwärmen übernehmen die Stewardessen an Bord. Trinkflaschen für Kinder und Babynahrung kommen im Gegensatz zu den sonst üblichen Regeln für Flüssigkeiten auch durch den Security-Check.

Die Frage, ob man mit dem Kinderwagen direkt bis zum Flugzeug gehen darf, lässt sich nicht einheitlich beantworten, da dies je nach Airline und Flughafen leider unterschiedlich gehandhabt wird. In der Regel kann beispielsweise der Buggy bis zur Flugzeugtür geschoben werden, wo er dann von einem Mitarbeiter entgegengenommen und im Gepäckraum verstaut wird (einige Modelle, wie zum Beispiel die – sehr teuren – Buggies »Pockit« von gb, »Yoyo« von Stokke oder »Libelle« von Cybex lassen sich so klein zusammenfalten, dass sie sogar als Handgepäck mit ins

Flugzeug dürfen). Es kommt aber auch vor, dass der Wagen bereits mit dem üblichen Gepäck aufgegeben werden muss und man zum Beispiel einen Flughafen-Leihbuggy bis zum Gate bekommt. Auch die Rückgabe nach der Landung ist nicht immer einheitlich – sehr oft bekommt man den Wagen nach der Landung nicht wieder direkt an die Flugzeugtür geliefert, sondern muss ihn beim Sperrgepäck abholen. Die Baby-Autoschale muss mit dem Gepäck zusammen aufgegeben werden.

Den Druckausgleich bei Start und Landung meistern Babys am besten, wenn sie etwas zum Saugen haben. Also stillen, Getränkefläschchen bereithalten oder Schnuller geben.

Baby im Zug

Auch hier gilt: ausreichend Essen, Getränke und Wickelzubehör für das Baby mitnehmen. Man weiß nie, was passiert – wir selbst kennen eine Mutter, die im ICE wegen eines Triebwerkschadens vier Stunden in einem Tunnel feststeckte. Bei Notbeleuchtung und defekter Bordküche. Mit Zwillingsbabys.

Für Babys, die schon krabbeln: eine Decke für den Boden mitnehmen. Ist hygienischer als der Zugboden.

Die Deutsche Bahn bietet in ICE-Zügen und einigen EC-Zügen Kleinkindabteile an, die Sitzplätze mit Tischchen und (begrenzt) Abstellplatz für Kinderwagen haben (www.bahn.de/kinder). Wer ohne Kinderwagen reisen will und das Kind stattdessen in der Tragehilfe mitnimmt, spart natürlich Gepäck und hat die Hände frei.

Auf jeden Fall empfehlenswert: rechtzeitig Sitzplätze reservieren.

BÜCHER, ZEITSCHRIFTEN

Abenteuer Elternzeit – Ein Ratgeber über das Reisen mit Baby und Kleinkind. Inka Schmeling, Beltz, 2015. Die Autorin beschreibt ihre Reise mit Mann und Baby entlang der Seidenstraße. Und gibt nebenbei viele wirklich praktische Reisetipps, lässt andere Eltern von ihren Erfahrungen in fremden Ländern berichten und hat renommierte Ärzte, Entwicklungspsychologen, Familientherapeuten, Flugmediziner, Urlaubsforscher und so weiter um ihre Meinung gebeten zu Themen wie »Was bekommen Babys von einer Reise mit?«, »Wie wird der Flug für Babys entspannt und sicher?« oder »Führt die Elternzeit für Männer zum Karriereknick?«.

Reisen mit Kindern: Von Bauernhof bis Bali. Geraldine Friedrich (Hrsg.), Dryas Verlag, 2015. Erfahrungsberichte verschiedener Eltern zu sehr unterschiedlichen Reisezielen und Reiseformen.

Weltenbummler: Eine Familie bereist dreißig Monate die Welt. Heike Praschel, Malik, 2016. Der Reisebericht einer Familie, die sich mit drei Kindern (ein, drei und sechzehn Jahre) plus Hund auf ein Weltabenteuer begab und fast drei Jahre lang unterwegs war.

Landvergnügen Deutschland: Der andere Stellplatzführer. Landvergnügen, jährlich neu erscheinend. Ein Stellplatzführer für alle Eltern, die mit dem Camper oder Wohnmobil unterwegs sind und einen Stellplatz auf einem privaten Hof in Deutschland suchen. Auch als App.

INTERNET

www.auswaertiges-amt.de Webseite des Auswärtigen Amtes, die allgemein zum Thema Einreisebestimmungen, Reisegesundheit und -sicherheit oder zu Reisewarnungen informiert, ein Bürgertelefon für Fragen anbietet und vieles mehr.

www.fit-for-travel.de Informationen zu über 300 Reisezielen bezüglich Impfempfehlungen, Gesundheitsrisiken, der Malariasituation und medizinischen Einrichtungen findet man auf dieser Webseite der Pharmafirma GlaxoSmithKline.

www.adac.de Der ADAC gibt auf seiner Webseite in der Rubrik »Reise & Freizeit« umfassende Informationen zu allen Bereichen des Reisens.

www.littletravelsociety.de Ein reisebegeistertes Frauenteam verrät hier seine privaten Reisefavoriten – fernab von klassischen Familienhotels und Massenbetrieben. Eine sorgfältig kuratierte Auswahl netter Hotels und Ferienhäuser mit vielen, vielen Reisetipps drumherum.

www.vamos-reisen.de Deutschlands führender Spezialist für Familienreisen.

www.i-escape.com Englischsprachige Webseite, die weltweit ausgesuchte Boutique-Hotels, Ferienhäuser/-wohnungen und Bed & Breakfasts auflistet, darunter in der Kategorie »with kids« über 900 als familienfreundlich bewertete Unterkünfte.

www.landsichten.de, www.landreise.de, www.urlaubambauern hof.at Großes Angebot an Unterkünften für Urlaub auf dem Bauernhof, darunter viele speziell für Familien.

www.familie-kreuzfahrt.de Webseite eines Reisebüros rund ums Thema »Kreuzfahrten mit Kindern«.

www.lunamag.de Zwar keine klassische (Kinder-)Reiseseite, in der Rubrik »Reisen« ist aber doch der eine oder andere individuelle Städte- oder Ländertipp zu Restaurants, Unterkünften oder Sehenswürdigkeiten zu finden.

Und hier noch ein paar weitere Webseiten, die sich gut für die Recherche nach Hotels, Ferienhäusern/-wohnungen und Reisetipps eignen: **www.urlaubsarchitektur.de, www.schoene-urlaubsorte.net, www.welcomebeyond.com, www.boutique-homes.com, www.pretty-hotels.com, www.nice2stay.com (englisch), www.lieblingsquartiere.com**

KOSTENLOSE BROSCHÜREN

Urlaub mit der Familie Diese Broschüre der Bundesarbeitsgemeinschaft Familienerholung listet über 70 gemeinnützige Familienferienstätten in Deutschland auf, die vor allem finanziell benachteiligten oder kinderreichen Familien, Alleinerziehenden oder Familien mit beeinträchtigten Kindern Urlaub für die ganze Familie zu erschwinglichen Preisen anbieten. Bezug über www.bmfsfj.de (➤ Service ➤ Publikationen ➤ Suchwort »Urlaub«), nur als Download.

Kleiner Ratgeber für Ihre Urlaubsplanung Faltblatt des Auswärtigen Amtes, das schön übersichtlich sein Serviceangebot vorstellt und Hinweise gibt, wie man sicher reisen kann. Bezug über www.auswaertiges-amt.de (Titel im Suchfeld eingeben), dort auch als Download.

Den Alltag erleichtern

Anspruch auf eine Haushaltshilfe

Haushaltshilfe ist eine Sozialleistung in Deutschland. Dadurch soll Schwangeren und jungen Müttern unter die Arme gegriffen werden, die den Haushalt nicht mehr allein führen können. Die Tätigkeiten werden nach Absprache ausgeführt, neben Kochen, Waschen und Einkaufen ist auch eine Kinderbetreuung denkbar.

Wer hat Anspruch auf eine Haushaltshilfe?

Der Frauenarzt kann eine Haushaltshilfe verschreiben, wenn bereits während der Schwangerschaft Beschwerden auftreten und die Schwangere sich schonen muss oder gar bettlägerig ist. Meist können nur gesetzlich Versicherte eine Haushaltshilfe verordnet bekommen. Private Krankenkassen lehnen die Kostenübernahme einer Haushaltshilfe in der Regel ab.

Wie lange hat man Anspruch auf eine Haushaltshilfe?

Dies hängt von der individuellen Situation ab und liegt im Ermessen des Arztes, der diese per Rezept verschreibt.

Wie findet man eine Haushaltshilfe?

Man sollte sich zunächst an seine Krankenkasse wenden, denn viele haben Verträge mit Wohlfahrtsorganisationen und Pflegediensten. Im Normalfall regelt die Krankenkasse dann alles Weitere und stellt eine Haushaltshilfe. Je nach Krankenkasse besteht auch die Möglichkeit, eine Person eigener Wahl vorzuschlagen.

> **Unser Tipp** Alternativ kann man sich an die Initiative »Wellcome« wenden. Ehrenamtliche Helfer unterstützen die Mutter beziehungsweise die Familie einige Wochen bis mehrere Monate. Das Angebot gilt für alle, die Hilfe benötigen, weil sie sich überfordert fühlen, oder auf kein Netzwerk, wie Familie oder Freunde, zurückgreifen können. www.wellcome-online.de.
> Weitere Informationen zu Unterstützung vor und während der Schwangerschaft findet man im Kapitel »Noch mehr Informationen«, ab Seite 390.

Baby wird betreut

Die Betreuung von Babys und Kleinkindern ist gerade in Deutschland ein stark diskutiertes und für viele ein sehr emotionales Thema. Viele Mütter wollen oder müssen ab einem bestimmten Zeitpunkt wieder anfangen zu arbeiten. Spätestens dann stellt sich die Frage der Betreuung. Jeder möchte seinem Kind die bestmögliche Form der Betreuung zukommen lassen. Bei der Entscheidung spielt eine Rolle, ob die Betreuung zu Hause oder außer Haus stattfinden soll, auf welchem pädagogischen Konzept die Betreuung basieren soll oder ob das Kind zum Beispiel zweisprachig betreut werden soll.

Fakt ist aber: Gerade in Großstädten sind Betreuungsplätze Mangelware. Dieser Zustand wird sich auch in absehbarer Zukunft nicht ändern, auch wenn jedes Kind inzwischen mit Vollendung des ersten Lebensjahres einen Rechtsanspruch auf einen Betreuungsplatz hat. Deshalb empfiehlt es sich, mit der Überlegung frühzeitig – meist schon in der Schwangerschaft – zu beginnen. Einige Städte bieten zur Vereinheitlichung des Anmeldeverfahrens bereits einen zentral organisierten Online-Anmeldungsprozess an (zum Beispiel der »Kita-Finder« in München). Dieses Kapitel gibt einen kurzen Überblick über die verschiedenen Betreuungsmodelle. Auf eine Empfehlung wird bewusst verzichtet, denn letztendlich ist es eine individuelle Entscheidung, wie, wo und wie lange man sein Kind betreuen lässt.

Betreuung außer Haus

Kinderkrippe / Kindertagesstätte (Kita)

Eine Krippe bezeichnet immer eine Einrichtung, in der Kinder von der Geburt bis zum vollendeten dritten Lebensjahr betreut werden. Wofür der Begriff Kindertageseinrichtung (Kita) steht, ist regional unterschiedlich. Es kann eine Bezeichnung für Krippen sein, kann aber auch Einrichtungen bezeichnen, in denen Kinder bis sechs Jahre (Kindergarten), Grundschulkinder vor Schulbeginn und nach Schulende (Hort) oder Krippen-, Kindergarten- und Hortkinder betreut werden.

Krippen gibt es unter diversen Trägerschaften (staatliche, kirchliche, private und andere). Jede Einrichtung arbeitet nach einem definierten pädagogischen Konzept.

Eine spezielle Form privater Krippen sind die »Elterninitiativen«. Die Betreuungsstätten werden von Eltern organisiert und geführt, und die Eltern werden meist in verschiedene Aspekte des Tagesablaufs integriert (zum Beispiel beim Kochen oder Putzen). Auch wenn man als Eltern meist nur alle paar Wochen Dienst hat, sind nicht alle bereit oder haben die Zeit, sich derart zu engagieren. Will man eine eigene private Elterninitiative gründen, erhält man bei der Bundesarbeitsgemeinschaft Elterninitiativen (BAGE e. V., www.bage.de) hilfreiche Informationen.

Der Vorteil dieser Betreuungsform sind feste Betreuungs- und Ferienzeiten. Krankheitsbedingte Ausfälle der Erzieher werden meist abgefedert, anders als bei einer Tagesmutter.

Tagespflege/Tagesmutter

Eine Tagesmutter betreut bei sich zu Hause meist drei bis fünf Kinder. Tagesmütter benötigen eine offizielle Zulassung vom Jugendamt, müssen aber keine pädagogische Ausbildung vorweisen. Deshalb ist es gerade hier wichtig, auf Empfehlungen zurückzugreifen oder sich viel Zeit für die Suche zu lassen.

Ein Vorteil gegenüber der Krippe ist, dass die Gruppen kleiner ausfallen und die Tagesmutter meist mehr auf die einzelnen Kinder eingehen kann. Schwierig wird es allerdings, wenn sie krank wird: Dann stehen die Eltern ohne Betreuung da.

Eine Tagesmutter kann man über das Jugendamt finden, über Annoncen oder in speziellen Internetforen, zum Beispiel über www.betreut.de.

Betreute Spielgruppe

Betreute Spielgruppen sind eine Alternative, wenn man sein Kind zu Hause betreut, aber trotzdem den Kontakt zu anderen Kindern herstellen und ein bisschen freie Zeit für sich haben will. Sie finden meist einmal wöchentlich statt, begrenzt auf ein paar Stunden. Die Eltern nehmen an der Spielgruppe nicht teil, sondern geben ihr Kind ab.

Betreuung zu Hause

Kinderfrau

Eine Kinderfrau kommt zur Familie nach Hause, der Nachwuchs verlässt seine gewohnte Umgebung also nicht. Sie arbeitet meist auch nur für eine Familie, und da die Betreuung im Haus der Eltern stattfindet, benötigt sie keine Genehmigung durch das Jugendamt.

Kinderfrauen können per Annonce, Empfehlungen oder über spezielle Agenturen gefunden werden.

Au-pair

Ein Au-pair-Mädchen (oder seltener -Junge) kommt aus einem anderen Land, um eine neue Kultur und Sprache kennenzulernen. Es sollte wie ein Familienmitglied aufgenommen werden und lebt bei der Gastfamilie. (Ein eigenes Zimmer muss gestellt werden.)

Ein Au-pair wird hauptsächlich zur Kinderbetreuung eingesetzt und kann zusätzlich leichte Haushaltsarbeiten erledigen (sollte aber niemals mit einer Haushaltshilfe verwechselt werden!). Das Au-pair darf maximal sechs Stunden täglich und insgesamt nicht mehr als 30 Wochenstunden arbeiten.

Es gibt zahlreiche Agenturen, die Au-pairs vermitteln.

Babysitter

Ein Babysitter ist eine gute Lösung, wenn man abends weggehen möchte oder tagsüber für einige Stunden eine Betreuung sucht. Am besten erkundigt man sich im Bekanntenkreis oder in der Kita / dem Kindergarten nach Empfehlungen. Da sich die Kinder auch an einen Babysitter gewöhnen müssen, ist es ratsam, sich ein bis zwei Babysitter langfristig »aufzubauen«.

Leih-Oma/Leih-Opa

Leih-Omas und Leih-Opas kümmern sich stundenweise um ein Kind und werden von lokalen Organisationen vermittelt. Sie kommen meist regelmäßig zu festgelegten Zeiten und wollen nicht mit einem Babysitter verwechselt werden. Hier steht die Freude an der Kinderbetreuung im Vordergrund. Sie erhalten normalerweise eine kleine Aufwandsentschädigung.

BUCH

Gründungsleitfaden für Elterninitiativen. Herausgegeben von der Bundesarbeitsgemeinschaft Elterninitiative e. V., zu bestellen per E-Mail: info@bage.de, telefonisch: 030/700 94 25 60 oder einfach online über www.bage.de.

INTERNET

www.wellcome-online.de Hilfsorganisation zur Entlastung von Familien und Alleinerziehenden mit Neugeborenen in der ersten Zeit nach der Geburt. Geholfen wird allen, die Hilfe benötigen. Deutschlandweit gibt es rund 200 Teams.

www.notmuetterdienst.org Diese Organisation bietet Eltern bundesweit kurzfristig Hilfe, wenn das wegen Krankheit der Eltern oder des Kindes nötig wird.

www.bage.de Bundesarbeitsgemeinschaft Elterninitiativen (BAGE e.V.)

www.kita.de Informationen rund um das Thema Kita sowie Suchfunktion nach Kitas, Kindergarten und Hort über die Postleitzahl

www.betreut.de Kostenloses Suchportal nach Kinderbetreuung und Au-pair

www.bvktp.de Bundesverband für Kindertagespflege (Tagesmütter)

www.tagesmutter.com Ratgeberportal für Eltern und Tagesmütter

www.tagesmutter.net Infoportal rund um das Thema Tagesmütter

www.aupair-society.de Aupair Society e.V., Bundesverband der Au-pair-Agenturen, Gastfamilien und Au-pairs in Deutschland

www.iapa.org International Au Pair Association

www.au-pair-agenturen.de Verzeichnis für Vermittlungsstellen für Au-pairs in Deutschland

www.babysitter.de Suchportal für Babysitter, Tagesmütter, Nannys und Leih-Omas. Zum Teil kostenpflichtig.

Liefern lassen

Einkaufen im Internet ist für viele Eltern eine Hilfe: bequemes Bestellen von zu Hause aus und Lieferung vor die Haustür statt Gedränge mit Kinderwagen in überfüllten Geschäften samt anschließendem Heimschleppen schwerer Taschen. Dass dies nicht nur für Babys Kleidung und Zubehör, sondern auch für die Dinge des täglichen Bedarfs möglich ist, vergisst man manchmal. Vor allem in besonders anstrengenden Phasen oder für Eltern, die ohne Lift oder weit entfernt von Einkaufsmöglichkeiten wohnen, ist das Einkaufen im Internet eine echte Erleichterung.

Auch viele Getränkemärkte haben einen Lieferservice. Falls der eigene dies nicht anbietet: im Internet nach einem Lieferservice in der Umgebung suchen.

INTERNET

www.mothersfinest.org Ein speziell auf die Bedürfnisse von werdenden und stillenden Müttern abgestimmter Speisen-Service – und auch der Rest der Familie kann natürlich mitessen. Liefert seine frisch hergestellten Gerichte in Bioqualität (wie zum Beispiel »Wochenbettboxen« oder »Wochenbettsuppen«) bundesweit. Lieben wir, verschenken wir ganz oft als Gutschein – ist eine tolle Hilfe für die erste Zeit nach der Geburt!

shop.rewe.de Große Produktauswahl bei Rewe, beliefert wird noch nicht deutschlandweit, Rewe baut das Netz aber laufend aus.

www.amorebio.de Bundesweiter Versand von Lebensmitteln aus kontrolliert biologischem Anbau. Unter den 5 400 Produkten findet sich auch eine große Auswahl an Frischware sowie eine eigene Baby-Kind-Rubrik.

www.violey.com Bundesweiter und internationaler Versand von Naturkost-Babynahrung und -Lebensmitteln. Zwar keine Frischware, dafür aber ein wirklich großes Angebot – natürlich auch für sonstige Babypflegeartikel & Co.

www.dm.de Zwar erst ab einer gewissen Bestellsumme versandkostenfrei, dennoch superpraktisch, dass man sich alles, was rund ums Baby benötigt wird, auch einfach liefern lassen kann. Auch Payback-Punkte können online gesammelt werden.

www.rossmann.de Eine wirklich große Auswahl an Drogerieartikeln findet man beim Onlineshop des Drogeriemarktes Rossmann, natürlich inklusive Milchpulver, Gläschen und Windeln.

www.bahnhof-apotheke.de Der (leider etwas unübersichtliche) Onlineshop liefert alle Produkte der bekannten Hebamme Ingeborg Stadelmann, Autorin des Klassikers **Die Hebammen-Sprechstunde** (vgl. Literaturhinweis auf Seite 391).

www.medikamente-per-klick.de Versandapotheke mit Wechselwirkungscheck, riesigem Produktangebot, sehr günstigen Preisen, Rezepteinlösung und versandkostenfrei ab 15 Euro Bestellwert.

www.wyldr-bio.de (100% Bio, regional, saisonal, weniger Verpackungsmüll) **www.marleyspoon.de** (Viele Bioerzeugnisse und bevorzugt regionale Produkte) **www.hellofresh.de** (Sogar mit Thermomix-geeigneten Rezepten). Diese Anbieter bringen deutschlandweit bereits fertig portionierte Zutaten samt Rezept für eine Mahlzeit nach Hause.

Frühe Hilfen

Den Alltag in der Schwangerschaft und nach der Geburt zu meistern, kann manchmal mehr als herausfordernd sein. Vor allem, wenn Faktoren wie Pandemien, Inflation, die Klimakrise und Kriege hinzukommen.

Das Familienministerium hat deshalb das »Nationale Zentrum Frühe Hilfen« eingerichtet: Frühe Hilfen sind Angebote, die werdenden und jungen Eltern mit Kindern bis drei Jahren helfen, die sich unsicher, gestresst, überfordert oder nervös fühlen und sich Unterstützung wünschen.

Die Angebote sind freiwillig und kostenfrei und umfassen praktische Hilfen, die zu einem nach Hause kommen (wie Begleitungen durch eine Familienhebamme oder einen Babylotsen) oder Hilfen, die man aufsuchen kann (wie Schwangerschaftsberatungen, Schreiambulanzen, Elterntreffs oder Sprechstunden in Familienzentren).

INTERNET

www.elternsein.info Die beste Webseite zu diesem Thema. Das »Nationale Zentrum Frühe Hilfen« bündelt hier quasi alle Infos – unter anderem findet man eine Postleitzahlensuche zur Lokalisierung von Schreiambulanzen oder Beratungsstellen in der eigenen Umgebung, die wichtigsten Anlaufstellen für Telefon- und Onlineberatungen für junge Eltern, Themen rund um den Elternalltag und viele Links zu weiteren externen Angeboten.

www.familienportal.de Eine Webseite des Familienministeriums, die einen übersichtlichen, aber sehr profunden Überblick dazu gibt, wo man Frühe Hilfen findet und welche Angebote dieses Netzwerk umfasst (➤ Meine Lebenslage ➤ Schwangerschaft & Geburt ➤ Hilfe für Schwangere & Eltern mit Kindern bis 3 Jahre).

@elternsein_info Ein Instagram Account mit allgemeinen Informationen rund um das Thema Frühe Hilfen, vor allem aber auch zu kommunalen Angeboten für junge Familien.

Zwillinge

Es kommen immer häufiger Zwillinge auf die Welt. Das liegt zum einen an der Zunahme von Hormonbehandlungen, aber auch am steigenden Alter der Mütter. Wichtig: Da Zwillinge häufig früher geboren werden (durchschnittlich in der 37. Woche), sollten die Eltern mit ihren Vorbereitungen auch etwas zeitiger starten. Nachfolgend die wichtigsten Informationen speziell für Zwillingseltern.

Schlafen und das erste Bett

Zwillinge können am Anfang gut gemeinsam in einem Kinderbett schlafen. Allerdings sollte man aufmerksam beobachten, ob bzw. wann sich die Kinder gegenseitig stören – dann ist es Zeit für ein zweites Bett. Alternativ kann man zunächst auf ein sogenanntes Beistellbett ausweichen. Dieses wird direkt am Bett der Mutter befestigt und ist zur Seite hin offen, sodass man die Babys zum Stillen rüberholen kann, ohne aufstehen zu müssen. Es gibt inzwischen auch spezielle Modelle für Zwillinge (zum Beispiel babybay Maxi über www.babybay.de). Da die Beistellbetten nur für einen gewissen Zeitraum ausreichen, ist dies keine zwingende Anschaffung. Ganz im Gegenteil – es funktioniert auch gut ohne!

> **Unser Tipp** Da sich Zwillinge gerne anschauen, anfassen und miteinander kommunizieren, empfiehlt es sich, ein »offenes« Bett (also mit Gitterstäben) zu kaufen und die Betten nebeneinanderzustellen.

Stubenwagen

So schön klassische Stubenwagen auch sein mögen – da sich Babys schnell entwickeln und erste Bewegungen ausführen, ist die Nutzungsdauer der Stubenwagen doch sehr begrenzt. Hinzu kommt, dass gerade die Zwillingsmodelle in der Anschaffung teuer sind. Tagsüber tut es auch ein gemütliches Nest auf dem Bett der Eltern oder eine gepolsterte Unterlage auf dem Boden – zum Beispiel eine Yogamatte oder Krabbeldecke.

Babywippen

Für Zwillingseltern ein Muss! Ob beim Füttern, Aufräumen oder Notfall-Wickeln – die Wippen sind die ideale Gelegenheit, die Kinder kurzzeitig sicher zu parken. Es gibt hier eine Vielzahl von Modellen. Ratsam sind besonders die Wippen, bei denen sich der Überzug zur Reinigung abziehen lässt und man die Sitzposition verändern kann.

Zwillingswagen – Geschwisterwagen

Vor einigen Jahren war das Angebot an Kinderwagen für Zwillinge noch sehr dürftig, heute führt jeder namhafte Hersteller auch mindestens einen Zweisitzer im Sortiment. Je nach Anbieter schwanken die Preise allerdings stark. Um Geld zu sparen, lohnt es sich, in die Zukunft zu blicken: Die meisten sind Kombiwagen, die Aufsätze sowohl für den liegenden (Babyschale) als auch den sitzenden Transport der Babys (Sportsitze) bieten. Somit kann der Wagen verwendet werden, bis die Kinder laufen können und länger. Folgende Fragen können bei der Entscheidung helfen:

- Welche Maße hat der Wagen? Welches Gewicht?
- Passt der Wagen in das Auto?
- Lässt er sich leicht zusammenklappen?
- Passt er durch die Haustür etc.?
- Ist es ein Kombiwagen – Babyschale und Sportsitze?
- Sollen die Babys hinter- oder nebeneinander sitzen? (Breite!)
- Sind die Sportsitze in ihrer Position variabel? Blick nach vorne oder Blick zur Mutter? Sollen sich die Kinder während der Fahrt ansehen können?
- Hat der Wagen schwenkbare Räder?
- Bevorzugt man bei der Babyschale eine Softtasche?
- Welches Zubehör muss/kann dazugekauft werden? (Zum Beispiel Sonnenschirm, Regenüberzug etc.)
- Ist der Wagen für Sport / zum Joggen geeignet?

Eine Auswahl gängiger Modelle von Zwillingswagen

- **Bugaboo Donkey** von Bugaboo: www.bugaboo.com
- **NXT Twin** von Emmaljunga: www.emmaljunga.com
- **nano duo** von Mountain buggy: eu.mountainbuggy.com
- **tfk duo** von TFK: www.tfk-buggy.com
- **Zoom** von ABC Design: www.abc-design.de
- **Atlantic Twin von Hauck:** www.hauck.de

Stillen

Stillen ist eine sehr schöne und intensive Erfahrung – zwei hungrige Babys zu stillen, kann allerdings stressig sein und viel Kraft kosten. Daher ist es wichtig, sich möglichst viel Ruhe zu gönnen, das Stillen sollte niemals zu einer Belastung werden! Da die Milchmenge vom Körper nach Bedarf reguliert wird, ist es möglich, beide Kinder (auch gleichzeitig!) mit genügend Nahrung zu versorgen – allerdings braucht es Zeit und Übung. Spezielle Stillkissen für Zwillinge sind im Fachhandel erhältlich, ein normales Kissen oder Einzelstillkissen erfüllt aber auch seinen Zweck.

Unser Tipp Gerade als Zwillingsmutter ist es ganz wichtig, auch an sich selbst zu denken! Für eine Entlastung beim Stillen kann in der Nacht eine Stillmahlzeit durch eine Flasche (auch Kunstmilch!) ersetzt werden.

Der erste Brei

Spätestens, wenn Kind Nummer eins den Brei verweigert und Kind Nummer zwei selbigen ausspuckt, wird klar: Das gleichzeitige Füttern von Zwillingen erfordert Geduld. Ein Plastiklatz schont Kleidung und Einrichtung; Kinder immer abwechselnd mit einem Löffel Brei zu versorgen, gibt jedem genug Zeit, den Mund bis zum nächsten Nahrungsschub zu leeren. Idealerweise hilft am Anfang eine zweite Person beim Füttern. Füttert man alleine, sind die Zwillinge am besten in den Babywippen aufgehoben: Hier liegen die Kids einigermaßen stabil, und man kann sie wunderbar gleichzeitig füttern.

Unser Tipp Mit Zwillingen verbraucht man eine Unmenge an Windeln. Um Geld zu sparen, kann man nachts die Markenwindel verwenden (die halten besser dicht) und tagsüber auf die günstigere Drogeriemarke zurückgreifen.

Tragen der Zwillinge

Es ist durchaus möglich, Zwillinge gemeinsam zu tragen, vor allem, wenn es sich nur um kurze Strecken handelt. Das Gewicht sollte dabei gut verteilt werden. Sinnvoll ist es, ein Baby mithilfe eines Tragesacks oder Tuchs auf dem Rücken, das andere vor dem Oberkörper zu transportieren. Spezielle Tragetücher für Zwillinge sind im Handel erhältlich. Besser, weil flexibler, sind zwei einzelne Tragehilfen: So können Mama und Papa die Babys beim nächsten Ausflug separat tragen.

- **Doppeltragesack:** Twin Tragesack von Weego, www.weego.com. Auch für Frühchen geeignet, da Babys ab einem Gewicht von 1600 Gramm getragen werden können. Allerdings darf der Sack nur bis zum Alter von circa fünf bis sechs Monaten eingesetzt werden.
- **Zwillingstrage Twin:** Tragesack für Zwillinge von Minimonkey, www.minimonkey.com. Für Kinder bis max. 12 Kilo geeignet.

Wissenswertes zu Recht und Geldern

Wissenswertes zum Mutterschutz

Die Frist des Mutterschutzes nach der Geburt verlängert sich bei Zwillingen von acht auf zwölf Wochen.

Wissenswertes zur Elternzeit

Für Zwillingseltern gilt: Den Eltern stehen für jedes Kind drei Jahre Elternzeit bis zur Vollendung des dritten Lebensjahres zu.

Allerdings darf ein gewisser Anteil der Elternzeit für später – maximal bis die Kinder acht Jahre alt sind – aufgespart werden (zum Beispiel um die Kinder im ersten Schuljahr intensiver zu betreuen).

Für jedes Kind können bis zu 24 Monate nicht genutzter Elternzeit der dreijährigen Elternzeit für den späteren Zeitraum zwischen dem dritten und achten Geburtstag der Kinder aufgehoben werden.

Eine Zustimmung des Arbeitgebers zur Übertragung auf später ist nicht erforderlich. Allerdings hat der Arbeitgeber die Möglichkeit, den dritten Zeitabschnitt aus »dringenden betrieblichen Gründen« abzulehnen, sofern dieser vollumfänglich im Zeitraum zwischen dem dritten und achten Geburtstag der Kinder liegt.

Damit ergibt sich für Zwillingseltern die Möglichkeit, insgesamt sechs Jahre Elternzeit zu nehmen. Die Rechnung könnte zum Beispiel folgenderweise aussehen:

- Für Kind eins: erstes und zweites Lebensjahr Elternzeit
- Für Kind zwei: drittes Lebensjahr Elternzeit
- Für Kind eins: viertes Lebensjahr (oder später) Elternzeit
- Für Kind zwei: fünftes und sechstes Lebensjahr (oder später) Elternzeit

Wissenswertes zum Elterngeld

Bei Zwillingen oder Mehrlingen wird nur *ein* Anspruch auf Elterngeld gewährt. Allerdings gibt es einen Zuschlag: Für das zweite Kind und jeden weiteren Mehrling erhalten Eltern im Basiselterngeld-Bezug einen Zuschlag in Höhe von 300 Euro (im ElterngeldPlus-Bezug entsprechend jeweils 150 Euro), um so den Mehraufwand abzufedern.

Wissenswertes zum Kindergeld

Man erhält seit dem 01.01.2025 für jedes Kind 255 Euro Kindergeld pro Monat. Bei Zwillingen damit also zum Beispiel 510 Euro monatlich.

Zwillingsrabatte

In manchen Situationen lässt sich mit Zwillingen sogar Geld sparen. Beispielsweise geben einige Kinderbekleidungs- und Spielzeugläden gegen Vorlage der Geburtsurkunden bei jedem Kauf einen Rabatt. Auch wird bei der Anmeldung zu manchen Babykursen ein günstiger Geschwisterpreis gewährt. Viele Hersteller von Babynahrung oder Pflegeartikeln schicken gratis Produkte, wenn man eine Kopie der Geburtsurkunden mit einem netten Begleitschreiben schickt.

Unser Tipp Es gibt zahlreiche regionale Zwillingsflohmärkte – am besten informiert man sich im Internet.

BÜCHER, ZEITSCHRIFTEN

Zwillinge: Gut durch Schwangerschaft, Geburt und erstes Lebensjahr. Petra Lersch, Dorothee von Haugwitz, Trias, 2020.

Zwillinge stillen. Susanne Wittmair, Verlag Lutz von Gratkowski, 2015.

INTERNET

www.eltern.de Die Internetseite der Zeitschrift *Eltern* mit vielen speziellen Zwillingsthemen

www.twinstore24.de Onlineshop für Zwillings- und Mehrlingsprodukte

www.zwillingslook.de Onlineshop für Zwillings- und Drillings-Kleidung

Alleinerziehend

Die Zahl der Alleinerziehenden hat über die letzten Jahrzehnte kontinuierlich zugenommen. Mittlerweile ist fast jede fünfte Familie eine sogenannte Einelternfamilie. Rein rechtlich gesehen gilt man in Deutschland als alleinerziehend, wenn man Kinder unter 18 Jahre alleine im eigenen Haushalt großzieht, nicht hingegen wenn das Kind zu gleichen Teilen bei Mutter und Vater lebt. Fast 90 Prozent der Alleinerziehenden sind weiblich. Es gibt inzwischen eine Reihe an staatlichen Zuschüssen, Steuererleichterungen und generellen Hilfsangeboten für Alleinerziehende. Hier ein kleiner Überblick:

Staatliche Zuschüsse für Alleinerziehende

Elterngeld

Auch Alleinerziehende können bei Vorliegen der erforderlichen Voraussetzungen selbstverständlich Elterngeld bekommen.

Als alleinerziehend gilt man für die Elterngeldberechtigung, wenn zwei Kriterien erfüllt sind: Wenn zum einen der andere Elternteil weder mit einem selbst noch mit dem Kind zusammenlebt. Und wenn man zum anderen auch steuerrechtlich als alleinerziehend gilt, man also berechtigt ist, den sogenannten Entlastungsbetrag für Alleinerziehende zu erhalten. Letzteres ist in der Regel nur möglich, wenn man nicht mit einer anderen erwachsenen

Person zusammenwohnt. Auch die zusätzlichen Elterngeldmonate über ElterngeldPlus, den Partnerschaftsbonus sowie die Partnermonate können Alleinerziehende genauso nutzen wie Elternpaare. Weitere Infos dazu im Kapitel »Elterngeld« ab Seite 117.

Kindergeld

Das Kindergeld wird auch an Alleinerziehende ausgezahlt (bei getrennt lebenden Eltern an den Elternteil, bei dem das Kind die meiste Zeit lebt). Allerdings reduziert sich dafür die Unterhaltszahlung, die der unterhaltspflichtige Elternteil zu leisten hat, um die Hälfte des Kindergelds.

Kinderzuschlag

Alleinerziehende, die mit ihrem Einkommen zwar den eigenen Unterhalt sicherstellen können, nicht aber den ihres Kindes, haben Anspruch auf einen Kinderzuschlag von maximal bis zu 279 Euro im Monat. Bezieht der alleinerziehende Elternteil Unterhalt oder Unterhaltsvorschuss, so wird dieser auf den Kinderzuschlag angerechnet, wenn auch nur teilweise (45 Prozent). Der Kinderzuschlag wird dadurch also auch für Alleinerziehende geöffnet, deren Kinder Unterhalt (oder den Unterhaltsvorschuss) erhalten. Und: Alleinerziehende, die Kinderzuschlag beziehen, können auf Antrag auch von den Kita-Gebühren befreit werden!

Zuständig für Antrag und Bearbeitung sind die Familienkassen der Bundesagentur für Arbeit. Die zuständige Familienkasse und die Antragsformulare beziehungsweise den Onlineantrag findet man auf www.familienkasse.de (➛ »Kinderzuschlag-Antrag«). Kostenfreies Servicetelefon der Familienkassen: 0800/455 55 30, Montag bis Freitag, 8 bis 18 Uhr.

Noch mehr Infos im Kapitel »Elterngeld, Kindergeld und alle anderen Gelder«, ab Seite 104.

Bürgergeld: Leistungen für Alleinerziehende

Alleinerziehende haben zusätzlich zum Bürgergeld-Regelsatz einen Anspruch auf Mehrbedarf. Dieser ist abhängig von der Zahl der Kinder und deren Alter.

Zudem kann man eine einmalige Unterstützung für die Erstausstattung der Schwangeren, des Babys und der Wohnung beantragen.

Bundesstiftung »Mutter und Kind – Schutz des ungeborenen Lebens«

Die Stiftung hilft schwangeren Frauen in Notlagen mit Zuschüssen für Aufwendungen rund um Schwangerschaft und Geburt, wie Schwangerschaftskleidung, Baby-Erstausstattung und Betreuung. Den Antrag stellt man nicht bei der Bundesstiftung direkt, sondern bei einer Schwangerenberatungsstelle vor Ort. Weitere Informationen und Postleitzahlsuche nach einer Schwangerenberatungsstelle unter www.bundesstiftung-mutter-und-kind.de.

Unterhaltsvorschuss

Der Unterhaltsvorschuss ist eine Leistung vom Jugendamt für Kinder von Alleinerziehenden, die vom anderen Elternteil keinen, zu wenig oder nur unregelmäßig Kindesunterhalt bekommen. Weitere Informationen dazu im Kapitel »Elterngeld, Kindergeld und alle anderen Gelder« und in der Broschüre »Der Unterhaltsvorschuss – Eine Hilfe für Alleinerziehende und ihre Kinder«, als Download auf www.bmfsfj.de erhältlich.

Steuerliche Entlastungen für Alleinerziehende

Kinderfreibetrag und Freibetrag für Betreuungs-, Erziehungs- oder Ausbildungsbedarf

Bei den Freibeträgen wird ein bestimmter Geldbetrag steuerfrei gestellt.

Kinderfreibeträge stehen jedem Elternteil zur Hälfte zu, mehr Informationen dazu im Kapitel »Steuerthemen«, ab Seite 212. Sofern der andere Elternteil allerdings verstorben, nur beschränkt einkommensteuerpflichtig ist (zum Beispiel Personen, die nicht in Deutschland leben) oder seiner Unterhaltsverpflichtung im Wesentlichen nicht nachkommt (zu weniger als 75 Prozent), kann der Kinderfreibetrag voll auf den Alleinerziehenden übertragen werden.

Der Freibetrag für Betreuungs-, Erziehungs- oder Ausbildungsbedarf wird grundsätzlich jeweils zur Hälfte auf die Eltern aufgeteilt. Alleinerziehende können aber auch den anderen Teil beanspruchen, sofern das Kind nicht beim anderen Elternteil gemeldet ist.

Entlastungsbetrag

Eine weitere Maßnahme der Familienförderung im Steuerrecht ist, dass Alleinerziehende jährlich Anspruch auf einen weiteren steuerlichen Freibetrag, den sogenannten Entlastungsbetrag, für das erste Kind haben. Der Entlastungsbetrag wurde im Laufe der Jahre immer weiter erhöht und beträgt seit 2023 4260 Euro pro Jahr, um Alleinstehende bei der Lohn- und Einkommensteuer gezielt zu unterstützen. Bei mehreren Kindern erhöht sich der Entlastungsbetrag ab dem zweiten Kind um jeweils 240 Euro pro Kind. Voraussetzung ist, dass der Alleinerziehende für mindestens ein im Haus lebendes Kind Kindergeld bezieht (oder ihm stattdessen der Kinderfreibetrag zusteht).

Weitere Hilfen für Alleinerziehende

Beratungshilfe/Verfahrenskostenhilfe

Auch Alleinerziehende haben in gewissen Situationen einen Anspruch auf die Beratung inklusive Übernahme von Verfahrenskosten in verschiedenen Rechtsbereichen. Informationen dazu in der Broschüre »Beratungshilfe und Prozesskostenhilfe«, als Download auf www.bmj.de erhältlich.

Wir2

Wir2 ist ein Bindungstraining für Alleinerziehende mit Kindern bis 10 Jahre, geleitet von Erzieherinnen. Das Angebot richtet sich an alleinerziehende Mütter mit Kindern im Alter von vier bis sechs Jahren und ist kostenlos. Hier geht es vor allem um die Stabilisierung der Mutter-Kind-Beziehung. Es gibt deutschlandweit Gruppenangebote. Weitere Informationen unter www.walter-bluechert-stiftung.de (➛ Projekte).

BÜCHER

Stark und alleinerziehend: Wie du der Erschöpfung entkommst und mutig neue Wege gehst. Alexandra Widmer, Kösel, 2016. Die Autorin – Ärztin und Psychotherapeutin und selbst alleinerziehend – zeigt mit vielen Tipps und Beispielen, wie Stressbewältigung, Burn-out- sowie Depressionsvorbeugung und der Umgang mit schmerzlichen Gefühlen gelingen.

solo, selbst & ständig: Was Alleinerziehende wirklich brauchen – Ein Wut- und Mutmachbuch. Anne Dittmann, Kösel, 2023.

INTERNET

www.familienportal.de Informationsseite des Bundesministeriums für Familie, Senioren, Frauen und Jugend. Unter ➛ Meine Lebenslage ➛ Trennung erhält man viele Informationen.

www.vamv.de Verband alleinerziehender Mütter und Väter Bundesverband e. V. (VAMV). Sehr umfangreiche Webseite mit vielen hilfreichen Informationen und Tipps. Der VAMV bietet auch Veranstaltungen und Seminare an, Informationen dazu über die Landesverbände.

www.mama-arbeitet.de Autorin Christine Finke bloggt zu Themen aus Familie, Beruf und Politik, die für Alleinstehende gleichermaßen relevant wie informativ sind.

KOSTENLOSE BROSCHÜREN

Informationen für Alleinerziehende: Wenn das Einkommen nicht reicht – Ihre Ansprüche Eine wirklich gute, profunde und sehr detaillierte Broschüre des Verbands alleinerziehender Mütter und Väter, als Download oder zum Bestellen auf www.vamv.de oder auf www.bmfsfj.de (➛ Service ➛ Publikationen ➛ Suchwort »Alleinerziehend«) erhältlich.

Die Beistandschaft Broschüre des Bundesministeriums der Justiz und für Verbraucherschutz. Informiert zu Beratungs- und Unterstützungsmöglichkeiten des Jugendamtes bei Vaterschaftsfeststellungen und Kindesunterhalt. Als Download erhältlich auf www.bmj.de (➛ Publikationen ➛ Suchwort »Die Beistandschaft«).

alleinerziehend – Tipps und Informationen Eine Broschüre des Verbands alleinerziehender Mütter und Väter, die sehr gute Informationen rund um die Lebenssituationen Alleinerziehender, die Existenzsicherung, das Sorgerecht, Kinderbetreuung et cetera gibt. Inklusive einem extra Kapitel für nichtdeutsche Alleinerziehende. Zu bestellen oder als Download auf www.bmfsfj.de (➛ Service ➛ Publikationen ➛ Suchwort »Alleinerziehend«).

Der Unterhaltsvorschuss Broschüre des Familienministeriums, die nicht nur Informationen zum Unterhaltsvorschuss, sondern auch zu weiteren Hilfen für Alleinerziehende enthält. Zu bestellen oder als Download erhältlich auf www.bmfsfj.de (➛ Service ➛ Publikationen ➛ Suchwort »Unterhaltsvorschuss«).

Die praktischsten Apps für den Elternalltag

Apps für Eltern

Schwangerschaft +

Als Begleitung für die gesamte Schwangerschaft gibt diese App täglich eine spezielle Info, liefert Wissenswertes zum wöchentlichen Schwangerschaftsverlauf, zeigt Beispielfotos, wie Babys in der jeweiligen Entwicklungsphase im Ultraschall aussehen, man kann das eigene Gewicht protokollieren, Termine eingeben und vieles mehr. Enthält Werbung. Für iPhone, iPad und Android.

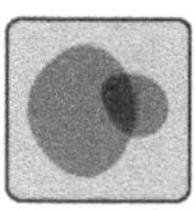

KELEYA

Diese App begleitet Schwangere mit personalisierten Yoga-Work-outs, Meditationen, Podcasts und Geburtsvorbereitungen. Basisversion kostenlos. Für iPhone, iPad und Android.

Schwangerschaft Lebensmittel

Die Frage, ob gewisse Lebensmittel unbedenklich gegessen werden können oder eventuell eine Gefährdung für das Baby bergen, stellt sich Schwangeren ja quasi täglich. Diese App hat fast 1000 Lebensmittel mit Ampelfarben entsprechend kategorisiert und gibt zusätzlich Hintergrundinfos und Tipps – ein wertvoller Ratgeber für zu Hause und unterwegs. Für iPhone, iPad und Android (im Google Play Store heißt die App anders: »Lebensmittelampel PRO«).

Oje, ich wachse!

Die App zum gleichnamigen Buch-Bestseller, wenn auch deutlich kürzer gefasst. Altersentsprechend werden die mentalen Entwicklungssprünge von Babys im Alter von 0 bis 20 Monaten beschrieben. Zudem wird den Eltern gezeigt, wie sie dem Kind helfen können, diese besser zu bewältigen. Praktische App für unterwegs und für alle, die lieber einen schnellen Überblick wollen als ein Durchlesen des Buchs. Gut: Die App rechnet fortlaufend das Alter des Kindes in Wochen weiter. Für Android, iPhone und iPad.

Baby+

Diese »Baby-Tracker«-App begleitet Eltern in den ersten zwölf Monaten mit Infos und Tipps zum jeweiligen Entwicklungsstand des Babys. Dazu gibt's Ratgeberkapitel zu allen Themen rund um Babys Pflege, Ernährung und Gesundheit – dabei auch Artikel speziell für Väter, die seelische Gesundheit der Eltern oder Themen von LGBTQ-Eltern. Im Bereich »Erinnerungen« kann man ein Babytagebuch führen, das Foto des Tages hochladen, wichtige Meilensteine festhalten usw. Außerdem gibt es Spieluhr-Melodien und White-Noise-Geräusche (wie Föhn, Staubsauger etc.), eine Kalenderfunktion zum Eintragen wichtiger Termine und viele, viele Tipps für Aktivitäten, die dem Kind je nach Alter guttun. Wirklich ausführlich und durchdacht aufgemacht. Übrigens können beide Eltern die App gemeinsam benutzen, und über die Spracheinstellungen im eigenen Mobiltelefon lassen sich für die App eine Vielzahl anderer Sprachen auswählen. Für Android, iPhone und iPad.

Baby Tracker

Good Bye Stillheimer – Die praktische Merkhilfe für stillende Mütter, die mit dieser Gratis-App schnell sehen können, wann das Baby zuletzt gestillt wurde oder wann man abgepumpt hat und ob es beim nächsten Mal rechts oder links weitergeht. Mit nur einer Hand bedienbar und hilfreich, um sich einen Gesamtüberblick über den Tages- oder Monatsverlauf zu verschaffen. Kostenlos. Für iPhone, Apple Watch, iPad und Android. Ähnliche Funktionen bietet zum Beispiel auch die App »Medela Family«.

CHARLIES NAMES

Wem die Namensfindung Schwierigkeiten bereitet, dem lässt sich mit dieser App unter die Arme greifen, sogar unterstützt durch künstliche Intelligenz. Zahlreiche Filtermöglichkeiten (wie Geschlecht, Anfangsbuchstabe, Länge etc.) stehen zur Verfügung, ebenso wie die Möglichkeit, die Favoritenliste mit dem Partner zu teilen. Für Android, iPhone und iPad.

Apotheke vor Ort

Die wichtigste Funktion dieser kostenlosen App: der Apotheken-Notdienst. Listet alle Notapotheken auf, die sich im Umkreis zum angegebenen Standort befinden, inklusive Direktanruf-Funktion, Wegbeschreibung und weiteren Details zur jeweiligen Apotheke. Sehr praktisch auch: Arzneimittel-Informationen, falls man den Beipackzettel verloren hat. Nachteil: Nicht alle Apotheken sind erfasst. Kostenlos. Für Android, iPhone und iPad.

Cloud Baby Monitor

Ersetzt zu Hause oder im Urlaub das Babyphon. Man benötigt zwei Apple- oder Android-Geräte, auf beide muss man die App laden. Dann ein Gerät neben dem Babybett positionieren. Alle Geräusche des Kindes werden auf der »Eltern-Station« angezeigt, über die Kamera kann man das Baby sehen oder über eine Lautsprecherfunktion mit ihm reden. Der Vorteil: Die App funktioniert nicht nur übers WLAN, sondern auch über 3G – perfekt für alle Orte ohne oder mit nicht ganz stabilem Internet. Für Android, iPhone und iPad. Ähnliche Funktionen bieten zum Beispiel auch die Apps »Babyphone 3G« oder »Luna – Babyphone App« (nur für Apple-Geräte). Letztere verbraucht laut Herstellerangaben angeblich viermal weniger Akku als andere Babyphon-Apps – bietet aber leider allein in der kostenpflichtigen Version die Möglichkeit, auf Mobilfunk zu wechseln, wenn das WLAN schwächelt.

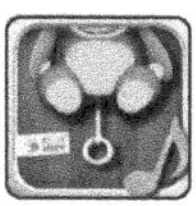

Baby Spieluhr Einschlaflieder

Sehr praktisch, wenn man unterwegs die Spieluhr vergessen oder zu Hause keine hat. Die App enthält zwölf klassische Spieluhrmelodien (»Weißt du, wie viel Sternlein stehn«, »Bruder Jakob« und viele mehr), die ersten drei sind gratis (und reichen in der Regel aus), die anderen können dazugekauft werden. Die Spieldauer ist individuell auf wenige Minuten oder Endlosschleife einstellbar. Kleiner Nachteil: Die App funktioniert nicht, wenn das Gerät auf lautlos gestellt ist – bei der Nutzung via iPhone können eingehende Anrufe das Baby also wieder aufwecken. Fürs iPhone und iPad.

White Noise Lite

Staubsauger oder Föhn stoppen auch bei euch das Babygeschrei? Eine Alternative bieten Apps wie White Noise Lite, die schöne sonore Hintergrundgeräusche liefern, zum Beispiel Meereswellen, Ventilator-Rauschen, Föhn, Staubsaugergeräusche, Regengeplätscher – oder Geräusche, die klingen, als würde man im Flugzeug sitzen. Kostenlos. Für Android, iPad und iPhone.

BabyPlaces

Gratis-App zum Auffinden »kinderfreundlicher Orte« in der Umgebung, wie zum Beispiel Spielplätze, Still- und Wickelmöglichkeiten, kinderfreundliche Cafés/Restaurants, Kinderärzte oder Kindergärten. Eltern können selbst neue Orte eintragen. Das ist mit geringem Aufwand möglich, über 200 000 Orte sind bereits aufgenommen. Die App ist recht praktisch, vor allem für unterwegs! Kostenlos. Für Apple.

Codecheck

Mit Codecheck kann man den Strichcode von Produkten des täglichen Bedarfs scannen und erhält sofort eine Auflistung und »Bedenklichkeitsbewertung« der Inhaltsstoffe, Informationen zu Gütesiegeln, Expertenmeinungen oder Vorschläge für gesündere Alternativ-Produkte. Vor allem sehr praktisch für den Check von Lebensmitteln, Pflegeprodukten und Sonnencremes fürs Baby. Kostenlos, aber leider nur gegen Aufpreis werbefrei. Für Android und iPhone.

Vinted

Große Secondhand-Online-Plattform zum Kaufen und Verkaufen von Baby- und Kinderkleidung, Babyzubehör, Kinderwägen, Kindermöbeln und vielem mehr. Unkompliziert in der Anwendung, große Reichweite (über 75 Millionen Mitglieder weltweit). Kostenlos. Für Android, iPhone und iPad.

eBay
Maxi-Cosi, Hochstuhl, Babykleidung oder Kinderschuhe auch von unterwegs aus ersteigern oder anbieten? Kein Problem mit der eBay-App – die erforderlichen Schritte sind leicht verständlich erklärt, Fotos lädt man direkt aus dem Handy bzw. iPad hoch, Angebote lassen sich auch nachträglich noch bearbeiten und so weiter. Kostenlos. Für Android, iPhone und iPad (die frühere »Ebay Kleinanzeigen App« gehört jetzt übrigens nicht mehr zu eBay und ist deshalb nur noch unter ihrem neuen Namen »Kleinanzeigen« zu finden).

Audible – Hörbücher
Für alle, die unterwegs oder abends beim Einschlafen neben dem Kind gerne Hörbücher hören. Mit der App kann man auf die eigene Hörbuchbibliothek bei Audible (www.audible.de) zugreifen oder die App auch ohne Anmeldung testen (Hörbuchausschnitte). App kostenlos, das Abonnement bei Audible hingegen ist kostenpflichtig. Für Android, iPhone und iPad.

Headspace – Meditation
Headspace ist eine sehr bekannte kostenpflichtige Meditationsapp mit kostenloser Basisversion. Die Basisversion bietet einen Grundlagenkurs sowie drei Sitzungen der Tagesmeditation. Für Android, iPhone und iPad.

Apps für Kinder

Fiete

Hier helfen die Kinder dem Seemann Fiete in verschiedenen Situationen: Spiegeleier werden gebraten, Autoreifen montiert, Schiffe beladen und so weiter. Ein sehr liebevoll gestaltetes und wunderbar illustriertes Spiel für kleine Kinder ab etwa zwei Jahren. Schult die Motorik und Kombinationsfähigkeit, ist völlig werbefrei und kommt ohne erklärende Texte aus. Mittlerweile gibt es weitere Apps mit Fiete, sehr nett ist auch »Fiete – Ein Tag auf dem Bauernhof«. Kostenpflichtig. Für Android (in abgewandelten Spielversionen), iPhone und iPad.

Kids Doodle

Mal-App, bei der Kinder auf schwarzem Hintergrund mit dem Finger neonfarben leuchtende Linien verschiedenster Art ziehen können. Die Kunstwerke kann man speichern. Kostenlos. Für Android, iPhone und iPad.

Schlaf Gut

Eine sehr liebevoll illustrierte App, die Kinder auf das Schlafengehen einstimmt. Verschiedene Tiere eines Bauernhofs müssen ins Bett gebracht werden, indem man bei ihnen das Licht löscht. Im Winter wird auf Schneeoptik umgestellt, und für den Hintergrundsprecher können verschiedene Sprachen gewählt werden. Kostenpflichtig. Für Android, iPhone und iPad.

ham ham!

Kinder füttern Tiere. Sie legen per Fingertipp Eicheln für Eichhörnchen hin, öffnen Samen für Raupen und vieles mehr. Grafisch aufwendig umgesetzt. Für Kinder von einem bis drei Jahren. Kostenpflichtig. Fürs iPhone und iPad.

Kleiner Fuchs – Kinderlieder
Ein Liederbuch, das durch seine schöne Optik und interaktiven Elemente besticht. Die App enthält nur drei Lieder (und ein kleines Tonstudio), die aber sehr liebevoll gestaltet sind, zudem kann zwischen Deutsch und elf weiteren Sprachen gewählt werden. Kostenpflichtig. Für Android, iPhone und iPad.

Noch mehr Informationen

Zeitschriften

Luna Mum Hochwertig aufgemachte Zeitschrift mit allem, was Bald- und Neumütter in der Schwangerschaft und dem ersten Jahr nach der Geburt interessiert. Erscheint quartalsweise.

Leben & erziehen Für Paare, die ein Baby erwarten, oder Familien mit kleinen Kindern. Erscheint monatlich.

Ökotest Veröffentlicht Spezialhefte wie das »Jahrbuch Kinder und Familie«, »Spezial Schwangerschaft und Geburt« und viele online Einzelartikel rund um Kleinkinder-Themen. Zu bestellen über www.oekotest.de (➛ Shop).

Testberichte

Die folgenden Seiten bieten laufend Testberichte rund um Kinderprodukte – von Babypflege über Schnuller, Gläschenkost und Gummistiefel bis zu Schwimmflügeln und Autositzen:

www.oekotest.de

www.test.de (Stiftung Warentest)

www.testberichte.de Webseite mit vielen Testergebnissen zu Kinderthemen wie zum Beispiel Babyphone, Kinderwägen, Windeln etc.

www.adac.de Auch der ADAC veröffentlicht viele Testberichte auf seiner Webseite, interessant vor allem der immer wieder aktuell durchgeführte Kindersitztest.

www.cleankids.de Thema sind hier die Schadstoffe und Umwelteinflüsse, denen Kinder ausgesetzt sind. Informiert wird über Aktuelles, Testergebnisse, Gesundheitsthemen, Produktrückrufe und vieles mehr, dazu viele Download-Angebote.

Schwangerschaft

Bücher

Die Hebammen-Sprechstunde. Ingeborg Stadelmann, Stadelmann, 2018. Geschrieben von einer Hebamme führt der Bestseller als absolut profunder Rat- und Informationsgeber durch Schwangerschaft, Geburt, Wochenbett und Stillzeit. Immer auch unter Beachtung von Homöopathie, Kräuterheilkunde und Aromatherapie. Auch als DVD unter gleichem Titel erhältlich.

Das große Buch zur Schwangerschaft. Franz Kainer, Annette Nolden, Gräfe und Unzer, 2018. Dieser ebenso umfassend wie einfühlsam geschriebene Ratgeber begleitet einen Woche für Woche durch die Schwangerschaft und auch noch in der Zeit danach. Er zeigt zum Beispiel die Entwicklung des Babys und die Veränderungen im eigenen Körper, beantwortet Fragen zu Gesundheits- und Krankheitsthemen und informiert über die medizinischen Betreuungsmöglichkeiten.

Ein Kind entsteht. Lennart Nilsson, Lars Hamberger, Mosaik, 2018. Ein sehr interessantes Buch mit Bildern des preisgekrönten

Fotografen Nilsson, von den ersten Anfängen der Entwicklung eines Babys bis zur Geburt.

Internet

www.embryotox.de Verträglichkeit der wichtigsten Medikamente während Schwangerschaft und Stillzeit, auch mit dem Angebot individueller Beratung.

www.eltern.de Seite des Magazins *Eltern* – empfehlenswert, da es sehr aktuelle und umfangreiche Beiträge zu den Themen Schwangerschaft, Baby, Finanzen, Urlaub und vielem mehr gibt.

www.babycenter.de Redaktionell unabhängige Webseite mit Infos unter anderem zu Kinderwunsch, Schwangerschaft und Baby.

www.familienplanung.de Eine Webseite des Bundesinstituts für Öffentliche Gesundheit mit Beiträgen zu den Themen Schwangerschaft und Kinderwunsch.

Kostenlose Broschüre

Rundum – Schwangerschaft und Geburt Broschüre des Bundesinstituts für Öffentliche Gesundheit mit vielen praktischen Tipps und Informationen zu medizinischen und psychosozialen Fragen, zur Entwicklung des Babys und zu Partnerschaftsthemen. Versandbestellung oder Download unter shop.bioeg.de (im Suchfeld »Rundum« eingeben).

Informationsmaterial nach einem auffälligen Befund in der Pränataldiagnostik

Pränataldiagnostik – Beratung, Methoden und Hilfen Ein Leporello herausgegeben vom Bundesinstitut für Öffentliche Gesundheit – als Download erhältlich unter shop.bioeg.de (im Suchfeld »Pränataldiagnostik« eingeben).

Kinderentwicklung, Erziehung und Familie

Bücher

Babyjahre – Entwicklung und Erziehung in den ersten vier Jahren. Remo Largo, Piper, 2019. Der unübertroffene Klassiker des Schweizer Professors und Kinderarztes in einer vollständig überarbeiteten Neuauflage. Die frühkindliche Entwicklung wird je nach Alter und Themenbereich (Beziehungs-, Spiel-, Schlafverhalten, Sprachentwicklung und so weiter) erklärt. Dabei stehen keine starren Ideale im Mittelpunkt, sondern das Kind in seinem individuellen Verhalten.

Oje, ich wachse! Hetty van de Rijt, Frans X. Plooij, Mosaik, 2019. Die Autoren, beide Psychologen, gehen davon aus, dass ein Baby in den ersten 20 Monaten zehn große Entwicklungssprünge macht. Sie erklären, wie und wann sie sich zeigen und wie Eltern ihr Baby in diesen herausfordernden Zeiten unterstützen können. Vollständig überarbeitete und erweiterte Neuausgabe.

Kinder verstehen. Born to be wild: Wie die Evolution unsere Kinder prägt. Herbert Renz-Polster, Kösel, 2022. Das Buch betrachtet die kindliche Entwicklung aus evolutionsbiologischer Sicht. Das hilft Eltern, den Sinn hinter dem kindlichen Verhalten zu verstehen und somit das Kind gelassener begleiten zu können.

Das große Buch für Babys erstes Jahr. Annette Nolden, Dr. Stephan Heinrich Nolte, GU, 2023. Ein umfangreicher, informativer (und leider hochpreisiger) Ratgeber für das erste Jahr, übersichtlich gegliedert in Themenbereiche wie Monat für Monat, Stillen und Füttern, Schlafen und Trösten und Babys Gesundheit.

Auf der Suche nach dem verlorenen Glück – Gegen die Zerstörung unserer Glücksfähigkeit in der frühen Kindheit. Jean Liedloff, C. H. Beck, 2023. Ein interessanter, wenn auch leicht verklärter Bericht über die besondere Art, wie ein Indianerstamm in Venezuela seine Kinder aufwachsen lässt und dadurch den Grundstein für ein glückliches und harmonisches Zusammenleben legt.

Elterncoaching – Gelassen erziehen. Jesper Juul, Beltz, 2022. Nur eines von vielen Büchern des dänischen Familientherapeuten und Bestsellerautors (Standardwerk: Dein kompetentes Kind). Auch hier bestärkt er Eltern darin, nicht perfekt sein zu müssen, sondern eher gelassen und respektvoll. Er betont, dass auch eine gute Elternbeziehung entscheidend zur Erziehung beiträgt.

babySignal – Mit den Händen sprechen: Spielerisch kommunizieren mit den Kleinsten. Wiebke Gericke, Kösel, 2019. Mal was anderes – mit Babys mittels Zeichensprache kommunizieren, bevor sie sprechen können. Der Klassiker jetzt in erweiterter Neuausgabe.

So viel Freude, so viel Wut: Gefühlsstarke Kinder verstehen und begleiten. Nora Imlau, Kösel, 2021. Jedes siebte Kind ist »gefühlsstark«, wie es die Autorin nennt, und damit willensstärker und wilder, aber auch feinfühliger und verletzlicher als andere Kinder. Diesen Kindern zu helfen, sie zu verstehen und sie liebevoll und einfühlsam durch schwierige und gefühlsstürmische Phasen zu begleiten, ist Ziel dieses Buchs.

Internet

www.familylab.de »Die Familienwerkstatt« wurde ursprünglich vom dänischen Familientherapeuten Jesper Juul ins Leben gerufen und ist mittlerweile in mehreren Ländern mit speziell dafür ausgebildeten Kursleitern aktiv. Eltern soll hier mit Vorträgen, Seminaren, Internetberatung und Büchern eine solide Basis für ihre Eltern- und Partnerrolle gegeben werden. Credo: Raus aus dem traditionellen Erziehungsverhalten und stattdessen gemeinsam experimentieren, um eine individuelle Familienlösung zu finden.

www.kindergesundheit-info.de Eine Seite des Bundesinstituts für Öffentliche Gesundheit mit vielen Informationen rund um die gesunde Entwicklung von Kindern und den Familienalltag.

www.familienportal.de Eine wirklich gute Webseite des Familienministeriums rund um die wichtigsten staatlichen Leistungen, rechtlichen Regelungen und Serviceangebote.

www.theratalk.de Paartherapie, Paarberatung bzw. Eheberatung – wissenschaftliches Projekt am Institut für Psychologie der Georg-August-Universität Göttingen. Die Therapie findet nicht bei einem Therapeuten statt, sondern erfolgt schriftlich in sogenannten »zeitversetzten Chats«.

www.profamilia.de Beratungen zu Partnerschaft, Trennung und Scheidung, finanziellen Hilfen und vielen weiteren Themen.

www.nummergegenkummer.de Anonyme und kostenlose telefonische Beratung für Eltern bei allen Sorgen, Fragen und Unsicherheiten im Umgang mit Kindern. Telefon: 0800/1110550.

www.dajeb.de Internetseite der Deutschen Arbeitsgemeinschaft für Jugend- und Eheberatung (DAJEB). Bietet einen Online-Beratungsführer an, in dem man über die Postleitzahl oder einen Themenschwerpunkt eine Beratungsstelle suchen kann.

Kostenlose Broschüren

KURZ.KNAPP Faltblätter des Bundsinstituts für Öffentliche Gesundheit zu den Themen »Die kindliche Entwicklung«, »Das erste Wort«, »Sprechen lernen« und »Mehrsprachig aufwachsen«. Bestellung oder Download unter shop.bioeg.de (im Suchfeld das entsprechende Schlagwort eingeben).

Väter

Im Vergleich zu früher nehmen Väter heute viel direkter und offener an der Schwangerschaft ihrer Frau teil. Sie wohnen den Ultraschalluntersuchungen bei und besuchen Geburtsvorbereitungskurse. Die meisten Männer erleben die Geburt ihres Kindes im

Kreißsaal und nutzen die Möglichkeit, die ersten Tage als junge Familie im Krankenhaus zu verbringen. (Viele Kliniken bieten sogar Familienzimmer – unbedingt rechtzeitig anfragen!) Windeln wechseln, Tragen und Füttern sind heutzutage für den Mann von Anfang an selbstverständlich. Deshalb gilt der Großteil der Informationen in diesem Buch für Väter genauso wie für Mütter. Da es aber doch an der einen oder anderen Stelle kleine Unterschiede gibt, möchten wir an dieser Stelle auf speziell auf Väter zugeschnittene Literatur und Infomateria hinweisen:

Bücher

Mensch Papa! Vater werden – das letzte Abenteuer. Ein Mann erzählt. Kester Schlenz, Mosaik, 2002.

Baby – Betriebsanleitung: Inbetriebnahme, Wartung und Instandhaltung. Louis Borgenicht, Joe Borgenicht, Mosaik, 2014.

So geht das! Baby: Das ultimative Anleitungsbuch. Shawn Bean, Edel, 2011.

Mann und Vater sein. Jesper Juul, Herder, 2012. Väter haben in der Familie und gegenüber ihren Kindern eine ganz eigene Rolle mit speziellen Fähigkeiten und Kompetenzen. Wie sie diese Verantwortung verstehen und übernehmen können (und welche positiven Aspekte das auch im Hinblick auf ihren Beruf haben kann), zeigt der bekannte dänische Familientherapeut Jesper Juul in diesem Buch.

Internet

www.vaeter-zeit.de Ein informatives Portal für werdende Väter und die, die es bereits sind. Auch Informationen für alleinerziehende Väter.

www.papa-online.com Private Gedanken, Infos und Erfahrungen eines Vaters.

Kostenlose Broschüren

Ich bin dabei! Vater werden Broschüre der Bundeszentrale für gesundheitliche Aufklärung (die Anfang 2025 umbenannt wurde in Bundesinstitut für Öffentliche Gesundheit, BIÖG) mit vielen praktischen Tipps und den wichtigsten Informationen und Antworten auf »Männerfragen« zu Schwangerschaft, Geburt und der ersten Zeit mit dem Baby. Als Download oder Broschüre erhältlich unter shop.bioeg.de (im Suchfeld »Vater werden« eingeben).

Register

Danke!

Ein großes »Merci« an Melanie Marwitz für ihren Rat und ihr kritisches und wachsames Hebammenauge bei der Überarbeitung der Kapitel »Die Hebamme«, »Doulas« und »Die Geburt«!

Und ebenso großen Dank an Laura Dingel – Laura ist zertifizierte Trageberaterin in München und hat uns zum Thema »Das Baby am Körper tragen« auf den neuesten Stand gebracht und stand uns auch sonst mit vielen Tipps zur Seite!